EUROPA CENTRAL

A história fascinante
de uma região decisiva

Proibida a reprodução total ou parcial em qualquer mídia
sem a autorização escrita da editora.
Os infratores estão sujeitos às penas da lei.

A Editora não é responsável pelo conteúdo deste livro.
A Autora conhece os fatos narrados, pelos quais é responsável,
assim como se responsabiliza pelos juízos emitidos.

Consulte nosso catálogo completo e últimos lançamentos em **www.editoracontexto.com.br**.

Janaina Martins Cordeiro

EUROPA CENTRAL

A história fascinante
de uma região decisiva

Copyright © 2025 da Autora

Todos os direitos desta edição reservados à
Editora Contexto (Editora Pinsky Ltda.)

Foto de capa
Moritz Mairinger em Unsplash

Montagem de capa e diagramação
Gustavo S. Vilas Boas

Coordenação de textos
Carla Bassanezi Pinsky

Preparação de textos
Ana Paula Luccisano

Revisão
Lilian Aquino

Dados Internacionais de Catalogação na Publicação (CIP)

Cordeiro, Janaina Martins
Europa Central : a história fascinante de uma região decisiva /
Janaina Martins Cordeiro. – São Paulo : Contexto, 2025.
256 p. ; il.

Bibliografia
ISBN 978-65-5541-625-1

1. Europa – História I. Título

25-0891 CDD 909.07

Angélica Ilacqua – Bibliotecária – CRB-8/7057

Índice para catálogo sistemático:
1. Europa – História

2025

EDITORA CONTEXTO
Diretor editorial: *Jaime Pinsky*

Rua Dr. José Elias, 520 – Alto da Lapa
05083-030 – São Paulo – SP
PABX: (11) 3832 5838
contato@editoracontexto.com.br
www.editoracontexto.com.br

Sumário

UMA OBRA NECESSÁRIA 7

APRESENTAÇÃO 9

O ENIGMA DA EUROPA CENTRAL 17

    Europa Central, Europa Oriental, Leste Europeu:
    problemas de definição 27

EUROPA CENTRAL *FIN-DE-SIÈCLE*:
DA *BELLE ÉPOQUE* À ECLOSÃO DA GRANDE GUERRA 35

    O compromisso austro-húngaro de 1867 46

    Crescimento urbano industrial e cultura cosmopolita 52

    A questão nacional 57

GUERRA, PAZ E CONSTRUÇÃO NACIONAL 67

    A Grande Guerra na Frente Oriental 72

    Os anos finais da guerra e a construção da paz 89

SAIR DA GUERRA, ENTRAR NA GUERRA:
A EUROPA CENTRAL ENTRE OS ANOS 1920 E 1940 103

Projetos nacionais e crise democrática:
os anos 1920 e 1930 108

A ascensão do nazismo
e a Segunda Guerra Mundial no Leste 118

O Holocausto na Europa Central 140

A EUROPA CENTRAL EM TEMPOS DE GUERRA FRIA 153

Os primeiros anos:
das políticas de união nacional à morte de Stalin 162

As primeiras brechas na Cortina de Ferro 183

ADEUS, LENIN!
DAS DISSIDÊNCIAS AO SOCIALISMO
À INTEGRAÇÃO EUROPEIA 199

"O poder dos sem poder":
as formas de resistência e dissidência 203

As revoluções de 1989 215

O fim do socialismo no sul da Europa:
Iugoslávia e Albânia 226

Transições e políticas de integração europeia 233

A EUROPA CENTRAL NO LIMIAR DO SÉCULO XXI 243

Referências 251
A autora 253

Uma obra necessária

A Europa Central é uma desconhecida ilustre para muitos. E mesmo os que a conhecem divergem sobre questões básicas, até sobre quais países devem estar incluídos nessa denominação. Em contrapartida, ao contrário do que muitos imaginam, tem tido importante protagonismo ao longo da história, não se constituindo, simplesmente, em coadjuvante de ações perpetradas por países como França e Alemanha, de um lado, e Rússia e Turquia, de outro. O Império Austro-Húngaro, com sua imponente capital, Viena, foi, durante muito tempo, a capital da Europa com um exército poderoso constituído por soldados que, muitas vezes, sequer tinham uma língua comum. Sem conhecer a história da Europa Central, nosso entendimento sobre movimentos fundamentais ocorridos no continente europeu fica prejudicado, razão pela qual convidamos uma especialista no assunto, a historiadora Janaina Martins Cordeiro, para escrever este livro, que temos o orgulho de entregar ao público leitor. É uma obra escrita com pena leve, sutil, mas intensa, quase apaixonada. Nenhum historiador brasileiro terá, de agora em diante, um pretexto válido para alegar ignorância sobre esse bloco de países situados no miolo da Europa que souberam, em várias ocasiões, utilizar estrategicamente sua localização para desenvolver seus projetos, tenham sido eles expansionistas ou de simples sobrevivência. E o leitor poderá saborear, como se fosse um confeito produzido em um café vienense, as páginas escritas com sabedoria pela autora.

A região é composta de grande variedade de etnias e culturas, numerosas línguas são faladas por lá. Costuma-se afirmar que ela não teve papel relevante em episódios centrais da história, como a Revolução Industrial, a Revolução Russa ou, antes, o Renascimento, até mesmo as Grandes Navegações, que implicaram a chegada dos europeus à América. Contudo, após ler esta obra, nos lembraremos de que Hungria e Tchecoslováquia, que contestaram Moscou com o sangue de seus cidadãos, ficavam na Europa Central. Também não podemos esquecer que húngaros, assim como ucranianos e austríacos, foram aliados dos nazistas alemães. Observaremos que países eslavos, latinos e germânicos ali convivem. Lembraremos que a região já experimentou autoritarismo e democracia, que foi sede de impérios e de pequenos países, que valorizou ser neutra e radical, que teve e tem culturas sofisticadas e foi palco de violências inenarráveis, que possui castelos de nobres, palácios reais e edifícios para parlamentos democráticos. Após passar por tudo isso, lendo esta obra, cada leitor vai enriquecer sua visão de mundo, vai entender melhor o movimento histórico, vai olhar o mapa e a História com outros olhos.

Sem dúvida, com um olhar mais competente do que antes da leitura.

Editora Contexto

Apresentação

A Europa Central está de volta!

Em 1989, quando revoluções democráticas colocaram fim à experiência socialista na região, a frase era repetida à exaustão em países como Polônia, Hungria, Tchecoslováquia e Alemanha Oriental. Ecoava, de certo modo, a euforia vitoriosa que marcou o Ocidente no momento em que a Guerra Fria chegou ao fim com a derrota da União Soviética, ao mesmo tempo que sintetizava as expectativas e as promessas de reunificação do Velho Continente depois de décadas de separação.

No século XXI, a frase ainda reverbera e o *retorno* da Europa Central parece se impor mais uma vez. Os noticiários estão repletos de manchetes sobre a região, agora, no entanto, a euforia de 1989 cedeu lugar a outras entonações: ainda no começo do século, pouco após a entrada de vários países da região na União Europeia (2004), vimos a crise econômica de 2008 atingir em cheio a Europa Central, levando muitos países à recessão e a uma grave crise migratória.

Simultaneamente, a emergência de regimes de extrema direita, em particular as experiências da Hungria e da Polônia, chamou a atenção de observadores políticos para a ascensão e os modos de operar do que muitos denominaram "novas direitas", "direitas populistas" ou, ainda, "democracias iliberais". Depois, a partir de fevereiro de 2022, novamente os olhos do mundo se voltaram para a região, quando teve início a invasão da Ucrânia pela Rússia e começou a guerra entre os dois países.

Todos esses acontecimentos evidenciam a importância estratégica da Europa Central no cenário político global, resultando em um crescente interesse pela região na opinião pública internacional, bem como na academia. Não obstante, trata-se de uma região ainda mal conhecida, por vezes considerada uma *outra Europa*, exótica, enigmática, composta por pequenos países de línguas indecifráveis e hábitos desconhecidos. Mas, se é verdade que podemos observar um interesse crescente por compreender os processos políticos e históricos, bem como o papel nas relações internacionais e na economia global dessa região, ela permanece, de certo modo, incógnita, resumida às ideias de excentricidade, mistério e atraso.

A proposta deste livro é olhar com atenção para a Europa Central, buscando analisar sua rica experiência histórica na contemporaneidade. Da mesma forma, propõe compreender os processos de construção das identidades nacionais e regionais e dos imaginários sobre a região.

Mas, o que queremos dizer quando falamos de *Europa Central*? Trata-se de uma região difícil de nomear e localizar. Como veremos, as disputas políticas e de narrativas, bem como suas complexas experiências históricas, levaram a sobreposições de nomes e definições – Europa Oriental, Leste Europeu, Europa Central, *Mitteleuropa* –, os quais nunca eram inocentes. Antes, remetiam a projetos políticos bem definidos e que marcaram, a ferro e sangue, a história da região.

Alguns autores empregam o termo Europa Central como sinônimo dos Estados sucessores da Monarquia Austro-Húngara. Trata-se de opção legítima e estabelece um recorte preciso, abarcando países como Polônia, Hungria, República Tcheca, Eslováquia, Croácia, Sérvia, Eslovênia, dentre outros. Mas deixa de fora, por exemplo, a Bulgária, os três países bálticos – Estônia, Letônia e Lituânia –, partes da Romênia, da Ucrânia e mesmo da Polônia, dividida desde o século XVIII entre os Impérios Russo, Prussiano e Austríaco.

Neste livro, embora os Estados sucessores da Monarquia Austro-Húngara possuam papel de destaque, utilizarei a expressão *Europa*

Central de forma mais ampla, para me referir à região, muito diversificada, localizada entre o mar Báltico no norte e as margens ocidentais do mar Negro e Adriático no sul; bem como entre a Alemanha e a Áustria, a oeste, e a Rússia, a leste, cujas nações compartilharam, na modernidade, a experiência das presenças dos Impérios Habsburgo, Otomano, Alemão, Russo e, no século XX, da Alemanha nazista e da União Soviética em seus respectivos territórios.

A obra trata, portanto, de países muito diversos entre si, os quais, no entanto, têm bastante em comum. Analisa a história de sociedades que, no século XX, foram marcadas pela força da questão nacional, pela fluidez das fronteiras, por disputas entre potências, por autoritarismo, limpezas étnicas e genocídios, guerras mundiais e civis. Mas também apresenta as tentativas de construção de caminhos democráticos e de uma cultura moderna e pulsante. Mostra as formas de resistência aos ocupantes – fossem eles Habsburgo, otomanos, nazistas ou soviéticos –, o poder dos movimentos sociais e a construção de redes de solidariedade – algumas vezes transnacionais – que ajudaram a denunciar a dominação e sobreviver à opressão.

Em função da pluralidade de experiências, foi preciso fazer determinadas escolhas. Como se trata de uma região que, no período considerado, esteve em grande parte sob o domínio de impérios estrangeiros, uma das principais preocupações é abordar os eventos históricos não a partir dos impérios dominantes, mas dos que sofreram a dominação. Nesse sentido, embora o livro remeta às experiências da Áustria, da Alemanha nazista, da União Soviética e, em menor medida, do Império Otomano, estes não são o objeto principal, ainda que importantes.

O leitor observará, sobretudo, que alguns países possuem maior centralidade na narrativa que outros: Polônia, Hungria, Tchecoslováquia e Iugoslávia recebem mais destaque que os três Estados bálticos, a Bulgária, a Albânia e mesmo a Romênia. A Ucrânia e a Bielo-Rússia são consideradas com menos ênfase, uma vez que sua história esteve muito vinculada ao Império Russo e à União Soviética, ao longo de grande parte do período abordado.

Tais escolhas levam em conta a centralidade de determinados eventos para a história da região e do continente, e o papel desempenhado por esses Estados para a história da Europa de maneira geral.

A Europa Central no século XXI.

Embora comece por acontecimentos da segunda metade do século XIX, o livro se concentra nos eventos que ocorreram ao longo do breve, porém conturbado, século XX, avançando até os primeiros anos do XXI.

O fim do século XIX encontrou a Europa Central passando por interessantes processos de modernização, ao mesmo tempo que cresciam as demandas por emancipação política. O Império Austro-Húngaro dominava boa parte da região, que também sofria com a presença e os avanços dos Impérios Russo, Alemão e Otomano. Nenhum desses impérios resistiria à catástrofe da Grande Guerra, entre 1914 e 1918, como a Primeira Guerra Mundial foi denominada pelos seus contemporâneos, dando origem a uma pluralidade de pequenos países independentes e modificando de forma radical o mapa do Velho Continente.

Muitos dos recém-criados Estados cairiam sob domínio nazista – ora resistindo, ora colaborando –, a partir de 1938, tendo suas fronteiras bastante alteradas pela presença alemã e pela eclosão da Segunda Guerra Mundial. A situação seria mais uma vez modificada com o fim do conflito em 1945 e a emergência da Guerra Fria, a partir de 1947. Desde então, esses países passaram a compor a zona considerada de influência soviética. Entretanto, em 1989-91, uma onda de revoluções democráticas varreu a região e, outra vez, ocorreu uma profunda alteração no mapa do continente. Ao longo da década de 1990, o surgimento e o desaparecimento de nações – em particular, as formas violentas que marcaram alguns casos – transformaram mais uma vez e de modo profundo a região e todo o continente europeu.

Em conferência proferida em 1993, na Universidade da Europa Central, em Budapeste, o historiador britânico Eric Hobsbawm – nascido em 1917 – chegava à conclusão de que "apenas 6 dos 23 Estados que agora preenchem o mapa entre Trieste e os Urais existiam na época do meu nascimento". Entre 1993, quando Hobsbawm proferiu a conferência, e 2024, outros Estados surgiram, após o fim das guerras na Iugoslávia e a declaração de independência do Kosovo, em 2008.

O historiador também falava da fluidez das fronteiras, sempre em constante movimento, demonstrando como não era raro que uma pessoa nascida durante a Grande Guerra tivesse possuído documentos de identificação de três ou quatro diferentes Estados nacionais: "uma pessoa da minha idade de Lemberg ou Czernowitz viveu sob quatro Estados, sem contar as ocupações durante períodos de guerra". Hobsbawm utilizou os nomes alemães das cidades de Lviv e Chernivtsi, ambas territórios da Ucrânia independente desde 1991. No caso de Lviv, ao longo do século XX, ela pertenceu primeiro à Áustria-Hungria (Lemberg), depois, à Polônia (Lwów), em seguida à União Soviética (Lvov) e, por fim, à Ucrânia (Lviv). Algo similar se passou com Chernivtsi, que compôs o território da Áustria-Hungria (Czernowitz), em seguida da Romênia (Cernăuți), da União Soviética (Chernovtsy) e agora da Ucrânia (Chernivtsi).

As percepções a respeito das constantes mudanças de fronteiras na região compõem também parte da cultura popular local. Algumas anedotas que circulam pelos diversos países retratam, com autoironia, tal experiência, como aquela em que São Pedro, guardião das portas do céu, entrevista um falecido, recém-chegado da cidade de Mukachevo, na região da Transcarpátia:

> — Nascimento?
> — Áustria-Hungria.
> — Onde frequentou a escola?
> — Tchecoslováquia.
> — Casou-se em?
> — Hungria.
> — Onde os filhos nasceram?
> — Terceiro Reich.
> — E seus netos?
> — Na União Soviética.
> — Onde você morreu?
> — Ucrânia.
> — Uau, você viajou muito!
> — Bobagem, nunca saí de Mukachevo.

A constante transformação de fronteiras, resultando nas alterações de nomes, torna, muitas vezes, a história da Europa Central de difícil apreensão para o leitor brasileiro. Não obstante, as mudanças – de nomes, línguas e fronteiras – dizem respeito não apenas à complexidade e à pluralidade de uma região conhecida ainda de modo impreciso por nós, mas também ao fato de que elas muitas vezes se deram a partir de processos permeados por intensa violência política e social, tão recorrentes na história do século XX. Conhecê-las é, portanto, fundamental. É uma forma de apreender a riqueza de uma região que, para o bem e para o mal e, por vezes, discretamente, continua moldando a experiência da Europa contemporânea.

O livro está dividido em seis capítulos: o primeiro, "O enigma da Europa Central", discute os conceitos de *Europa Oriental*, *Leste Europeu* e *Europa Central*. A que projetos políticos cada uma dessas noções se vinculava e como as representações sobre a região na cultura popular ajudaram a conformar determinados estereótipos, ainda muito comuns no imaginário ocidental sobre a Europa Central? O capítulo "Europa Central *fin-de-siècle*: da *Belle Époque* à eclosão da Grande Guerra" aborda a região a partir do último terço do século XIX, até o início da Primeira Guerra Mundial, em 1914. Nesse capítulo, são consideradas principalmente as dinâmicas políticas e sociais no seio do Império Austro-Húngaro, em virtude, inclusive, de sua abrangência e importância na região. A cultura e a sociedade na transição dos séculos XIX e XX, a chamada *Belle Époque*, o fortalecimento da questão nacional, seus projetos e contradições também têm vez.

O capítulo "Guerra, paz e construção nacional" se concentra na Grande Guerra e nos impactos do conflito na região – o desmantelamento dos grandes impérios, os difíceis processos de (re)construção nacional e as conturbadas transições para a paz.

O capítulo "Sair da guerra, entrar na guerra: a Europa Central entre os anos 1920 e 1940" trata do período entreguerras, quando as nações da Europa Central tiveram que lidar com os difíceis processos de consolidação dos Estados nacionais, em um continente marcado pelos traumas da Grande Guerra, pela desagregação de impérios tradicionais, pelo impacto da Revolução Russa, mas no qual também os processos de violência política continuavam ocorrendo. Aborda ainda a Segunda Guerra Mundial a partir do palco centro-europeu: o Pacto Germano-Soviético, a ocupação da Polônia e a declaração de guerra ao Eixo, os planos nazistas de colonização do Leste, o sistema de campos de concentração e de extermínio, o Holocausto.

No capítulo "A Europa Central em tempos de Guerra Fria", observamos os difíceis processos de transição para a paz na região, a permanência da violência e das limpezas étnicas no imediato pós-guerra. Em seguida, são considerados os caminhos para a construção do socialismo na região em um contexto de emergência da Guerra Fria: da política de frentes amplas nos primeiros anos do pós-guerra à adoção do modelo inspirado na experiência soviética; os expurgos, a desestalinização, as resistências e os projetos de reforma do socialismo.

O capítulo *"Adeus, Lenin!* Das dissidências ao socialismo à integração europeia" trata dos processos de desagregação do socialismo na região e das formas de transição democrática: os diferentes caminhos das oposições e as dissidências, as revoluções de 1989, as guerras na Iugoslávia, as difíceis transições das economias planificadas para economias de mercado e a entrada para a União Europeia em 2004.

Por fim, um breve epílogo, "A Europa Central no limiar do século XXI", discute os rumos e as expectativas em relação à Europa Central em nosso século.

Sejam quais forem os horizontes que se descortinarão para a região no século XXI, serão certamente marcados pelas complexas tradições históricas que conheceremos a partir de agora.

O enigma da Europa Central

Em 1897, Bram Stoker publicou na Inglaterra o romance gótico *Drácula*. O livro, que deixaria o romancista irlandês famoso em todo o mundo, é, até hoje, a mais célebre e emblemática entre as muitas narrativas sobre vampiros de que temos notícia. O enredo é conhecido: o advogado inglês Jonathan Harker viaja para a Transilvânia com o objetivo de vender uma casa para o conde Drácula, um nobre da região que deseja se mudar para Londres. No decorrer da história, Drácula se revela um pavoroso vampiro que põe em risco não apenas Harker e sua noiva, Mina, como também toda a cidade de Londres, centro e síntese da moderna civilização ocidental.

O livro ganhou incontáveis adaptações para o teatro, o cinema, a televisão e os quadrinhos, e ajudou a conformar o protótipo essencial do vampiro, na literatura e na cultura popular moderna. O romance também tornou célebre a terra natal de Drácula: a Transilvânia recebe ainda hoje contingentes significativos de turistas interessados em conhecer o suposto castelo do vampiro e ouvir histórias sobre Vlad, o Empalador, príncipe da Valáquia no século XV cuja crueldade teria inspirado a história do conde Drácula.

Atual território da Romênia, no fim do século XIX, quando se passa o romance de Stoker, a Transilvânia pertencia ao Reino da Hungria. No imaginário coletivo e graças, em parte, ao sucesso de *Drácula*, a região está associada de modo indelével às ideias de mistério e fascinação e, ao mesmo tempo, de medo, violência primitiva e monstruosidade. Contudo, a Transilvânia possui importância histórica e política fundamental na luta travada pelo Reino da Hungria contra os invasores otomanos, entre os séculos XVI e XVII. Do ponto de vista étnico, é bastante diversa, durante séculos lá conviveram – nem sempre de forma harmoniosa – magiares, romenos, germânicos, judeus e romanis. Localizada no coração dos Cárpatos, a Transilvânia é reivindicada como o berço da nação húngara, ao mesmo tempo que possui papel central para as narrativas fundacionais romenas.

Em seu livro, no entanto, Stoker a descreve como "uma das regiões mais selvagens e menos conhecidas da Europa", e os Cárpatos, como um local onde se concentram todas as superstições do mundo.

Logo nas primeiras páginas de *Drácula*, um romance epistolar, Harker descreve o começo de sua viagem rumo à Transilvânia, quando deixa Munique em direção a Viena e, em seguida, Budapeste. Já nas primeiras linhas, explica ter tido a impressão de que "estávamos deixando o Ocidente e adentrando o Oriente". E, à medida que a Europa se "orientalizava", as convenções da boa sociedade civilizada pareciam se afrouxar: "Parece que quanto mais ao Oriente, menos pontuais são os trens. Fico me perguntando como deve ser a China?", escrevia o herói em seu diário.

As pessoas pelo caminho também chamaram a atenção de Jonathan Harker: suas vestimentas eram exóticas e seus hábitos, estranhos. Sobre as mulheres, Harker observou que pareciam bonitas, "mas só de longe; eram muito malfeitas de corpo". Alguns camponeses que encontrou até podiam lembrar os ingleses, os franceses e os alemães.

Outros, no entanto, eram "bastante pitorescos" e muitos, sobretudo entre os tchecos e os eslovacos, sofriam de bócio. Os eslovacos, aliás, lhe pareceram as "figuras mais esquisitas" e "mais bárbaros que os demais". O advogado londrino criado por Stoker observou também – e com certo desgosto – como as pessoas se entregavam às crendices e aos sentimentos de veneração religiosa.

Quando escreveu *Drácula*, em 1897, Bram Stoker nunca havia pisado na Transilvânia. Nem o faria depois. As imagens ficcionais que construiu sobre o local e seus habitantes, no entanto, não eram estranhas a determinado imaginário coletivo existente na Europa Ocidental. A cultura popular e literária britânica, aliás, foi pródiga na difusão de certos estereótipos sobre a vasta região do continente localizada a leste dos Estados alemães. Antes mesmo de *Drácula* vir à público, Anthony Hope escrevera, em 1894, *O prisioneiro de Zenda*. O livro, cuja história se passava em Ruritânia, reino fictício da Europa Central localizado "não muito longe de Dresden", tornou-se um grande sucesso.

O romance gira em torno de Rudolf Rassendyll, um cavalheiro britânico que se encontra de férias em Ruritânia quando o rei do local fictício é sequestrado nas vésperas de sua coroação. Rassendyll é, então, convencido a se passar por ele, em função de sua semelhança física com o futuro monarca. O impacto cultural do livro de Hope foi imenso, dando origem a um subgênero que se tornaria comum e aclamado não apenas na literatura, mas também no cinema – Hollywood seria pródigo na popularização deste tipo de narrativa –, chamado "romance ruritano". Ou seja, aquele em que a história se passa em pequenos e pitorescos reinos fictícios europeus.

Ruritânia, assim, pode ter múltiplos significados. Com características que remetem a reinos de contos de fada, o lugar imaginado por Hope parece, a princípio, um microestado alemão da Europa Central, próximo a Dresden e definido como bucólico, mais que como exótico. Para alguns estudiosos, a Ruritânia criada em *O prisioneiro de Zenda*, em fins do século XIX, oferecia uma alternativa à aceleração do tempo e da vida cotidiana promovida pela modernidade, voltando seus olhos para um reino antiquado, rural e feudal. Ainda assim, tratava-se de um reino que precisava ser salvo e o único capaz de fazê-lo era, não por coincidência, o cavalheiro britânico.

Estudos mais recentes chamam atenção para o crescimento de certo tipo de romance ruritano pertencente a uma categoria que compõe um processo de "colonização narrativa" dos Bálcãs, em uma dinâmica a partir da qual escritores imaginam e projetam imagens e fantasias sobre o sudeste da Europa, que, por sua vez, têm influência persistente fora do âmbito literário na produção de determinados estereótipos sobre a região. É o que encontramos, por exemplo, no livro *O segredo das Chimneys*, romance policial de Agatha Christie lançado em 1925. Nele, a autora faz referência a um país balcânico fictício chamado Herzoslováquia, cujo nome remete a uma mistura entre Herzegovina e o então recém-criado Estado da Tchecoslováquia. Seus habitantes eram descritos como uma "raça de bandidos" e "um povo muito incivilizado".

OS BÁLCÃS

Bálcãs é o nome dado à península mais oriental do sul da Europa, localizada entre o mar Mediterrâneo e o mar Negro. Geograficamente, a região dos Bálcãs compreende Albânia, Bósnia-Herzegovina, Bulgária, Croácia, Eslovênia, Grécia, Kosovo, Montenegro, Macedônia do Norte, partes da Romênia, Sérvia e a chamada Turquia Europeia. Definições geopolíticas, culturais e históricas tendem a prevalecer, no entanto, quando se trata de delimitar a região. Estas, porém, são muito fluidas e podem variar. No século XIX, por exemplo, a expressão "península balcânica" era utilizada para se referir às regiões europeias dominadas pelo Império Otomano, o que incluía partes da Grécia e da Bulgária. No início do século XX, com a criação do Reino da Iugoslávia em 1918 – que se tornaria, a partir de 1945, República Socialista Federativa da Iugoslávia –, a expressão passou a se referir, em geral, às repúblicas ou às regiões autônomas que o formavam: Bósnia-Herzegovina, Croácia, Eslovênia, Macedônia, Montenegro e Sérvia, além do Kosovo e Voivodina.

> Mais recentemente, alguns estudiosos têm chamado atenção para o sentido negativo que o termo "Bálcãs" adquiriu, ligado à ideia de "balcanização", ou seja, ao processo que envolve a fragmentação de uma área, país ou região em várias unidades menores e hostis. Nesse sentido, propõem substituí-lo por termos supostamente mais "neutros", como Sudeste da Europa. Mas não há consenso sobre isso.

Pelo menos desde o século XVIII, as narrativas sobre o vasto e diversificado território localizado entre as terras alemãs e o Império Russo associavam, de modo constante, a região às superstições, ao atraso civilizacional e, no limite, à barbárie. O próprio termo *Europa Oriental* apareceu no século XVIII, quando uma *Europa Ocidental* iluminista e racional, cada vez mais próspera e poderosa, pretendia se distinguir do atraso, dos costumes, da decadência e das heranças religiosas medievais associadas ao Leste.

Assim, uma *outra Europa* surgia no imaginário coletivo do Ocidente como antítese do moderno e civilizado. Alguns autores chamam a atenção para o fato de que o Iluminismo e seus filósofos precisaram inventar os conceitos de Europa Ocidental e Europa Oriental de forma simultânea, como ideias complementares, um ajudando a definir o outro por oposição e adjacência. Assim, a noção de uma *Europa Oriental*, tão perto e ao mesmo tempo tão longe, permitia consolidar, pelo contraste, determinada identidade e a própria ideia de Europa Ocidental.

Ora chamada Oriental, ora de Leste ou ainda, Central, essa *outra Europa* seria o local onde predominavam práticas e hábitos antimodernos, incultos. Estranha, desconhecida, selvagem, ela seria também o reino do exótico e da violência. Nesse sentido, a comparação com a Ásia, conforme sugerida pelo personagem de Stoker, não era incomum e possuía esse exato sentido. A proximidade geográfica com relação ao Império Otomano, que dominou partes da região por séculos, exercendo forte influência, facilitaria a comparação. Muitos viajantes do século XVIII escreveriam sobre o tema. O americano John Ledyard, que viajou o mundo ao lado do famoso capitão Cook, quando retornava de uma expedição solo à Sibéria, em 1788, descreveu a fronteira entre a Polônia e a Prússia como "a grande barreira entre os modos asiáticos e europeus". Enviado à Rússia como embaixador da França, em 1784, o conde de Ségur descreveu São Petersburgo – a cidade construída por Pedro, o Grande, para ser o espelho da modernidade ocidental na Rússia – como uma "combinação confusa entre a idade da barbárie e a da civilização, os séculos X e XVIII, os costumes da Ásia e os da Europa". Mais tarde, no alvorecer do século XIX, tornou-se famosa também a frase do chanceler do Império Austríaco, o príncipe de Metternich, que teria dito: "a Ásia começa na rua da Província", referindo-se à estrada que começava no portão mais oriental de Viena e levava à Hungria.

Delimitar a fronteira entre a Europa e Ásia, aliás, foi outra tarefa à qual se dedicaram os iluministas. Nesse processo, entrava em jogo o próprio conceito de Europa como espaço civilizado: demarcar os limites entre os dois continentes significava, de certo modo, estabelecer a divisão entre civilização e barbárie. Assim, a construção territorial da fronteira europeia, conforme conhecemos no século XXI, foi fruto das demandas da modernidade. Na Antiguidade, a zona limite entre os dois continentes havia sido estabelecida pelos gregos considerando o rio Don, no sudoeste da Rússia, próximo à fronteira com a Ucrânia em 2025. Nesse caso, portanto, a maior parte do Império Russo estaria excluída do continente europeu. No século XVIII, no entanto, modificações ocorreram e os limites da Europa foram ampliados e passaram a coincidir com os Montes Urais, estendendo a Europa para além de Moscou. Tal mudança refere-se a um preciso momento de vontade de modernização do Império Russo, que tomava como modelo a modernidade ocidental. Para alguns especialistas, foi no contexto das reformas realizadas por Pedro, o Grande, que a fronteira leste ganhou sua delimitação nos Montes Urais. O czar teria solicitado ao geógrafo Tiatichtchev que inscrevesse nos mapas a cadeia montanhosa como limite entre a Europa e a Ásia. Outros especialistas, contudo, atribuem o feito à Catarina, a Grande. Nesse caso, a ideia da imperatriz era mover a linha divisória do continente a leste a fim de incluir a maior parte da região de Moscou na Europa "moderna e civilizada".

Desse ponto de vista, a Europa Oriental – aqui incluída a Rússia – poderia ser compreendida não propriamente como asiática, mas como um local de "transição" entre os dois continentes. Foi assim, por exemplo, que Balzac descreveu a região em uma rápida passagem de *A comédia humana*: "Os habitantes da Ucrânia, da Rússia, das planícies do Danúbio, em suma, os povos eslavos, são um elo entre a Europa e a Ásia, entre a civilização e a barbárie".

A ideia de um *Leste eslavo,* conforme contemplava Balzac, era de certa forma comum, muito embora a composição étnica regional fosse bem mais complexa e diversificada. O componente étnico aparecia, assim, como outro elemento de distinção entre o Ocidente e o Oriente, associado aos ideais de superioridade racial e civilizacional, tão caros à construção da autoimagem da Europa moderna (no século XX, tal distinção seria levada ao limite pela Alemanha nazista e por seu projeto de colonização do Leste).

Eslavo e bárbaro ou bárbaro porque eslavo, a diferenciação étnica aparecia como um signo importante de alteridade. Mozart, por exemplo, viajava com regularidade de Viena para Praga, onde sua música fazia muito sucesso. Ao realizar esse trajeto, o músico considerava estar viajando para o "Leste Europeu", apesar de Praga situar-se a oeste e ao norte da capital do Império Habsburgo. O que fazia de Praga menos ocidental que Viena não era, portanto, sua localização geográfica, mas sua condição étnica e linguística. Mozart, inclusive, ensaiava algumas piadas com seus familiares, criando versões caricaturais, que imaginava eslavas, de seus nomes alemães: "Eu sou Punkititi. Minha esposa é Schabla Pumfa. Hofer é Rozka Pumpa. Stadler é Notschibikitschibi".

Ainda sobre Praga, a impressionante capital da República Tcheca carrega consigo alguns dos mais emblemáticos e persistentes estereótipos sobre as cidades do Leste: a ideia de que ela é uma cidade misteriosa, que abriga segredos de tipo mágico como jamais visto em qualquer outra cidade da Europa. É muito provável que as narrativas sobre a *Praga mágica* tenham começado a circular em meados do século XIX, quando viajantes internacionais, sobretudo de países protestantes – ingleses, americanos e alemães –, chegaram a Praga e à Boêmia e ficaram impressionados com a profusão de igrejas antigas e com o antigo bairro judeu. Tais narrativas tendiam a se concentrar em histórias sobre os alquimistas, que vinham à corte de Rodolfo II, no século XVI, tentando desvendar os mistérios da alquimia.

Mas a forte presença de judeus na cidade, seus rituais e costumes, a própria vida no bairro judeu, também despertavam curiosidade. Uma das lendas mais famosas sobre Praga, inclusive, relaciona-se ao Golem, ser antropomórfico do folclore judaico, cujo nome, desde a Idade Média, significa "homem artificial" ou "criatura de argila", que, em certas circunstâncias, pode ganhar vida. A história do Golem de Praga remete a Judah Loew ben Bezalel, rabino de Praga do final do século XVI que teria criado um golem com barro extraído das margens do rio Vltava e o trouxe à vida por meio de rituais e encantamentos hebraicos para defender o gueto de Praga de ataques antissemitas e *pogroms*. O Golem de Praga teria aterrorizado toda a cidade quando ganhou vida para se vingar do assassinato de um jovem judeu.

Curioso observar que a narrativa mais famosa sobre o século XVI judeu em Praga seja a da criação de um ser mítico, feito de lama, quando aquele foi o ápice da chamada "Idade de Ouro" da comunidade intelectual judaica local, a qual passava a publicar livros hebraicos de orações, bênçãos e comentários, o que acontecia pela primeira vez em toda a história da região. O próprio rabino Loew, mais tarde conhecido como Maharal, foi um dos grandes intelectuais dessa Idade de Ouro, tendo prestado importantes contribuições com escritos sobre ética, dentre outras questões. Sua fama, no entanto, teria ficado reduzida à lenda do Golem.

O Golem de Praga e o rabino Loew representados
no Museu Madame Tussauds de Praga.

Mais tarde, no século XX, o livro *Praga mágica* (1973), do escritor italiano Angelo Maria Ripellino, traria de volta a ideia dessa cidade como lugar fantasmagórico e sinistro, de loucos, bruxos e adivinhos de poderes ocultos. Não obstante, no contexto da chamada "normalização", após a Primavera de Praga de 1968, a retomada dessa narrativa ganhava tons de protesto: a magia de Praga era resgatada para se opor ao realismo soviético, duro e frio.

Na segunda metade do século XX, portanto, as narrativas que predominavam sobre a região transformaram-se sob determinados aspectos. A Guerra Fria reatualizou a existência de uma *outra Europa* em seus próprios termos. Em 1946, Winston Churchill cunhou a metáfora da *Cortina de Ferro* para se referir à divisão do continente após o fim da Segunda Guerra Mundial. A partir de então e cada vez mais, o termo deixaria de ser apenas um recurso retórico, mas ganharia concretude, com muros e cercas dividindo, de maneira literal, o continente. No Ocidente, reforçava-se a ideia de *Leste Europeu* como sinônimo de uma Europa sovietizada e totalitária. Tratava-se da antítese perfeita de uma

26 *Europa Central*

Europa Ocidental que, ao fim da Segunda Guerra Mundial, queria se reencontrar com suas tradições democráticas e liberais. Nesse contexto, mais uma vez, as noções de *leste* e *oriente* serviram, por oposição, para definir o que era a cultura e o pensamento ocidental, agora marcados, de modo profundo, pela lógica bipolar da Guerra Fria e pela adesão ao regime democrático liberal.

Assim, durante toda a segunda metade do século XX, a cultura ocidental sobre o Leste Europeu foi influenciada pelo imaginário anticomunista: reino do autoritarismo, suas populações – ignorantes e simplórias – estariam fadadas a se submeterem às vontades de líderes todo-poderosos e, ao mesmo tempo, caricaturais. O escritor Jacob Mikanowski conta uma anedota que sintetiza bem o imaginário ocidental, herança da Guerra Fria, a respeito do Leste Europeu. Segundo ele, um amigo, que era professor de História da Polônia e da Alemanha nos EUA, foi interpelado, certa vez, por um estudante. Muito sério, o rapaz perguntava se era verdade que o Leste Europeu era "um lugar cinza onde ninguém nunca sorria".

Não se pode dizer, contudo, que a Guerra Fria inventou um novo *Leste*. Ao contrário, em certa medida, o que acontecia, a partir de então, era a reafirmação de determinados estereótipos – o exotismo, a barbárie –, agora, com tintas anticomunistas.

Em 1989, porém, uma série de revoluções colocou abaixo a Cortina de Ferro. Desde então, os europeus – a leste e a oeste – passaram a reivindicar a reunificação do continente sob os valores da Europa moderna, democrática e liberal. Nesse momento, outra narrativa ganhou espaço: aquela que reclamava a europeidade/ocidentalidade dos países a leste da Cortina de Ferro.

As contribuições intelectuais, literárias, a história desses países, tudo, a partir de então, deveria (re)aproximá-los das tradições ocidentais: eram lembradas as fundações das Universidades de Praga e Cracóvia, ainda no século XIV, mais antigas que muitas universidades do Ocidente; as Revoluções Hussitas nas terras tchecas, que anteciparam em um século a Reforma Protestante alemã; a teoria heliocêntrica desenvolvida pelo astrônomo e matemático polonês

Nicolau Copérnico no século XV; a música do pianista polonês Frédéric Chopin ou do compositor húngaro Franz Liszt; o movimento romântico na Polônia; a cultura cosmopolita de suas capitais vibrantes, com seus cafés, óperas e teatros; o metrô de Budapeste, lembrado como o primeiro inaugurado na Europa continental; as contribuições do escritor boêmio Franz Kafka e a influência que exerceu na literatura do século XX. Enfim, na década de 1970, até mesmo o papa vinha da Europa Central: o polonês Karol Józef Wojtyła tornou-se João Paulo II em 1978. Essas e tantas outras contribuições passaram a ser reivindicadas como credenciais da *ocidentalidade* da região.

Não obstante, quando nos referimos à região localizada entre a Alemanha e a Rússia, ainda hoje é possível dizer que pensamos em pequenos, desconhecidos e misteriosos países de línguas e costumes incompreensíveis, verdadeiras *Ruritânias*. Mas o que queremos dizer quando falamos de *Leste Europeu* ou de *Europa Oriental*? Esses termos podem definir, com o mínimo de exatidão, a pluralidade de culturas, línguas, tradições, etnias e experiências históricas da região? Ou estariam demasiado marcados pela colonização narrativa ocidental? A expressão *Europa Central* pode ser mais adequada ou ela também possui sua própria história?

EUROPA CENTRAL, EUROPA ORIENTAL, LESTE EUROPEU: PROBLEMAS DE DEFINIÇÃO

A Guerra Fria marcou de maneira bastante sólida nossas percepções sobre o Leste Europeu e sobre uma Europa dividida entre Ocidente e Oriente. Assim, durante as mais de quatro décadas em que o continente se encontrava dividido, os termos *Europa Oriental* ou *Leste Europeu* serviram para designar os países socialistas do Velho Continente, englobando nessa definição tanto as chamadas Democracias Populares (República Democrática da Alemanha, Polônia, Tchecoslováquia,

Hungria, Romênia e Bulgária), que construíram regimes, dos pontos de vista político e econômico, próximos da experiência histórica soviética, como Iugoslávia e Albânia, que optaram por caminhos específicos. Em uma definição mais alargada, poderia incluir também as repúblicas europeias mais ocidentais da União Soviética (Ucrânia, Bielo-Rússia, Estônia, Letônia, Lituânia e Moldávia).

Não era, de todo modo, uma definição que se limitava à geografia, mas sim cultural, histórica e geopolítica. A Grécia, por exemplo, vizinha da Iugoslávia e da Bulgária, em termos geográficos e com aspectos de sua história e tradições que a aproximava desses países, era considerada ocidental, uma vez que estava fora da zona de influência soviética. A Alemanha, por sua vez, dividida em dois diferentes países desde 1949, possuía uma metade oriental e outra ocidental.

Foi nesse contexto que, a partir da década de 1980, a intelectualidade dissidente da região, em particular nas Democracias Populares, passou a utilizar com frequência cada vez maior o termo *Europa Central* como forma de se opor à ideia de um Leste soviético. Assim, ganharia força uma proposição que afirmava a artificialidade das ideias de *Europa Oriental* ou *Leste Europeu*, as quais pareciam condenar aqueles países à esfera de influência da União Soviética.

Um dos mais contundentes apelos nesse sentido foi elaborado pelo romancista tcheco Milan Kundera. Radicado na França desde 1975, Kundera escreveu, em 1983, ensaio intitulado *Um Ocidente sequestrado ou a tragédia da Europa Central*. Nele, o autor refletia sobre a condição de países de tradição europeia, os quais, desde a ocupação soviética no fim da Segunda Guerra Mundial, tiveram sua "ocidentalidade" sequestrada pela presença russa. Kundera defendia que a Europa era mais que uma expressão geográfica: representava, antes, uma tradição à qual esses países pertenciam, uma história que eles também ajudaram a escrever e uma "noção espiritual" que era sinônimo da palavra Ocidente. Segundo o autor, essa tradição, história ou "noção espiritual" fora *sequestrada* da Europa Central pela ocupação soviética, portadora de tradições e civilização diferentes das ocidentais. A presença, os valores, as instituições soviéticas apareciam na proposta de Kundera como estranhos à Europa Central, que deseja-va, mais que tudo, "retornar à Europa", à sua ocidentalidade "seques-trada" contra sua vontade. O escritor utilizava, portanto, o termo *Europa Central* para se referir a um espaço cultural determinado. Para ele, a Europa Central era um "destino", uma forma de expressão da cultura ocidental. Nesse sentido, afirmava que a região se ressentia de sua sorte após 1945: o que aconteceu a partir da ocupação sovi-ética teria sido não apenas uma catástrofe política, mas também o questionamento mesmo de sua civilização.

O texto de Kundera tornou-se emblemático de processos e de-bates que ganhariam força na Europa Central ao longo da década de 1980, cujas intensidades e temporalidades variaram de país para país, mas que culminaram, entre 1989 e 1991, na queda dos regimes socialistas em toda a região, inclusive na Rússia. Não foi, contudo, a única expressão desse tipo de reivindicação. Muito antes de se tornar o último presidente da Tchecoslováquia e o primeiro da República Tcheca, o dramaturgo Václav Havel foi um dos que passaram, ao lon-go da década de 1980, a utilizar o termo *Europa Central* como sinôni-mo de aproximação cultural com os valores do Ocidente. Para Havel, *Europa Central* era um termo que se ligava muito mais ao "espírito" do que a um território físico bem delimitado. Não era uma região, portanto, definida apenas por limites físicos ou por uma dada geo-grafia, mas também por uma herança artística e cultural reivindicada por esses povos, uma noção de pertencimento a uma dada tradição. Foi nesse contexto que o historiador britânico Timothy Garton Ash, um dos maiores especialistas ocidentais na história da região, procla-mou em 1986: "a Europa Central está de volta!". Com isso, Ash que-ria se referir, ao mesmo tempo, à emergência de movimentos sociais que reivindicavam abertura democrática e ao retorno da expressão ao debate político.

O termo *Europa Central* ganhou terreno, aos poucos, como uma demanda política e cultural, uma alternativa à ideia de *Leste Europeu*. Passava, assim, a ser cada vez mais utilizado na linguagem cotidiana dos dois lados da Cortina de Ferro como sinônimo dos valores humanistas, de democracia, liberalismo e liberdade, identificados ao Ocidente, em detrimento das noções de *Leste Europeu* ou *Europa Oriental*, ligadas à herança – cada vez mais rejeitada – do socialismo soviético, a seus valores e instituições.

Assim, ao reivindicar a *Europa Central* como conceito, como chave cultural oposta àquela evocada pela ideia de um *Leste Europeu* soviético, totalitário e opressivo, era essa ocidentalidade que se buscava recuperar. Tal narrativa, no entanto, mais que expressão da realidade, pode ser entendida, no contexto dos processos de transição democrática pós-1989, como manifestação de um desejo de pertencimento à tradição europeia/ocidental, componente importante da imaginação de certa intelectualidade dissidente, tanto no Ocidente como em âmbito local.

Não obstante, se mais que uma expressão geográfica, a Europa Central é uma ideia, é importante lembrar que as ideias também possuem suas próprias histórias. Sob esse aspecto, precisamos compreender, em primeiro lugar, que o termo Europa Central não era novo, nem pretendia ser. Para aqueles que passaram a empregá-lo, ele remetia a uma determinada tradição europeia, a qual reivindicavam também como sua.

Além disso, as formas a partir das quais essa noção foi definida alteraram-se ao longo dos séculos. Na década de 1980, a ideia de Europa Central aparecia vinculada às oposições às ditaduras socialistas e a reivindicações democráticas e liberais, mas nem sempre havia sido assim. E não deixa de ser interessante observar que, malgrado os esforços de elaboração de um conceito que substituísse expressões como *Europa Oriental* ou *Leste Europeu* para se desvincularem do projeto de dominação soviético, a alternativa proposta remetia, em suas origens, a outro projeto imperialista também nada comprometido com ideais democráticos: o germânico.

Para alguns especialistas e mesmo para determinada opinião comum muito disseminada na região, Europa Central pode ser ainda hoje compreendida como aquela região que, outrora, esteve sob domínio do Império Habsburgo. Outros autores relacionam, no entanto, a origem da expressão à noção de *Mitteleuropa*, que começou a ser utilizada de modo vago e impreciso na Alemanha, ainda na segunda metade do século XIX, ganhando contornos mais elaborados a partir dos trabalhos de alguns geógrafos em torno da década de 1880 e do início do século XX.

É importante lembrar, portanto, que o termo aparece no momento de consolidação do Império Alemão, recém-criado, a partir da Unificação dos Estados Germânicos em 1871, sem a inclusão da Áustria. A questão nacional estava, à época, no centro das atenções e, do ponto de vista das ciências, uma série de teorias justificava o direito de dominação de determinados povos sobre outros, tendo em vista ideais de superioridade racial e civilizacional.

Foram teses que partiam desses pressupostos que embasaram a ideia de uma Mitteleuropa compreendida como região que estava "naturalmente" destinada à dominação alemã ou a se tornar sua área de influência. Os teóricos que elaboraram tal conceito, embora divergissem em certos aspectos, concordavam, de modo geral, que os Estados germânicos exerciam ali um papel de liderança em função de sua primazia civilizacional diante do "atraso" da região, bem como de sua "superioridade racial". A ideia, de modo geral, era que os germânicos, ao longo de séculos, e continuavam sendo os mais capazes de civilizar os povos eslavos da Europa Central, fornecendo-lhes noções de moralidade, dignidade, apreço ao trabalho etc., ao mesmo tempo que os protegeriam das ameaças dos Impérios Russo e Otomano.

Um dos principais geógrafos que ajudaram a estabelecer a noção de Mitteleuropa, conforme o projeto alemão, foi Joseph Partsch. Seu livro, *Central Europe*, seria publicado em Londres em 1903. Nele, além de ensaiar uma definição geográfica da região – ainda muito imprecisa, em virtude de antigas disputas políticas –, justificava o projeto de dominação alemão no local. Para ele, a Europa Central precisava de uma língua comum para a comunicação mútua. Essa língua seria o alemão, compreendido em grande parte da região em função da presença dos austríacos desde pelo menos o século XIV.

Partsch afirmava que, à exceção das regiões "mais atrasadas de Sérvia e Montenegro", onde o alemão não era compreendido, "todo o resto da Europa Central, consciente ou inconscientemente, de boa ou má vontade, pertence à esfera da civilização alemã". Quando explicava as razões pelas quais a "raça alemã" teria vencido os otomanos na região – o que justificaria também seus direitos à dominação –, o geógrafo argumentava: "enquanto o Oriente estava em todos os aspectos atrasado, a raça alemã estava naquela época peculiarmente apta a enviar para lá não apenas elementos valiosos da civilização superior, mas também muitos colonos robustos que continuariam a progredir ativamente".

Predominava, em sua argumentação, uma determinada ideia de nação bastante comum no século XIX, sobretudo entre os alemães, baseada na unidade linguística e em concepções de superioridade racial e civilizacional que lhes daria, por consequência, o direito de dominação sobre pequenas nações, cujos povos eram considerados inferiores do ponto de vista étnico. A reunião dos povos germânicos espalhados pela região – em algumas, como na Boêmia, com expressiva presença – era também um objetivo importante para o projeto de dominação alemã. Tais concepções permaneceriam fortes na primeira metade do século XX. Modificadas, incorporadas e aprofundadas pelo projeto nazista de construção de um "espaço vital" no Leste, alcançariam um extremo talvez impensável no século XIX. A colonização da região, levada adiante pelos nazistas e ancorada em preceitos raciais, resultaria nos projetos de aniquilamento das populações eslavas e romanis, além do extermínio dos judeus.

Não obstante, no decorrer da Grande Guerra (1914-18), outras concepções, em oposição a esta de uma Mitteleuropa germânica, apareceram, buscando se contrapor ao projeto alemão e freá-lo. Ao longo do conflito, entre as nações que compunham a Entente – Grã-Bretanha, França, Rússia e, mais tarde, EUA –, circulava com cada vez maior naturalidade a hipótese de desmembramento do Império Austro-Húngaro, baseada nos ideais wilsonianos de direito dos povos à autodeterminação. Com a derrota dos Impérios Alemão e

Austro-Húngaro em 1918, tais ideias ganharam força e seriam colocadas em prática, como veremos, pelos tratados de paz assinados no fim do conflito.

Durante os debates que resultaram na assinatura da paz com as nações derrotadas – Alemanha, Áustria e Hungria –, foi apresentada a proposta do geógrafo inglês *Sir* Halford Mackinder, que falava na existência de uma *Middle Tier*, ou seja, uma "camada intermediária", representada pelos Estados sucessores do Império Austro-Húngaro.

A noção de uma "camada intermediária" sintetizava algumas demandas importantes na época: ao mesmo tempo, atendia às aspirações nacionalistas e emancipatórias das pequenas nações, então sob a dominação dos Habsburgo, e as legitimava; em contrapartida, ao reconhecer o direito à autodeterminação dos povos, combatia o avanço e as ambições alemãs e russas na região, na busca por uma estabilidade que, afinal, se mostraria inalcançável. De todo modo, como veremos no capítulo "Europa Central *fin-de-siècle*: da *Belle Époque* à eclosão da Grande Guerra", o conceito de *Mitteleuropa* como área de influência germânica inspirou forte reação entre as nações não alemãs, contribuindo para que houvesse pouca resistência ao fim do já declinante Império Austro-Húngaro.

⋆ ⋆ ⋆

O que seria a *Europa Central*? Como poderíamos defini-la e delimitá-la? Como vimos, não se trata de tarefa simples. Alguns autores afirmam que algo específico se passa com essa noção que a torna especialmente vaga e imprecisa. Não é algo que aconteça com muitas regiões. Por exemplo, a concepção de "América Central", por mais que tenha seus componentes de construção cultural, é mais precisa, referindo-se a um centro, mais ou menos fixo, situado entre a América do Norte e a América do Sul. O centro da Europa, no entanto, em função de determinadas condições histórico-culturais, permanece bastante fluido. Nações apareciam e desapareciam com certa facilidade. As fronteiras se movem ainda em 2025 com alguma frequência, levando também a deslocamentos populacionais constantes ou à existência de expressivas minorias vivendo, muitas vezes da noite para o dia, em países estrangeiros.

Composta de pequenos países cujas populações falam línguas diversas, pertencentes a distintas etnias, a região foi, na modernidade, alvo dos processos de expansão austríaco, otomano, alemão e soviético. A imaginação ocidental, como vimos, desde o século XVIII, e bem ao gosto do pensamento orientalista europeu, atribuía à área características que a definiam como exótica, mística, selvagem, inferior, reduzindo sua diversidade e riqueza histórica, cultural e intelectual à ideia de uma *outra Europa*, no limite, bárbara. A Guerra Fria aprofundou, em seus próprios termos, essa imagem, criando, no Ocidente, representações de um *Leste Europeu soviético* soturno, sombrio, triste e inferiorizado, atrasado do ponto de vista civilizacional e tecnológico. Muitos desses estereótipos persistem ainda, mesmo após a reunificação do continente em 1989 e a expansão da União Europeia em direção ao Leste em 2004.

Europa Central *fin-de-siècle*: da *Belle Époque* à eclosão da Grande Guerra

O último terço do século XIX na Europa foi um período de importantes transformações. O continente parecia modernizar-se a passos avançados: a indústria, o desenvolvimento tecnológico e da ciência; o florescimento das cidades e de uma complexa cultura urbana, bem como suas expressões artísticas; a emergência e a afirmação de novas classes sociais – a burguesia e o proletariado – e seus modos de vida; a expansão europeia por todo o mundo – migração de pessoas, comércio de mercadorias, exportação de capitais e hábitos culturais, tudo isso fortaleceria a ideia da Europa como centro do mundo, sobretudo para seus habitantes, e transformaria a sociedade europeia com grande rapidez.

Buscando fazer do presente um tempo inteiramente novo, a modernidade construía seus próprios mitos e proclamava uma ruptura radical com o passado. Então, a ideia de "moderno", aliada ao culto ao progresso, servia para diferenciar aqueles tempos de tudo o que os havia precedido.

De forma simultânea, porém, a mesma Europa que se pretendia moderna e destinada ao progresso experimentava o que o historiador Arno Mayer denominou a "permanência das tradições". Sob muitos aspectos, é possível notar naquelas sociedades a persistência de certo *ethos* aristocrático e de tradições que confirmavam a manutenção de hábitos e costumes sedimentados pelo tempo e difíceis de transformar. Porém, a permanência desses "elementos pré-modernos" na sociedade e na cultura europeias não era simples remanescente de um passado decadente e que deveria ser superado. Ao contrário, o prolongamento do passado, do "velho", em meio às frenéticas transformações da sociedade industrial constituía a própria essência das modernas sociedades europeias.

Para além da autoproclamada ruptura com o passado, portanto, a modernidade europeia deve ser compreendida como a síntese dinâmica entre mudança e permanência. Sob muitos aspectos, a Europa Central representa muito bem esse processo, com suas ambivalências e complexidades.

No século XIX, a região formava um vasto emaranhado de povos, línguas e etnias sob o domínio dos Impérios Austríaco, Otomano, Russo e do Reino da Prússia. Sendo, ao mesmo tempo, sujeito e objeto dos jogos políticos que determinaram o Concerto Europeu, a região possuiu papel fundamental no equilíbrio de potências constituído desde a derrota de Napoleão Bonaparte e o Congresso de Viena em 1815 e que perduraria, pelo menos, até a eclosão da Grande Guerra, em 1914.

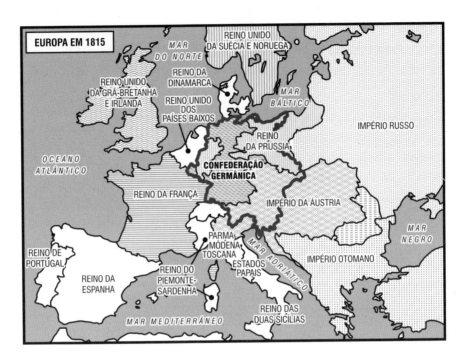

Dominada por impérios tradicionais, os quais, muitas vezes, impunham não apenas sua presença e seu exército, mas também suas línguas e culturas, a Europa Central no século XIX tem sido muitas vezes apresentada como um contraponto à Europa Ocidental: o velho *versus* o novo; o conservadorismo *versus* o progresso; o espaço da "permanência das tradições" em oposição a um Ocidente, este sim, de fato, "moderno".

Não obstante, a região constitui-se em espaço fundamental para compreendermos melhor as lógicas ambivalentes dos processos de construção da modernidade na Europa, superando o raciocínio binário que, muitas vezes, entende a modernidade como uma ruptura sem retorno com o passado.

Tomemos o caso do Império Austríaco/Austro-Húngaro na segunda metade do século XIX como principal referência, visto que, nesse período, a Monarquia dos Habsburgo dominava boa parte do território da Europa Central.

IMPÉRIO HABSBURGO, IMPÉRIO AUSTRÍACO OU IMPÉRIO AUSTRO-HÚNGARO?

A história do Império Habsburgo remete ao século XIII, quando da eleição de Rodolfo I como rei da Germânia, em 1273. Pouco mais tarde, em 1282, os Habsburgo adquiriram o Ducado da Áustria. Desde então, a dinastia dos Habsburgo expandiu seu domínio por diversas partes da Europa, chegando ao ápice no século XVI, quando Ferdinando I tornou-se também rei da Boêmia, Hungria e Croácia. O ramo austríaco dos Habsburgo governou o Sacro Império Romano-Germânico até sua dissolução em 1806, no contexto das Guerras Napoleônicas, e dominou os reinos da Boêmia e da Hungria. Em 1804, os territórios dos Habsburgo foram unificados, dando origem ao Império Austríaco. Em 1867, o Império Austríaco firmou um acordo com o Reino da Hungria, pelo qual se estabeleceu a união dos dois Estados em uma Monarquia Dual, conhecida como Áustria-Hungria ou Império Austro-Húngaro.

De maneira geral, o Império Austro-Húngaro, a partir da segunda metade do século XIX, era visto como uma potência em declínio. Aferrado ao seu conservadorismo, irreformável, em tudo se opunha às modernas potências britânica e francesa. E parecia ainda mais antiquado quando comparado ao seu vizinho, também germânico, o Reino da Prússia, que se modernizava e se industrializava de forma acelerada. Após a derrota e a dissolução do Império Austro-Húngaro na Grande Guerra, em 1918, tal imagem tenderia a se consolidar no imaginário e na historiografia sobre o continente e, em particular, sobre a Áustria-Hungria.

A partir do fim da guerra, emergiu uma série de interpretações sobre os últimos anos do século XIX e os primeiros do século XX. Então, observadores políticos, intelectuais, artistas, todos se voltaram para os anos que antecederam a tragédia de 1914 buscando, naquele período, possíveis explicações para o que ainda parecia inexplicável, às vezes, indizível. Como a Europa havia chegado à guerra? Como uma destruição daquelas proporções havia sido possível? Como reorientar a experiência cotidiana e a vida social em meio à destruição e ao caos legados pela guerra?

Para muitos, as respostas pareciam estar nos anos que antecederam o conflito e, por isso, voltaram-se para os tempos de paz que precederam a guerra. A experiência da guerra, de certo modo, orientou as formas de lembrar e a memória coletiva sobre a Europa *fin-de-siècle* e os anos 1900. Tais processos foram mais ou menos comuns em todo o continente, mas nos interessam em particular aqueles que tiveram lugar nos Estados sucessores do Império Austro-Húngaro.

Ali, as interpretações sobre os anos que antecederam a tragédia da guerra flutuaram entre dois polos: de um lado, a crença no declínio do Império e, portanto, na ideia de que ele estava fadado a ruir; e, de outro, a nostalgia, que olhava para o passado de forma idealizada, contemplando o período imediatamente anterior à guerra como uma idade de ouro do Império Habsburgo, um período de paz sem precedentes.

Tomemos, a princípio, as formas como as ideias de declínio circularam. Foram mais ou menos comuns certas interpretações de acordo com as quais o Império, enfraquecido, atrasado, frágil, combalido pela guerra, estava destinado ao desaparecimento. Tais ideias vinham tanto das capitais imperiais, Viena e Budapeste, como de outras partes do Império. Ao mesmo tempo, foram produzidas, entre 1914 e 1918, inúmeras representações nesse sentido pelas nações inimigas como propaganda de guerra.

Vejamos, por exemplo, a obra de Jaroslav Hašek, *O bom soldado Švejk*. Publicado entre 1921 e 1923, na então Tchecoslováquia, o romance satírico e inacabado de Hašek seria traduzido para mais de 50 idiomas. O livro conta as aventuras do soldado Švejk, um homem de meia-idade que, após ter sido declarado "completamente idiota" por uma junta médica, renunciara ao serviço militar. Não obstante, quando a guerra eclodiu em 1914, Švejk teria se empolgado pela ideia de servir o Império Austro-Húngaro. Porém, acabou tomando uma série de atitudes que, embora bem-intencionadas, expunham a fragilidade e a inépcia militar e burocrática austro-húngara. Assim, sua disposição em servir o Império era tratada por Hašek com certa zombaria. Não é possível saber se Švejk era louco ou se, ao declarar sua lealdade ao imperador, acabou encontrando na sua manifesta incompetência uma forma de resistência e de expor ao ridículo as autoridades imperiais.

Foi, portanto, a partir da sucessão de fatos e situações grotescas vividas por Švejk que o escritor nos contou a história de um Império declinante, destinado ao fracasso e à ruína. Diante da determinação de Švejk em se alistar, sua funcionária, senhorita Muller, resolve que o melhor a fazer seria buscar ajuda médica para o patrão. Em um dos diálogos, a empregada conversa com o médico sobre o estado de saúde de Švejk: "Imagine, doutor, que hoje à tarde ele me mandou buscar o mapa do campo de batalha e, durante toda a noite, delirou e disse coisas fantásticas, como, por exemplo, que a Áustria ia ganhar esta guerra". Antes, quando o médico se apresenta para cuidar de Švejk, o narrador comenta: "E foi assim que em uma época em que Viena desejava ver todas as regiões da Áustria-Hungria darem os exemplos mais brilhantes de devotamento e lealdade, o Dr. Pavek receitava brometo a Švejk, a fim de moderar seu entusiasmo patriótico".

A lealdade imperial de Švejk é tratada como problema de saúde e, de maneira geral, a obra de Hašek questiona a lealdade dos súditos ao Império, em particular dos tchecos, considerados no livro obrigados pelo governo de Viena a lutar por interesses que em nada lhe diziam respeito.

Embora a história do bravo soldado Švejk se passe durante o conflito, ela parte do suposto de que aquele era um Império há longo tempo enfraquecido. A comparação com o seu longevo imperador, Francisco José, cujo reinado teve início ainda em 1848 e só terminou com seu falecimento em 1916, era frequente. Em muitas peças de propaganda da época da Grande Guerra, a Áustria-Hungria era retratada por seus inimigos a partir da figura decrépita e claudicante do imperador. É o caso da caricatura publicada pela revista francesa *A La Baïonnette*, em 1915:

Impérial gaga. SYNAVE, Tancrède.*A La Baïonnette*.
Paris: L'Edition Française Illustrée, 5 ago. 1915.

Obsoleta, ultrapassada, degradada, a Áustria-Hungria seria semelhante a seu imperador, velho e cansado, representante de uma aristocracia antiquada. Pelo olhar dos inimigos, não parecia capaz de lutar de igual para igual contra as poderosas potências europeias.

Não obstante, a imagem de uma Áustria abatida, enfraquecida e que não estava à altura das demais potências europeias não era uma novidade trazida pela guerra. Já no último terço do século XIX, circulavam representações do Império Austro-Húngaro como uma potência em declínio, como no mapa satírico da Europa elaborado pelo caricaturista francês Paul Hadol em 1870:

Mapa satírico da Europa, desenhado por Paul Hadol, 1870.

Publicado após as derrotas militares austríacas para a França e o Piemonte-Sardenha, em 1859, e para a Prússia, em 1866, o mapa mostra a Áustria fragilizada. Sem forças ou condições de reagir, era esmagada pela Prússia (que também avançava em direção à França) e ameaçada pela Rússia – que avançava no sentido do Ocidente e se colocava, cada vez mais, como inspiração e guardiã dos povos eslavos do continente. A Itália, por sua vez, dava as costas à Áustria, como se desvencilhando. Estirada, dilacerada, a Áustria ainda se apoiava, pesando, sobre a "Turquia Europeia" (à época, sinônimo de "península balcânica"), que sofria, debilitada.

Como é possível observar, as representações da Áustria como potência decadente não eram recentes e pareciam comuns, embora o desfecho da guerra as tivesse aprofundado e intensificado. É o que vemos também no romance de Joseph Roth, *A marcha de Radetzky*. Considerado a obra-prima do autor, o livro publicado em 1932 conta a história do declínio do Império Habsburgo a partir de três gerações da família Trotta. Foi também um dos primeiros romances históricos a colocar um personagem real, o imperador Francisco José, desempenhando papel imprescindível na narrativa ficcional. Em certo momento da

Europa Central fin-de-siècle   **43**

narrativa, durante os primeiros anos da Grande Guerra, o imperador observa seu exército preparado para a batalha: "por alguns minutos sentiu-se orgulhoso do seu exército, e em alguns minutos também lamentou a sua decadência. Pois já se via vencido e disperso, dividido entre muitos povos do seu amplo reino. O grande sol dourado dos Habsburgos se punha [...]".

Escrevendo mais de uma década após o fim da guerra, em um contexto em que a Áustria vivia uma grande crise – política, econômica, social e de identidade –, parecia evidente aos olhos de Roth que, quando eclodiu o conflito, a Monarquia já estava fadada a desaparecer.

No livro de Roth, a figura do imperador, de certa forma, está também ligada à decadência do Império, mas não a partir do escárnio e do deboche, conforme aparecia na propaganda de guerra dos inimigos e mesmo no romance *O bom soldado Švejk*. Em *A marcha de Radetzky*, uma imagem de certo modo condescendente, comum entre os súditos do último imperador Habsburgo, evidenciava-se.

De acordo com tal visão, a vida do imperador havia sido marcada pela tragédia que, de certa maneira, confundia-se com a própria história do declínio do Império: assumindo o trono aos 18 anos, em um momento de crise, após as Revoluções de 1848, o então jovem Francisco José teria dedicado a vida ao Império. Nesse processo, perdeu a filha primogênita com apenas 2 anos de idade subitamente; anos mais tarde, o filho, Rodolfo, herdeiro do trono, teria se suicidado junto à amante, em um episódio ainda hoje controverso. Em 1898, sua esposa, a imperatriz Elisabeth, conhecida como Sissi, fora brutalmente assassinada por um anarquista italiano em Genebra, na Suíça. Em 1914, seu sobrinho, o arquiduque Francisco Ferdinando, então herdeiro do trono, também seria assassinado na Bósnia-Herzegovina, o estopim que levou a Europa à guerra.

Tal leitura suscitava compaixão e simpatia pela figura do velho e dedicado imperador. Silenciava, no entanto, sobre o papel ativo que Francisco José havia desempenhado na forte repressão aos movimentos revolucionários de 1848; a virada "neoabsolutista" da década de 1850; as violentas formas de combate aos movimentos operários, a partir dos anos de 1860, e sua atuação que ajudou a retardar a integração social e política dos judeus em todo o Império.

Mas se a ideia de um império em declínio, destinado a desaparecer, firmou-se no imaginário do pós-guerra, ela não foi a única maneira de lembrar o tempo dos Habsburgo. Outra forma comum foi a nostalgia.

Não se tratou, contudo, de um processo exclusivo da Áustria. A ideia de que os anos 1900 significaram o ápice da civilização europeia e representaram um período de paz e harmonia sem precedentes surgiu ainda em 1914. É como se a tragédia da guerra houvesse dividido a experiência europeia em um tempo de *antes* e *depois* do conflito. Nos anos 1930, sobretudo na França, foi se conformando uma imagem de que aquele período fora uma *Belle Époque*. Naquele momento, a expressão não era um conceito. Utilizada de modo ainda amplo e como sinônimo de "idade de ouro", com o passar do tempo ela foi se precisando. Por volta da metade da década, com a ameaça de uma nova guerra rondando o continente, o tempo anterior a 1914 se transformou de fato em um *período histórico*, agora inscrito em um passado bem localizado (entre o fim do século XIX e 1914) e, portanto, passível de nostalgia.

No caso da Áustria, uma das expressões mais bem acabadas dessa nostalgia do Império, conforme aparece nos anos 1930 e 1940, veio do escritor Stefan Zweig. "Austríaco, judeu, escritor, humanista e pacifista", Zweig escreveu *Autobiografia: o mundo de ontem*, entre 1941 e 1942, pouco antes de cometer suicídio, em seu exílio brasileiro, para onde veio fugindo da Segunda Guerra Mundial e da perseguição aos judeus.

Zweig lembrava: "Nasci em 1881 em um grande e poderoso império, a Monarquia dos Habsburgo. Não a procurem, porém, no mapa: ela foi extinta, sem deixar vestígio". Assim o autor definia o tempo anterior à guerra para o Império Austro-Húngaro:

> Ao tentar encontrar uma definição prática para o tempo de antes da Primeira Guerra Mundial, no qual me criei, espero acertar dizendo: foi a época áurea da segurança. Tudo na nossa monarquia austríaca quase milenar parecia estar fundamentado na perenidade, e o próprio Estado parecia ser o avalista supremo dessa estabilidade.

Sobre a vida no império multiétnico, Zweig a descrevia da seguinte maneira: "Pobres e ricos, tchecos e alemães, judeus e cristãos conviviam pacificamente, apesar de ocasionais rixas, e até os movimentos políticos e sociais estavam livres daquele terrível ódio que só entrou na corrente sanguínea da época como um resíduo tóxico da Primeira Guerra Mundial".

Mas antes de a autobiografia de Zweig vir a público, na outra capital do Império Austro-Húngaro, em Budapeste, Ferenc Körmendi escrevia *A boldog emberöltő* (A geração feliz), publicado em 1934. A geração feliz que dá título ao livro é aquela nascida entre fins do século XIX e início do XX, junto às monumentais comemorações que tiveram lugar no Reino da Hungria em 1896, celebrando os mil anos da conquista da bacia dos Cárpatos, evento que representa, ainda em 2025, o mito fundacional da nação húngara. O protagonista de Körmendi nasceu em uma família abastada, na aristocrática avenida Andrássy, em Budapeste. Em seu mundo, tudo está impregnado pelas promessas de um futuro brilhante e otimista; pela respeitabilidade legada por sua família e classe social; e por uma fé inquebrantável no progresso. O pai, em determinado momento, chega a afirmar sobre seus dois filhos: "A geração em que irão crescer será afortunada [...] parece não haver razão para que não seja assim".

De fato, a fé no progresso e no futuro brilhante da Europa era uma característica recorrente da cultura burguesa que marcou a virada do século XIX para o XX. Como se vê, não era diferente no Império Austro-Húngaro.

Ao mesmo tempo, o convívio das diversas etnias no seio do Império foi bem mais complicado do que, anos mais tarde – no auge da expansão nazista na Europa –, se lembraria Zweig de forma idealizada.

Assim, a recuperação dessas memórias por autores que presenciaram os horrores da Grande Guerra e viviam as incertezas dos anos 1930 e 1940 evocava certo estado de melancolia, de saudade e exaltação dos tempos de paz e de quando a Europa ainda parecia acreditar no potencial de seu futuro.

Declínio e fatalidade, por um lado, nostalgia e idealização do passado, por outro. As interpretações sobre a *Monarquia fin-de-siècle* foram bastante ambivalentes. Em certo sentido, carregavam também as marcas da catástrofe da guerra e dos processos de violência e instabilidade que se seguiram. Sozinhas, podem ser consideradas redutoras, vistas em seu conjunto, ajudam a compreender melhor não apenas o período em que foram escritas, mas também a analisar as complexas teias da construção da modernidade na Europa.

Nessa perspectiva, é fundamental superar a ideia de que os últimos anos do século XIX europeu foram um simples prelúdio das catástrofes que viriam a partir de 1914. Ao observarmos o período em sua historicidade, sem antecipações e evitando os anacronismos, podemos compreender melhor a região e seus processos históricos, seu emaranhado político e cultural, o Império Austro-Húngaro e suas instituições em sua complexidade social, política e cultural na virada para o século XX.

O COMPROMISSO AUSTRO-HÚNGARO DE 1867

Em 1867, o Império Austríaco tornou-se Austro-Húngaro. A mudança se deu através da concretização do Compromisso Dual, negociado durante anos, que concedeu maior autonomia ao Reino da Hungria no âmbito da Monarquia dos Habsburgo.

Muitas vezes compreendido como uma concessão que indicava o progressivo enfraquecimento da Áustria, o Compromisso Dual significou também o reconhecimento da importância central do Reino da Hungria no seio do Império. Resultou, de modo similar, da necessidade, para os Habsburgo, de recompor forças, alianças e estratégias após o fracasso na Guerra Austro-Prussiana de 1866.

De fato, a concretização do Compromisso Austro-Húngaro ocorreu em um contexto difícil para o Império. A segunda metade do século XIX assistiu a certo declínio da posição de potência da Áustria no cenário europeu – e, em particular, no mundo germânico –, que podia ser observado desde a eclosão de revoluções nacionais em diversas partes do Império em 1848. Em 1859, com a derrota para a França e o

Piemonte-Sardenha, a Áustria perdeu posições e territórios importantes no norte da península italiana. Entretanto, foi a guerra de 1866 que selou os caminhos do Império Austríaco dali para frente.

A Áustria desempenhou papel fundamental no seio dos Estados alemães durante séculos. Na modernidade, a ampliação de seus territórios em direção ao leste transformou a Monarquia dos Habsburgo em um importante agente, no sentido de consolidar posições germânicas na Europa Central em detrimento de eventuais avanços russos e otomanos. A derrota, em 1866, para os prussianos – cujo projeto de unificação da Alemanha a partir da Prússia protestante vinha, então, avançando a passos largos – significou o fortalecimento da primazia prussiana e a expulsão da Áustria da Confederação Germânica. A partir de então, a Áustria, que havia exercido poderoso domínio durante séculos entre os Estados alemães, precisou, mais que nunca, voltar-se para o Leste.

O Reino da Hungria possuía, nesse sentido, relevância fundamental. Não apenas em virtude de seu vasto território, mas também em função de ser um importante aliado na luta contra os movimentos pan-eslavos que cresciam na região e da neutralização das ambições otomanas em permanecer controlando regiões europeias.

Além disso, os Habsburgo precisavam das riquezas e dos cereais húngaros para abastecerem o Império. Ao mesmo tempo, o fortalecimento da aliança com a Hungria significava uma garantia de segurança para os austríacos. Não era possível, naquele momento, para os Habsburgo, ter em sua fronteira um país potencialmente hostil.

Já para o Reino da Hungria, o Compromisso Dual representou uma espetacular mudança de rumos. Isso porque, menos de duas décadas antes, a Hungria fora palco de uma das mais intensas e prolongadas lutas revolucionárias pela independência que a Europa viu em 1848, prolongando-se até 1849. Naquele momento, para conter o avanço revolucionário húngaro, as forças do Império Austríaco precisaram subjugar os exércitos locais e executar generais e políticos. Com a repressão e a dissolução dos movimentos independentistas, a Hungria acabou reduzida a uma província governada por ministros vienenses.

Para os Habsburgo, a partir de então, a Hungria como reino com tradições e direitos separados havia deixado de existir. Nos anos 1850, a Áustria estendera seu Código Civil e sua rigorosa censura para todo o Reino da Hungria.

No entanto, depois das derrotas militares diante da França e da Prússia, foi preciso voltar atrás e reconhecer a especificidade e a importância da Hungria no seio do Império, bem como restabelecer sua Constituição, abolida depois da Revolução de 1848.

Mais que evidenciar um Império marcado pela fraqueza e pelo declínio, o Compromisso Austro-Húngaro abriu perspectivas para a Monarquia e demonstrava sua capacidade de adaptação e transformação. Reforçava também o caráter específico de um Império multiétnico e multinacional. Nem sempre tais processos foram simples e as mudanças conviveram com resistências e a permanência de tradições.

Os próprios termos que embasaram a criação da Monarquia Dual ajudam a compreender, inclusive, a pluralidade – administrativa, política, econômica e cultural – da região. Isso porque o Compromisso não estabelecia a unificação das duas partes. Nesse sentido, pouco alterou as estruturas internas das entidades que passaram a compor a Monarquia. Assim, a parte austríaca do Império manteve sua característica descentralizada, consistindo em territórios povoados por alemães, eslavos e italianos que ficaram conhecidos como *Cisleitânia*, ou seja, as terras localizadas a oeste do rio Leitha. Já o Reino da Hungria permaneceu um Estado centralizado, conhecido, a partir de então, como *Transleitânia*, as terras a leste do rio Leitha. Tratava-se também de um território bastante diversificado do ponto de vista étnico, composto por magiares, romenos e uma variedade de eslavos.

Europa Central fin-de-siècle 49

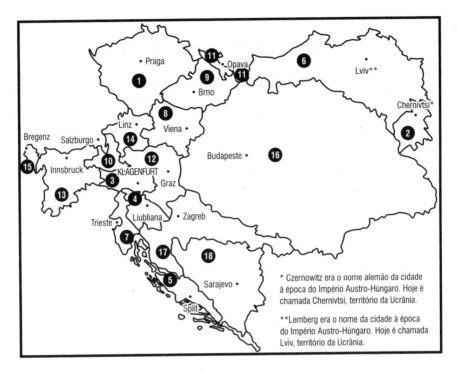

O Império Austro-Húngaro por volta de 1878.
Cisleitânia (Império da Áustria): 1. Boêmia, 2. Bucovina, 3. Caríntia, 4. Carniola, 5. Dalmácia, 6. Galícia, 7. Litoral austríaco, 8. Baixa Áustria, 9. Morávia, 10. Salzburgo, 11. Silésia, 12. Estíria, 13. Tirol, 14. Alta Áustria, 15. Vorarlberg; **Transleitânia (Reino da Hungria)**: 16. Hungria propriamente dita, 17. Croácia-Eslavônia; **Condomínio Austro-Húngaro**: 18. Bósnia-Herzegovina.

O Compromisso possibilitou às elites políticas húngaras a retomada do projeto de construção do Estado nacional, interrompido depois de 1848. Isso, por sua vez, significou colocar em andamento um intenso e acelerado processo de magiarização, que se expressava através de tentativas de impor a língua e a cultura húngaras às importantes minorias alemãs, sérvias, eslovacas, romenas, croatas e rutenas espalhadas pelo reino.

O REINO DA HUNGRIA EM 1867

O Reino da Hungria teria sido fundado por volta do ano 890, quando o príncipe Árpád estabeleceu o seu reinado na bacia dos Cárpatos. No século XIX, o Reino da Hungria possuía uma extensão e configuração política bastante diferente da Hungria que conhecemos hoje. Em 1867, por ocasião do Compromisso Dual com a Áustria, o Reino da Hungria compreendia o que é hoje a Hungria propriamente, a Eslováquia, a Transilvânia e outras partes do território da Romênia, a Rutênia dos Cárpatos (hoje pertencente à Ucrânia), partes de territórios atuais da Sérvia, Croácia, Áustria, Eslovênia e Polônia. Tratava-se de um complexo reino, multiétnico e multilinguístico, de expressiva extensão territorial.

RUTÊNIA

Rutênia e *rutenos* são os termos utilizados para designar uma região geográfica e um grupo étnico-cultural específico: os eslavos do leste. O nome é uma versão latinizada da palavra *Rus*, um Estado que se formou no século IX, com capital em Kiev (atual capital da Ucrânia) e que reunia grão-russos (russos), pequeno-russos (ucranianos) e russos brancos (bielorrussos). A *Rus de Kiev* possui lugar central para as narrativas fundacionais tanto russas como ucranianas. Mas a palavra *ruteno* também é encontrada em fontes medievais para descrever os habitantes eslavos de religião cristã ortodoxa que viviam no grão-ducado da Lituânia e, depois de 1569, na Comunidade Polonesa-Lituana.

No fim do século XVIII, após as sucessivas divisões da Polônia, partes expressivas das terras habitadas pelos rutenos foram divididas entre o Império Russo e o Império Austríaco. Ao longo do século XIX, o termo *ruteno* caiu em desuso no Império Russo, onde foi substituído por "russos brancos" ou "pequenos russos". No entanto, a palavra continuou a ser amplamente utilizada no Império Austro-Húngaro, inclusive, como designação oficial para os habitantes eslavos que viviam nas regiões mais orientais das províncias da Galícia e da Bucovina, bem como nos condados do nordeste da Hungria.

> Com o fim da Grande Guerra, em 1918, as terras historicamente habitadas pelos rutenos foram divididas entre a União Soviética, Ucrânia, Polônia, Romênia e Tchecoslováquia.

Ao mesmo tempo, o Compromisso restaurou a integridade territorial da Hungria e deu ao Reino uma independência interna bastante evidente. Os poderes do monarca – Francisco José, imperador da Áustria, foi também coroado rei da Hungria, em 1867 – em assuntos internos eram muito limitados. Não obstante, com relação à condução de assuntos externos ou de defesa, a Hungria permanecia apenas como mais uma entidade da Monarquia e seus interesses nesses campos precisavam ser coordenados com os dos outros componentes.

Ainda assim, o Reino da Hungria ocupava espaço importante na política da Monarquia. Para alguns, entretanto, os húngaros pagavam um preço alto por se manterem dentro do Império. Nesse sentido, a vida parlamentar da Hungria, entre 1867 e 1918, foi dominada pelo conflito entre partidários e oponentes do Compromisso. Estes últimos variavam entre separatistas – aqueles que exigiam a completa emancipação do Reino da Hungria com relação à Áustria – e os que aceitavam o Compromisso em princípio, mas exigiam mudanças parciais.

Do ponto de vista social e econômico, o Reino da Hungria passou por transformações bastante expressivas após o Compromisso.

Desde 1867 até o início da guerra em 1914, a Hungria conheceu o que muitos passaram a chamar, após a catástrofe de 1914, de "idade de ouro", uma "época feliz de paz". Os censos demográficos indicavam um crescimento populacional constante, da década de 1880 e ao início da guerra. Nesse período, o crescimento econômico e comercial da Hungria foi impulsionado pela expansão da rede ferroviária e o consequente aumento da mobilidade de pessoas, mercadorias e capitais. Para se ter uma ideia, em 1913 a densidade da rede ferroviária do Reino da Hungria podia ser comparada à da França e superava a da Áustria.

O desenvolvimento industrial, no entanto, era mais lento quando observado em conjunto com outras regiões do Império. Isso porque se optou pela ênfase na produção agrícola, que transformou a Hungria no celeiro do Império Austro-Húngaro, graças à produção de cereais. Ainda assim, as grandes cidades do Reino conheceram um processo de urbanização expressivo, centrado em Budapeste, mas que podia ser verificado em outros locais, como Szeged, Pozsony (atual Bratislava, capital da Eslováquia) e Zagreb (hoje, capital da Croácia).

Tal processo, contudo, não esteve circunscrito ao Reino da Hungria. A Europa Central, de maneira geral, conheceu um crescimento urbano expressivo no período.

CRESCIMENTO URBANO INDUSTRIAL E CULTURA COSMOPOLITA

A rigor, em diversas partes do cada vez mais vasto Império Austro-Húngaro, podia-se observar o desenvolvimento econômico e social, aliado, de modo geral, a um substancial crescimento das cidades.

Na parte austríaca do Império, a fé no progresso e na razão humana que tanto marcou a experiência burguesa da Europa no fim do século XIX impulsionava a vida social. Talvez Viena seja a mais famosa expressão do florescimento de uma cultura urbana cosmopolita que marcou a Europa *fin-de-siècle*.

Naquele momento, a capital do Império fervilhava intelectual, cultural e socialmente. Em diversas áreas, a cidade conheceu processos intensos de inovações nas quais atuava a *intelligentsia* local, constituindo o que se identificou em toda a esfera cultural europeia como "escolas vienenses". A Viena da virada do século foi a cidade onde Freud publicou suas teorias psicanalíticas, o cenário em torno do qual autores como Arthur Schnitzler e Stefan Zweig escreveram seus romances e pintores como Gustav Klimt desenvolveram suas carreiras. A ópera e o teatro vienense constituíram-se também em expressões pulsantes de uma vida artística e intelectual sofisticada.

Zweig, inclusive, chegaria a afirmar que "nossa indolência austríaca no campo político, nosso atraso na economia em comparação com o resoluto Reino Alemão vizinho, efetivamente, podem ser atribuídos em parte a esse exagero no deleite com as artes".

Mas a Áustria também se industrializava, ainda que em descompasso com relação ao Império Alemão. Nesse sentido, para além de uma cidade voltada para as artes e a vida intelectual, Viena era também uma cidade de trabalhadores e imigrantes. No fim do século XIX, Viena passou a receber levas e levas de tchecos, poloneses, sérvios, dentre outros. A partir de então, tornou-se o palco onde lutas operárias eram travadas e reprimidas com violência pelas autoridades imperiais, ao menos até o início do século XX, quando, aos poucos, a social-democracia foi se tornando um importante movimento de massas e, em toda a Cisleitânia, o direito ao voto, ampliado.

Viena também conheceu, por essa época, uma intensa migração de judeus, a maioria pobres, que vinham do campo e dos confins mais orientais do Império Austro-Húngaro. No início do século XX, a comunidade judaica em Viena era uma das maiores da Europa.

A rigor, os judeus representavam cerca de 4,5% de toda a população do Império Austro-Húngaro. Na chamada "era do liberalismo" imperial, a partir do fim da década de 1860, a introdução gradual da igualdade perante a lei aumentou as expectativas das comunidades judaicas de integração social. Até então, todavia, os judeus vivendo sob a Monarquia dos Habsburgo estavam expostos à discriminação política e econômica, além de estarem socialmente isolados por meio de legislação específica, resultando em hostilidades que podiam culminar em violências antissemitas. Foi apenas no contexto do chamado "liberalismo político" que apareceram condições sociais favoráveis à integração da população judaica, muito embora, é importante lembrar, nesse mesmo momento, o antissemitismo como ideologia política estivesse se tornando uma ameaça em potencial para a população judaica em todo o continente.

Nas terras tchecas – que compreendem os territórios da Boêmia, Morávia e Silésia (ver mapa anterior) –, o desenvolvimento urbano aliado ao crescimento industrial transformou a região. Ainda no século XVIII, tornou-se famosa a frase da imperatriz Maria Teresa da Áustria, segundo a qual, sem as terras tchecas, "tudo o que restaria do Império seria o pobre Arquiducado da Áustria". De fato, a Boêmia e a Morávia constituíram dois importantes centros industriais ao longo do século XIX. Às vésperas da guerra, as duas regiões junto à Silésia poderiam ser consideradas o coração industrial da Monarquia Austro-Húngara.

Brno, capital da região da Morávia, a cidade mais industrializada da Monarquia durante o período anterior ao desenvolvimento das ferrovias, conheceu grande crescimento populacional na primeira metade do século XIX. Brno era um caso específico dentro do Império. Ali, cidades consideradas prósperas, como Peste e Trieste, tiveram seu rápido crescimento econômico associado à presença de comerciantes e fabricantes, em geral estrangeiros, que fundaram ou expandiram seus negócios e empregaram um número cada vez maior de trabalhadores em suas lojas, fábricas, armazéns e, no caso de Trieste, em suas docas. Isso também ocorreu em Brno, porém, seu crescimento derivava do aumento do trabalho industrial em fábricas têxteis. Já em 1840, cerca de 15 mil pessoas trabalhavam em fábricas que haviam surgido nos subúrbios da cidade, o que rendeu a Brno o título de "Manchester da Áustria".

Na Boêmia, o desenvolvimento da indústria pesada, ligado à modernização dos meios de navegação no rio Elba e à ampliação da rede ferroviária, fez da região um dos mais pulsantes centros industriais da Monarquia e mesmo da Europa.

Em Praga, capital da região da Boêmia, a dinâmica do desenvolvimento industrial era perceptível, transformando a cidade em um importante centro financeiro do Império. No fim do século, uma cultura cosmopolita, mais aberta e voltada para a Europa, ganhava espaço. Nas artes, as ideias modernistas triunfavam e, junto a elas, a necessidade de criar uma "arte nova" que refletisse o mundo moderno. Também ali, como em todas as capitais imperiais, a vida social acontecia nos cafés do centro da cidade. Cafés, como o Slavia e o

Unionka, recebiam artistas, escritores e jornalistas que se revezavam entre a leitura de periódicos tchecos e franceses. Já o Café Arco era o lugar onde se reuniam os escritores de língua alemã, como Max Brod e Franz Kafka. Este último, no entanto, não era um frequentador assíduo: Kafka preferia andar pelas ruas de Praga com seus amigos, discutindo literatura e arte.

Ao mesmo tempo, a cidade assistia ao crescimento de uma população operária empobrecida, guetificada nos subúrbios. O influxo crescente de trabalhadores rurais vindos do interior da Boêmia e falantes do tcheco transformou antigos centros urbanos dominados por alemães, como Praga, em cidades de crescente maioria tcheca, ampliando sobremaneira as tensões e as reivindicações nacionais.

Em todo o Império, podíamos observar movimentos desse tipo. Em Budapeste, no Reino da Hungria, uma cultura cosmopolita também se firmava. Em 1873, os centros urbanos de Buda, Peste e Óbuda, separados pelo rio Danúbio, foram unificados através de um decreto municipal, que deu origem a Budapeste, nova capital do Reino da Hungria. Em 1849, inaugurou-se a primeira ponte sobre o Danúbio, a Széchenyi Lánchíd, que se tornaria símbolo de progresso e modernidade, integrando melhor os centros urbanos de Buda e Peste. Em 1896, as comemorações dos mil anos da fundação do país fizeram de Budapeste uma capital monumental: obras eram inauguradas cotidianamente, enquanto os discursos em torno das benesses do progresso dominavam a nação. A "nova" capital crescia de forma acelerada. Em um século, sua população dobrou de tamanho e, apenas entre 1890 e 1900, houve um crescimento de 40%. Em 1914, Budapeste já era a sexta maior cidade da Europa. Menos de meio século antes, em 1867, ela ocupava apenas a décima sexta posição.

Ponte Széchenyi Lánchíd, vista de Buda para Peste.
A foto foi tirada entre 1873 e 1880.

Processos similares podem ser observados em toda a parte. Em Zagreb, também entre 1890 e 1900, o crescimento populacional estava em torno de 34%. Em Cracóvia, na região da Galícia, o número de habitantes da cidade quase dobrou na última década do século XIX, indo de 49.800, em 1890, para 85.300, em 1900. Mesmo Sarajevo, capital da Bósnia-Herzegovina, que costuma ser representada como "a última fronteira do Império" e uma de suas regiões mais "atrasadas", experimentou um amplo processo de transformação após a invasão e a ocupação austro-húngara de 1878.

Ali, o crescimento da população urbana seguiu mais ou menos os mesmos padrões do que ocorria em todo o Império. Entre 1879 e 1910, por exemplo, o número de habitantes de Sarajevo passou de 25.000 para 52.000. Todavia, a cidade conheceu um processo muito mais intenso de transformações: sob o domínio otomano por 400 anos, com ampla população muçulmana, até 1878 a Bósnia-Herzegovina havia passado por poucos processos de modernização e desenvolvimento de estilo europeu. Após a ocupação austro-húngara, o corpo de funcionários imperiais se esforçou por remodelar Sarajevo, de forma a torná-la uma cidade "funcional, bem administrada e moderna", com amplas avenidas e edifícios imponentes.

É interessante discutir, no entanto, até que ponto a renovação da cidade foi obra apenas da administração austro-húngara, bem como o desenvolvimento urbano foi também impulsionado pelas elites e pelas classes médias locais. Estas, cada vez mais, adotavam estilos de vida e padrões de desenvolvimento europeus, o que, por sua vez, levou a enormes mudanças no ambiente social e cultural da cidade.

A QUESTÃO NACIONAL

Em 1910, o pintor e ilustrador tcheco Alfons Mucha retornava a Praga, onde se preparava para uma guinada em sua vida profissional. Mucha mudara-se para Paris em 1888. Na capital francesa, construíra uma bem-sucedida carreira ilustrando pôsteres para as peças teatrais da famosa atriz Sarah Bernhardt, assim como para peças publicitárias, todos em *art nouveau*, estilo do qual se tornaria um dos grandes expoentes. Ao retornar a Praga, o artista deu um novo rumo à sua carreira. Desde muito cedo, sonhava em compor pinturas históricas em grande escala, como ele havia visto e admirado em Viena ainda no fim do século XIX. Segundo ele próprio lembraria anos mais tarde, desde 1900, decidiu dedicar a segunda metade de sua carreira a um trabalho que poderia "ajudar a construir e fortalecer o senso de identidade nacional em nosso país". Tal ideia, bem como o gosto por pinturas históricas em grande escala, está na origem do monumental e audacioso projeto que Mucha colocaria em prática entre 1910 e 1928: *A epopeia eslava*, obra máxima do artista, é constituída por um ciclo de 20 telas representando a mitologia e a história dos povos eslavos da Europa.

As pinturas apresentam a saga de tchecos, poloneses, sérvios, eslovacos, russos, búlgaros, dentre outros povos eslavos – as batalhas que travaram, os mitos fundacionais, o folclore, as tradições. As telas, as maiores medindo cerca de oito metros de altura, constituíam um apelo à união dos povos eslavos do continente, em um momento em que o nacionalismo pan-eslavo ganhava força.

A primeira delas, *Os eslavos em sua pátria original: entre o chicote turaniano e a espada dos godos*, foi finalizada em 1912 e fazia referência direta à opressão por parte das tribos germânicas, por um lado (os godos), e de turcos e magiares, por outro (turanianos). Propunha um "retorno às origens", quando as tribos eslavas eram povos agrícolas que viviam nos pântanos entre os rios Vístula e Dnepr, o mar Báltico e o mar Negro. De acordo com essas narrativas, os eslavos, sem nenhuma estrutura política para apoiá-los, eram atacados de maneira constante por tribos inimigas, que queimavam casas e roubavam animais.

A epopeia eslava, ciclo n. 1 – *Os eslavos em sua pátria original: entre o chicote turaniano e a espada dos godos* (entre os séculos III e VI d.C.).
Tela de 1912.

O monumental trabalho de Mucha vinha à tona em um momento em que o pan-eslavismo crescia em toda a Europa Central. Em fins do século XIX, nas terras tchecas, o chamado movimento neoeslavo ganhou espaço entre os liberais e os socialistas que buscavam destacar – através da História, das artes, da música ou da literatura – as origens eslavas do povo tcheco, como forma de se opor ao domínio germânico.

Não obstante, a narrativa pan-eslava era também uma forma importante, por exemplo, para eslovacos e rutenos sob o domínio do Reino da Hungria e expostos a intensos processos de magiarização se afirmarem. Algo similar ocorria com a Polônia, então dividida entre a Áustria, a Prússia e a Rússia.

AS PARTILHAS DA POLÔNIA

Em 1772, os monarcas Frederico II da Prússia, Catarina II da Rússia e Maria Teresa da Áustria dividiram a Comunidade Polonesa-Lituana, formada pelo Reino da Polônia e o Grão-Ducado da Lituânia, entre si, em um evento que se tornou conhecido mais tarde como "a primeira partilha da Polônia". Alegando fatores de decadência e desordens internas ao Estado da Polônia-Lituânia, as três potências vizinhas dividiram entre si cerca de 30% do território da Comunidade Polonesa-Lituana. O território que coube ao Império Habsburgo recebeu o nome de "Reino da Galícia e Lodomeria". Uma segunda partição ocorreu após a Guerra Russo-Polonesa de 1792, quando as tropas russas e prussianas entraram nos territórios do Estado da Polônia-Lituânia. A terceira partilha ocorreu em 24 de outubro de 1795, em reação à malsucedida Revolta Polonesa de Kościuszko no ano anterior. A partir daí, a Comunidade Polonesa-Lituana, como Estado independente, deixou de existir. Tanto a Polônia (dividida entre Áustria, Prússia e Rússia), como a Lituânia (sob dominação russa) apenas recobrariam suas independências em 1918.

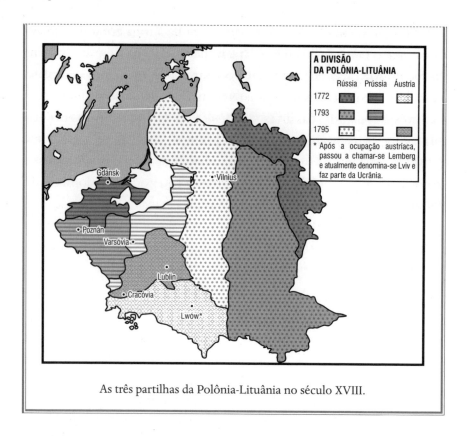

As três partilhas da Polônia-Lituânia no século XVIII.

Do ponto de vista político, o neoeslavismo propunha desenvolver a cooperação entre os povos eslavos da Europa, ampliando as trocas comerciais, a circulação de pessoas e as relações entre artistas e intelectuais. A ideia, conforme concebida principalmente por intelectuais e políticos tchecos, mas não apenas, era a criação de um movimento democrático, que partisse dos povos eslavos de dentro da Monarquia dos Habsburgo e que fosse capaz de agregar a Rússia e os eslavos dos Bálcãs. Havia, no entanto, reservas a esse projeto. Os poloneses, por exemplo, temiam o desenvolvimento de um eslavismo russófilo, o qual, segundo eles, parecia esquecer que o imperialismo russo oprimia outros povos eslavos. Mesmo entre os tchecos, a principal restrição ao eslavismo dizia respeito ao caráter reacionário e opressivo do Império Russo.

Nesse sentido, embora alguns congressos pan-eslavos tenham ocorrido – o primeiro deles ainda em 1848, em Praga; o segundo em

1908, também em Praga; e o terceiro em 1910, em Sófia –, o projeto político encontrou inúmeras dificuldades. As políticas de potência, tanto do Império Austro-Húngaro como do czarismo russo na região, contribuíram para limitar seus objetivos. Assim, quando ocorreu o Congresso de 1910, na Bulgária, o movimento mostrava já muitas limitações. Mas, se o projeto político não se concretizou, continuou existindo uma "eslavofilia emocional", fundamental em muitos desses países para a construção da identidade e dos movimentos nacionais, tão ligados, na região, à dimensão étnica.

Quando, portanto, Mucha começou a trabalhar em sua epopeia eslava, era a essa eslavofilia emocional que ele recorria e que dava sentido à narrativa étnico-nacional que ele propunha.

De modo geral, o século XIX na Europa Central foi profundamente marcado pela emergência da questão nacional. Ora adquirindo tons revolucionários como em 1848, ora sendo travada nos espaços do debate público – universidades, cafés, clubes, partidos políticos –, a questão nacional experimentou avanços e recuos, mas determinou, em grande medida, os rumos políticos da região. No âmbito do vasto e multiétnico Império Habsburgo, o debate não se deu de maneira simples e o movimento eslavófilo foi apenas uma de suas muitas expressões.

A partir da década de 1890, por exemplo, uma série de disputas em torno do direito ao uso das línguas locais em áreas de grande diversidade étnica e linguística ganhou contornos violentos, seja no debate parlamentar, seja em determinados espaços sociais. Foi o que aconteceu, por exemplo, quando, em 1904, a Universidade de Innsbruck, na Áustria, abriu um curso de Direito exclusivamente em língua italiana, provocando protestos tumultuados de estudantes alemães que, no limite, levaram ao encerramento das atividades do curso.

Em Trieste, atualmente na Itália, a competição política entre italianos – que de forma tradicional dominavam as instituições governamentais locais – e os eslovenos – cujo número de habitantes na cidade havia aumentado muito rápido no início do século XX – frequentemente se transformava em confrontos de rua. Na Boêmia, outro polo de conflito nacional, as tensões políticas levaram os tchecos e os alemães a boicotar as lojas e os negócios uns dos outros em 1898, 1908 e 1910. O Partido Nacional Socialista Tcheco, nacionalista radical, organizou os boicotes entre os tchecos; enquanto nas áreas alemãs, até mesmo os conselhos municipais intervieram, afixando cartazes que advertiam: "Comprem somente de alemães!".

Nos últimos anos antes da guerra, havia uma preocupação especial com as condições na Galícia, no nordeste do Império. Essa "terra da Coroa", como os austríacos chamavam suas províncias, era administrada pela nobreza polonesa e possuía grande autonomia. Ali, o idioma administrativo era, desde 1869, o polonês, diferentemente do restante da Cisleitânia, onde o alemão era a língua administrativa oficial. Os poloneses também dominavam o parlamento da Galícia, o Sejm. Porém, o predomínio parlamentar polonês era resultado de um sistema eleitoral muito restrito e desigual, cujo sufrágio abrangia apenas 10% da população. Todavia, se os poloneses eram maioria no Sejm, eles representavam menos de 50% da população da Galícia: de um total de 8 milhões de habitantes, 3,8 milhões eram poloneses, 3,2 milhões eram rutenos, concentrados no leste da Galícia, além de 872.000 judeus e 90.000 alemães. Entre os rutenos, os nacionalistas ucranianos constituíam a força política mais poderosa, com 28 deputados no Reichsrat de Viena em 1911. Eles eram leais aos Habsburgo, mas intensamente hostis à administração polonesa, que os discriminava. As tensões chegaram ao auge em abril de 1908, quando o conde Alfred Potocki, polonês, chefe da administração da Galícia, foi morto por um estudante nacionalista ucraniano.

É preciso considerar também as revoltas locais contra a dominação otomana nos Bálcãs e a Guerra Russo-Turca, entre 1877 e 1878.

A partir de 1875, as revoltas nos territórios europeus do Império Otomano ganharam grande amplitude. As potências europeias temiam pela estabilidade do sudeste europeu, região pela qual a maioria tinha grande interesse. Insurreições ocorreram na Bósnia, na Herzegovina e na Bulgária. Nesse momento, a solidariedade eslava desempenhou papel fundamental. Os principados da Sérvia e de Montenegro formaram uma aliança, sob os auspícios da Rússia, e passaram a apoiar as revoltas nos países vizinhos.

Em 1877, a Rússia declarou guerra contra o Império Otomano. A guerra foi difícil para os dois Estados beligerantes, embora com vantagens para o lado russo. Não obstante, em 1878, as tropas russas estavam também exauridas e tiveram que aceitar a trégua proposta pelos otomanos em 31 de janeiro.

Os conflitos terminaram com a assinatura dos acordos de paz na Conferência de Berlim, em 1878, quando foram reconhecidas as independências de Sérvia, Montenegro, Romênia e Bulgária, neutralizando as ambições russas nos Bálcãs. Ao mesmo tempo, a Conferência de Berlim autorizou que a Áustria-Hungria passasse a administrar o território da Bósnia-Herzegovina, em detrimento da Sérvia, que reivindicava a integração da região – onde havia significativa população de origem sérvia – no novo país. Muitos especialistas afirmam que a administração da Bósnia-Herzegovina foi o principal ganho diplomático da Áustria desde o Congresso de Viena, de 1815. A Conferência de Berlim também reafirmou o papel da Áustria-Hungria nos Bálcãs e selou sua rivalidade com a Rússia.

Em 1908, quando os austro-húngaros ocuparam a Bósnia-Herzegovina de forma efetiva, a expressão "prisão dos povos" para se referir ao Império tornou-se muito popular. Nesse instante, o *princípio da autodeterminação* tornava-se uma referência cada vez mais central para os movimentos nacionais em toda a Europa Central, e a ocupação austro-húngara de região portadora de tradições tão distintas, em um momento de fortalecimento dos discursos e dos movimentos nacionais, alimentava as críticas contra o Império.

Por volta de 1900, os argumentos de grupos e movimentos nacionalistas concentravam-se na ideia do direito de autodeterminação das diversas nações da região. Além disso, suas alegações a respeito das diferenças culturais dentro do Império permearam as instituições públicas e dominaram o debate político na virada do século. A situação na Bósnia-Herzegovina reforçava tais posições.

Em contrapartida, em muitas outras regiões, o Império era uma instituição poderosa e tradicional, tornando-se difícil imaginar a existência social fora daquela realidade. De maneira geral, os movimentos nacionais tiveram que conviver sempre com as lealdades imperiais.

Pelo menos desde o século XVIII, a Monarquia dos Habsburgo empreendeu esforços no sentido de incentivar os sentimentos de pertencimento ao Império, contribuindo para a conformação de comportamentos e sensibilidades que poderiam ser compreendidos, conforme propõe Pieter M. Judson, como um tipo de *patriotismo imperial*. Assim, foram desenvolvidas – em especial durante e a partir do reinado de Maria Teresa (1745-65) – políticas sociais que procuravam reforçar o senso de cidadania igualitária, promovendo sentimentos patrióticos e de respeito pela ordem social. O ensino primário universal em línguas vernáculas, a criação de uma burocracia imperial proveniente em grande parte das classes médias instruídas, o estabelecimento de um judiciário independente e a promoção do livre-comércio dentro do Império cumpriram importante papel ao quebrar o poder das aristocracias regionais. Além disso, essas políticas significaram, para seus beneficiários, uma participação mais palpável nos assuntos do Império.

Quando as Guerras Napoleônicas terminaram, nos primeiros anos do século XIX, já era possível afirmar que muitos grupos sociais se identificavam fortemente com o Império. Não obstante, em diversos casos, sobretudo em âmbito local, as noções de "Império" e de "patriotismo imperial" serviam a determinados grupos e eram definidas por eles em termos de seus próprios interesses regionais.

Nessa perspectiva, os movimentos nacionais se desenvolveram em paralelo ao fortalecimento do patriotismo imperial. Mais que isso, pode-se considerar que, no início do século XX, *nacionalismo* e *patriotismo imperial* conformavam duas ideologias que, longe de constituírem conceitos e projetos políticos antagônicos, tornaram-se, em certa medida, intercambiáveis. Ambos utilizavam linguagens e ideias semelhantes. Ao mesmo tempo, o discurso nacionalista, com o passar do tempo, foi se tornando cada vez mais abrangente e capaz de acomodar uma gama variada de ideias, programas e visões de mundo que não necessariamente excluíam os projetos imperiais. Ao contrário, muitas vezes serviam a eles.

A ideia de um duplo pertencimento – nacional e imperial –, inclusive, não era estranha àquelas sociedades. É o que podemos observar em determinado diálogo travado pelos personagens de *As brasas*, romance do escritor húngaro Sándor Márai. Escrito em 1942, o livro conta a história da longa amizade entre Henrik, um general do exército austro-húngaro – e depois húngaro –, e Konrad, seu colega na escola militar, de origem polonesa. A história tem início nas últimas décadas do século XIX, acompanhando a juventude dos dois personagens, até o desaparecimento repentino de Konrad em 1899. Após 41 anos separados, a narrativa se concentra no reencontro dos dois velhos amigos, em uma espécie de acerto de contas. Em certo momento, indagado por Henrik, Konrad proclama: "Minha pátria [...] não existe mais, desintegrou-se. Minha pátria eram a Polônia e Viena, esta casa e o quartel lá na cidade, a Galícia e Chopin. Que sobrou de tudo isso? O misterioso elemento que unificava todas as coisas esgotou seu efeito".

A partir de 1907, na Cisleitânia, o sufrágio universal masculino foi implementado. Os pleitos mostravam-se, em geral, bastante participativos nas mais diversas localidades do Império e tornaram-se cada vez mais importantes. O papel que as eleições passaram a desempenhar é, inclusive, um aspecto interessante para refletirmos sobre como a questão nacional e o sentido de pertencimento ao Império andaram juntos. Elas se tornaram ocasiões nas quais os habitantes do Império projetavam suas reivindicações, crenças, expectativas e visões sobre o futuro, ao mesmo tempo que manifestavam suas insatisfações e decepções. Nelas, podiam-se acompanhar tanto os processos de complexificação das organizações político-partidárias e o crescimento dos movimentos nacionais em suas múltiplas tendências como uma série de manifestações dos sentimentos de pertencimento e orgulho imperial.

Nos últimos anos, a historiografia sobre os Habsburgo vem chamando atenção para a importância de compreender o processo de construção do Império, verificando suas relações com as sociedades que o compunham em dois movimentos distintos: de um lado, os esforços e as políticas empreendidos a partir do Estado, de outro, observando os movimentos a partir de baixo. Isso implica considerar não apenas como o Estado, suas instituições e grandes lideranças moldaram a vida política, social e cultural do Império, mas também como as práticas e as experiências sociais afetaram as políticas imperiais.

Assim, para além da habitual ênfase no desenvolvimento urbano ou nas relações internacionais, nas últimas décadas, as pesquisas têm se voltado para o âmbito local, buscando retratar a vida cotidiana nas pequenas localidades e nas áreas de fronteira. Isso ajuda a compreender como, em toda a vasta extensão do Império, as populações se envolveram com os esforços da dinastia Habsburgo para construir um Estado imperial centralizado e, muitas vezes centralizador, desde pelo menos o século XVIII. O Império, suas instituições e práticas administrativas ajudaram a moldar as sociedades locais em todas as regiões. Ao mesmo tempo, habitantes dos mais diversos cantos se envolveram com essas práticas e instituições, muitas vezes se apropriando delas para seus próprios fins ou reinterpretando-as para atender a seus interesses.

* * *

O Império Habsburgo desempenhou, durante séculos, papel fundamental na vida cotidiana de seus súditos. Ainda assim, não deve ser compreendido a partir da ideia de *perenidade*, à qual Stefan Zweig recorreu para caracterizá-lo. Mais que perenidade, a transformação, a adaptação e as dinâmicas entre modernidade e tradição marcaram a vida sob o Império Austro-Húngaro na virada do século XIX para o XX.

Assim, se por um lado é preciso pôr em perspectiva as memórias de Zweig sobre um Império que seria, para ele, o reino onde todas as classes e etnias conviviam de forma pacífica, por outro, é preciso também observar que, ao contrário do que aparece em *O bom soldado Švejk*, o fim da Monarquia não era algo dado como certo. Para muitos, era difícil imaginar suas vidas sem um Império que durante séculos moldara a existência daquelas sociedades.

Guerra, paz e construção nacional

Existe certo consenso na historiografia segundo o qual o século XIX teria sido um longo século, iniciado pela Revolução Francesa de 1789 e terminado apenas em 1914, com o início da Primeira Guerra Mundial ou Grande Guerra (1914-1918). Isso faz do século XX, por consequência, um século curto: iniciado em 1914, ele teria terminado entre 1989 e 1991, com o fim dos regimes socialistas na Europa Central e na União Soviética.

No século XXI, tais marcos têm sido questionados não apenas em função de seu eurocentrismo, mas também em virtude de limitações interpretativas com relação à própria história da Europa.

Seja como for, se 1914 representa ou não o início do século XX, não resta dúvidas de que o ano constitui um marco para a história europeia, simbolizando o desencadeamento de processos de violência até então jamais imaginados. Também há poucas dúvidas de que, após o início da guerra, o continente se transformou de maneira profunda.

Assim, em 28 de junho de 1914, o assassinato do herdeiro do trono da Áustria-Hungria, o arquiduque Francisco Ferdinando, e de sua esposa Sofia, a duquesa de Hohenberg, em Sarajevo, capital da Bósnia-Herzegovina, foi o estopim que levou o continente a quatro anos de conflitos sangrentos.

A Grande Guerra teve início no seio de um dos mais tradicionais impérios europeus, o Austro-Húngaro, e transformou radicalmente o continente e a ordem internacional. Depois de quatro anos de conflitos, emergiu da guerra uma Europa enfraquecida, que assistia, inerte, ao surgimento de novas potências mundiais, retirando o Velho Continente do pedestal civilizacional que justificara, material e simbolicamente, seu avanço e expansão pelo mundo nos séculos anteriores.

O evento é, com frequência, reconhecido como a catástrofe seminal do século XX, que fez dele um "século de ferro". A partir de então, e nos 30 anos que se seguiram, a Europa conheceu uma série de conflitos e violências de tipos e proporções diferentes: guerras "tradicionais" entre Estados nacionais, revoluções, guerras civis, genocídios, conflitos étnicos, religiosos, nacionais. A Grande Guerra também transformou, quando não subverteu completamente, os regimes políticos europeus, reformulou as relações internacionais, modificou o equilíbrio de poder dentro dos Estados nacionais que emergiram do conflito e alterou as relações econômicas internacionais, que se tornaram cada vez menos eurocêntricas.

Carl von Clausewitz, general e grande estrategista militar prussiano, teria afirmado, ainda na primeira metade do século XIX, que a próxima grande guerra europeia envolveria uma "escalada aos extremos" como única maneira de destruir rapidamente os exércitos adversários. Para ele, o resultado seria um conflito violento, porém, breve.

É possível imaginar que, em 1914, quando a guerra eclodiu, a maior parte dos chefes militares envolvidos acreditasse nisso. Não obstante, os tipos de combate vistos já a partir de agosto daquele ano mostraram, em todas as frentes, a impossibilidade de um confronto curto.

Muito rápido, a guerra tornou-se um sorvedouro de vidas – militares e civis –, de equipamentos e munições, disseminando-se o sentimento de que aquela seria uma disputa longa e sofrida. Frederic Henry, personagem central de *Adeus às armas*, romance de Ernest Hemingway ambientado nos anos do conflito, conclui em determinado momento da narrativa: "talvez as guerras já não fossem pelo sistema antigo, em que há um vencedor e um derrotado. Talvez durassem para sempre".

De fato, aquela não era uma guerra como as do "sistema antigo". A Grande Guerra originou um novo tipo de confronto armado e representou uma ruptura radical com as circunstâncias e as condições da guerra como eram conhecidas. Desde o começo, as batalhas mostraram-se bastante violentas, intensificando o sofrimento das populações envolvidas no conflito. A mobilização total tendia a tornar a violência muito mais disseminada. Oito meses após o início das hostilidades, um polonês que vivia no lado austríaco da Frente Oriental registrou em seu diário a onipresença da tragédia e do horror que a Europa vivia: "guerra na terra, dentro da terra, na água, debaixo d'água e no ar; guerra abrangendo círculos cada vez maiores da humanidade".

Entre 1914 e 1915, os países beligerantes experimentaram uma guinada nas formas de violência de guerra. Ainda em setembro de 1914, a Batalha do Marne, travada nas proximidades de Paris, deixou cerca de meio de milhão de mortos. O ano de 1916, por sua vez, talvez seja o que permaneça de maneira mais forte na memória coletiva europeia. Aquele foi o ano das Batalhas de Verdun e do Somme, na Frente Ocidental, e da primeira Ofensiva Brusilov, na Frente Oriental. O "Inferno de Verdun", como os sobreviventes passaram a chamar a mais longa batalha da Grande Guerra, estendeu-se entre fevereiro e dezembro, e resultou na morte de 700 mil soldados. A Batalha do Somme, iniciada em julho, durou até o fim do ano e resultou na perda de 1,2 milhão de vidas. Já a Ofensiva Brusilov é considerada uma das mais letais da história. Somadas, as baixas austro-húngaras e alemãs chegam a quase um milhão de combatentes.

Cerca de dez milhões de pessoas morreram durante os quatro anos de confronto, a maioria soldados. Ao tomarmos os números totais de mobilização, é possível notar que as nações menores foram proporcionalmente mais afetadas. A Sérvia, por exemplo, perdeu 37% de seus soldados. Os números impressionam também quando consideramos países como a Romênia e a Bulgária, que perderam, respectivamente, 25% e 22% dos seus soldados. Entre as grandes potências da guerra, a França detém o pior registro de perdas proporcionais: 16% de seus homens mobilizados foram mortos. Na Alemanha, 15,4%.

A Europa Central foi o epicentro da tragédia, e sentiu fortemente os efeitos do conflito e da cultura de violência e brutalização das relações sociais que foram legados. Além disso, para a região, a guerra não terminou com o armistício de novembro de 1918. Ali, processos diversos de violências – guerras civis, de libertação nacional, revoluções, greves – continuariam ocorrendo pelo menos até 1923, em um fenômeno que o historiador norte-americano Jay Winter denominou "violências pós-imperiais", na medida em que se deram no contexto da desintegração dos Impérios Austro-Húngaro, Alemão, Russo e Otomano.

Nos territórios da Monarquia Dual Austro-Húngara, ao longo dos 4 anos de conflito, foram mobilizados cerca de 8 milhões de homens, o equivalente a 78% da população masculina em idade militar. Destes, quase 1 milhão e 500 mil foram mortos em combate ou em cativeiro, entre 1914 e 1918; mais de 3 milhões foram feridos e cerca de 2 milhões capturados pelas forças inimigas. Na frente doméstica, as mulheres assumiram os empregos dos homens recrutados. Muitas foram trabalhar nas fábricas de armamentos, então em franca expansão. As crianças também foram mobilizadas e precisavam ajudar em uma série de tarefas, que incluíam a coleta de objetos de valor para os esforços de guerra. Numa guerra que se tornou rapidamente total, os civis, longe de serem meros auxiliares, tornaram-se alvos e enfrentaram fome, desnutrição e doenças que levaram a sociedade à completa exaustão e a uma transformação demográfica sem precedentes.

Do ponto de vista político, o Império Austro-Húngaro implementou duras medidas repressivas – justificadas pelas necessidades dos tempos de guerra –, que ampliaram a censura, o leque dos crimes considerados de lesa-majestade e favoreceram um clima de delação entre os cidadãos.

A guerra transformou de maneira definitiva a velha Europa: os mapas, as ideias, os regimes políticos. Os grandes e tradicionais Impérios, cujas instituições, hábitos e valores haviam moldado durante séculos a existência cotidiana de suas sociedades, vieram abaixo. Depois de quatro anos de combates exaustivos, os Impérios Russo, Austro-Húngaro, Otomano e Alemão deixaram de existir, levando à fundação de novos países e regimes políticos, à alteração de línguas oficiais e fronteiras, que resultaram em significativos deslocamentos populacionais.

O fim da guerra desembocou em uma crise dentro do vasto, multiétnico e multinacional Império Austro-Húngaro que, no limite, levou à sua dissolução. Em 11 de novembro de 1918, mesmo dia da assinatura do armistício entre os Aliados e a Alemanha, que afinal colocou fim à guerra, o imperador Carlos da Áustria-Hungria assinou o termo de renúncia ao trono. O documento, na prática, significou o fim de 640 anos de domínio Habsburgo na Europa Central. Assim, a mais longeva dinastia europeia deixava de existir.

A situação também era crítica na Alemanha, onde o acúmulo de derrotas e a situação de penúria em que se encontrava a sociedade desgastaram o Império e transformaram o país em um redemoinho de agitações políticas e sociais que culminaram na renúncia do Kaiser, na proclamação da República por duas correntes políticas diferentes e no desencadeamento de uma revolução liderada pelos comunistas, que seria violentamente reprimida.

Na Rússia, a guerra ajudou a acelerar um processo de revolução social que, a partir de 1917, transformaria de forma profunda o país. O Império Otomano, há tempos enfraquecido, também não resistiu ao turbilhão da guerra.

Para a Europa Central, a experiência da guerra foi similar àquela vivida na Frente Ocidental e, ao mesmo tempo, específica. Em comum, a experiência da guerra total, uma guerra de invasões e ocupações; a fome, as mortes e a exaustão; a manifestação de violência intensa, poderosa, desmedida e desconhecida, cujos legados permaneceriam, por anos, moldando as relações e os modos de vida daquelas sociedades.

Determinadas experiências, no entanto, foram singulares na Frente Oriental: tais sociedades tiveram que lidar, além de tudo, com os colapsos dos Impérios dos Romanov, Hohenzollern e Habsburgo, que resultaram na perda de referências fundamentais. Culminaram na exacerbação dos ódios étnicos e nacionais – por vezes intensificados pelos arranjos que resultaram dos acordos de paz a partir de 1919 –, nas lutas de classes e em sangrentas guerras civis, que ainda se desenrolariam pelo menos até 1923.

Assim, se a Frente Ocidental conheceu a paz em 1918, na Frente Oriental, a violência e os métodos brutais da guerra seriam sentidos ainda por mais cinco anos. Tudo isso em um momento crucial de reafirmação do direito à autodeterminação dos povos e de construção nacional para vários Estados sucessores dos antigos impérios.

A GRANDE GUERRA NA FRENTE ORIENTAL

Fazia calor em Sarajevo, a pequena capital da Bósnia-Herzegovina, naquele domingo, 28 de junho de 1914. No dia anterior, havia chovido bastante, mas, então, o sol brilhava forte sobre as casas baixas e os telhados planos da cidade.

Sarajevo havia mudado bastante nos últimos anos. Desde 1878, quando teve início a administração austro-húngara na Bósnia-Herzegovina e, particularmente, após 1908, quando, afinal, deu-se a ocupação definitiva do território pelos Habsburgo, o Império empenhou-se no que muitos chamaram, à época, de "missão cultural" ou mesmo "missão civilizatória" austro-húngara nos Bálcãs.

Em 1914, Sarajevo se apresentava como uma espécie de vitrine, a partir da qual se podiam observar os efeitos da presença austro-húngara: uma intensa reforma foi colocada em marcha, ruas foram ampliadas e os edifícios ostentavam a influência de novos estilos arquitetônicos, abandonando, mesmo que de modo parcial, alguns traços da arquitetura otomana. Moradores e visitantes podiam usufruir de uma cidade moderna, onde novas tecnologias – o telefone, o bonde elétrico e o uso de concreto e do asfalto – ampliaram as possibilidades de comunicação e transporte. Novas escolas e hospitais, o desenvolvimento das redes ferroviária e rodoviária, além de melhorias no sistema de drenagem sugeriam que a administração pública vinha obtendo sucesso na modernização da cidade.

Havia, no entanto, limites claros ao processo de reformas de Sarajevo, o qual ocorreu de maneira fragmentada e combinou-se com a escassez de financiamento central. Nessa lógica, o plano de reconstrução da cidade a partir de ruas largas e linhas retas, tão caras à modernidade urbana europeia da época, foi realizado apenas parcialmente e, entre os novos e imponentes edifícios, podia-se notar a manutenção de elementos fundamentais que compunham o tecido urbano do período otomano.

Sarajevo representava, sob muitos aspectos, a perfeita síntese da modernidade austro-húngara na Bósnia-Herzegovina, em sua complexidade: não só naquilo que trazia de novo, belo e tecnológico, mas também no que possuía de disruptivo, violento e fator de desenraizamento e segregação.

Particularmente, a administração imperial preocupava-se bastante com a agitação pansérvia na província. Desde 1903, quando um golpe militar levou à ascensão de Pedro I na Sérvia, o sentimento anti-Habsburgo cresceu notavelmente não apenas no país, mas também nos Bálcãs de maneira geral. As relações austro-sérvias se deterioraram de forma acelerada, à medida que a Sérvia passou, cada vez mais, a defender a unificação dos povos eslavos do sul da Europa em um único território. Uma série de organizações nacionalistas sérvias passou, desde então, a atuar nos Bálcãs e, em particular, na Bósnia. A situação piorou no contexto das duas Guerras Balcânicas, em 1912 e 1913, quando a Sérvia se expandiu consideravelmente e passou a ser vista como uma ameaça ainda mais concreta para os austro-húngaros.

AS GUERRAS BALCÂNICAS

As Guerras Balcânicas, entre 1912 e 1913, abriram a era de conflitos europeus no início do século XX e consistiram em duas guerras consecutivas que envolveram os países da região. A primeira delas, em 1912, reuniu Sérvia, Montenegro, Bulgária e Grécia, que formaram a chamada Liga Balcânica, contra o Império Otomano, resultando na expulsão definitiva dos otomanos dos Bálcãs. Após essa guerra, o Reino da Sérvia mais que dobrou de tamanho. Em junho do ano seguinte, a segunda guerra balcânica eclodiu, dessa vez entre os membros da Liga Balcânica, depois que a Bulgária, insatisfeita com a perda da Macedônia, atacou a Sérvia e a Grécia. Não tardou para que as grandes potências tomassem medidas, evitando que os confrontos regionais levassem a uma conflagração de maiores proporções.

Além disso, os governantes austro-húngaros enfrentavam sérios problemas com o sistema educacional da Bósnia-Herzegovina, cujas escolas tornaram-se lugares privilegiados de promoção do nacionalismo sérvio e do pan-eslavismo. Houve dificuldades por parte da administração austro-húngara em constituir um corpo docente comprometido com os Habsburgo. Não era raro, por exemplo, encontrar nas escolas locais professores nacionalistas sérvios que ensinavam seus alunos com mapas que mostravam a Bósnia-Herzegovina ligada à Sérvia.

Os jovens, aliás, eram o segmento social mais radicalizado. O meio da "Jovem Bósnia", pansérvio, progressista, literário e romântico, era um terreno fértil para conspirações violentas. Foi nesse contexto que surgiu Gavrilo Princip, então, um jovem de 19 anos, muito magro e de baixa estatura que, naquele dia 28 de junho ensolarado, dirigiu-se a uma das grandes e renovadas avenidas de Sarajevo, a Appel Quay, com um objetivo: matar o herdeiro do trono austro-húngaro, Francisco Ferdinando. O arquiduque estava em visita oficial à cidade, acompanhado de sua esposa Sofia, duquesa de Hohenberg. Princip diria mais tarde, em seu julgamento, que para ele o arquiduque era "um inimigo mortal", um opositor "da unificação de todos os eslavos do sul".

Nos dias anteriores à visita, Princip reuniu-se na cidade com outros seis companheiros, todos pertencentes à Mão Negra, organização nacionalista pan-eslava que recorria ao terrorismo como forma de luta política. O planejamento da ação envolvia os sete, posicionados estrategicamente ao longo do trajeto que o arquiduque percorreria em carro aberto. Assim, se um fosse preso ou falhasse, o próximo se encarregaria da ação. Todos compareceram às festividades de recepção do casal imperial munidos de bombas, revólveres e uma cápsula de cianureto que deveriam ingerir após o cumprimento da ação, colocando fim às próprias vidas.

A ação, no entanto, foi marcada por uma série de incidentes possibilitados, ao mesmo tempo, por sucessivas falhas da operação planejada pela Mão Negra e do aparato de segurança da administração pública de Sarajevo. A primeira bomba atingiu o carro que vinha atrás do veículo transportando o casal imperial, ferindo alguns dos passageiros. Não obstante, mesmo após o incidente com um dos carros da comitiva, o arquiduque optou por dar seguimento à agenda de compromissos. Os organizadores promoveram apenas uma mudança no itinerário de volta de Francisco Ferdinando, evitando, assim, o trajeto preestabelecido e possivelmente já conhecido pelos terroristas. Esqueceram, no entanto, de avisar ao motorista, que errou o caminho, colocando Francisco Ferdinando e sua esposa na mira de Princip.

O jovem posicionou-se em frente a uma loja, do lado direito da rua Francisco José. Quando avistou o carro do arquiduque, tentou arremessar a bomba, que ficou presa em sua cintura. Sacou, então, o revólver e disparou dois tiros à queima-roupa. A primeira bala atingiu o abdômen da duquesa e a segunda, alcançou o pescoço de Francisco Ferdinando, rompendo a veia jugular.

Em seguida, Princip tentou tirar a própria vida com o revólver e depois com a cápsula de cianureto. Nos dois movimentos, foi detido pela multidão que rapidamente se voltou para ele e arrancou-lhe a arma e o veneno das mãos, proferindo socos, chutes, golpes de bengala e outros objetos. Somente a chegada da polícia evitou o linchamento.

Gavrilo Princip deixou o local preso. Não tardou para que fosse julgado junto a outros 24 homens responsabilizados pelo atentado. Por ter menos de 21 anos no momento dos atentados, não pôde ser condenado à morte. Sua pena foi a prisão perpétua. Enviado à prisão de Theresienstadt (em 2025, Terezín), nas terras tchecas, morreu quatro anos depois, em 1918, de tuberculose, agravada pelas péssimas condições prisionais.

A notícia do atentado logo correu o Império e toda a Europa. A partir daí, seguiu-se exato um mês até a declaração formal de guerra da Áustria-Hungria à Sérvia. Entre as lideranças austro-húngaras, era difícil esconder o entusiasmo por uma guerra contra a Sérvia, desejada já há alguns anos. Ainda assim, o evento de Sarajevo não deve ser visto como mero pretexto para a eclosão da guerra. Ao contrário, a historiografia tem buscado questionar tal ideia, argumentando a favor da necessidade de compreender melhor a complexidade do contexto dos Bálcãs naquele momento.

Uma semana e meia após o duplo atentado, todos, na alta cúpula do governo austro-húngaro, estavam convencidos da necessidade da guerra contra a Sérvia, à exceção do primeiro-ministro da Hungria, István Tisza, que ainda resistia. Tisza, no entanto, não tardou a ser persuadido sobre a importância do confronto e, em 14 de julho, já havia consenso no governo quanto à necessidade da guerra. O ultimato austro-húngaro foi enviado à Sérvia em 23 de julho. Para os sérvios, era difícil aceitar certos pontos do documento, considerados humilhantes. Diante da aceitação parcial pela Sérvia dos termos do ultimato, em 28 de julho veio a declaração de guerra.

Muitos anos mais tarde, o crítico literário russo Viktor Chklovsky lembraria em sua autobiografia: "A guerra. Todos a esperavam, ninguém acreditava nela". A reflexão talvez representasse bem as expectativas durante os 30 dias que separaram o atentado de Sarajevo da declaração de guerra. Porém, ela sintetiza também expectativas mais amplas, que remetem à virada do século XIX para o XX e às profundas transformações, desde então, nas relações internacionais europeias, suas políticas de alianças e o relativamente rápido processo de polarização do continente, condição fundamental para a eclosão do conflito. De outra forma, dificilmente uma guerra austro-sérvia teria potencial para se transformar em um conflito continental.

Nesse sentido, é importante lembrar que a Tríplice Aliança entre Alemanha, Áustria-Hungria e Itália datava de 1882. Embora, com o avançar do século XX, a adesão italiana ao pacto ficasse cada vez mais frouxa, a aliança desempenhou relevante papel, no sentido de conter as tensões existentes entre a Áustria-Hungria e a Itália, sobretudo no que se referia a determinadas regiões do norte da península e à importante presença de populações de origem italiana no Império Austro-Húngaro.

Por outro lado, a aliança franco-russa – sob muitos aspectos, improvável e pouco óbvia – foi ratificada em 1894 e tinha objetivos nitidamente antialemães: externava a preocupação tanto da República Francesa como do Império Russo quanto à expansão do jovem, recém-unificado e poderoso Império Alemão e às mudanças em sua política externa após o fim da era bismarckiana, em 1890. O Pacto Franco-Russo supunha que ambas as nações signatárias deveriam mobilizar o total de suas forças diante da notícia de mobilização de qualquer um dos componentes da Tríplice Aliança, de modo a forçar a Alemanha a combater em duas frentes.

Em 1904, a Grã-Bretanha firmou com a França a Entente Cordiale e, em 1907, a Convenção Anglo-Russa foi assinada em São Petersburgo, confirmando o compromisso britânico com a Entente.

A historiografia mais recente tem chamado atenção para o fato de que a divisão das potências europeias em dois blocos de alianças não necessariamente causou a guerra. Ao contrário, em muitos momentos, foi justamente a existência desse equilíbrio de poder que pôde conter a escalada de conflitos. Além disso, é importante não pensar nas alianças como dois blocos estáticos. Ao contrário, as relações diplomáticas e militares entre esses países eram muito mais complexas e dinâmicas do que pode sugerir, à primeira vista, a formação de dois polos de poder. Na década de 1890, por exemplo,

78 *Europa Central*

Rússia e Áustria-Hungria ensaiaram aproximações e um degelo que durou cerca de uma década, apenas deteriorados pela ocupação definitiva austro-húngara da Bósnia-Herzegovina, em 1908. Também é possível observar a aproximação entre alemães e britânicos, sobretudo com relação a questões que envolviam a expansão europeia na África.

De toda forma, o processo de formação das alianças, de maneira mais ou menos polarizada, deixava a Europa em estado de tensão e ajudou a estruturar um ambiente de tomada de decisões que, em 1914, acabou levando praticamente todo o continente à guerra.

Em 5 de julho, o Império Austro-Húngaro enviou um emissário a Berlim. Naquele momento, era fundamental garantir o apoio da Alemanha apelando ao Pacto Austro-Alemão. O emissário levava dois documentos: uma carta de Francisco José, endereçada a Guilherme II, advertindo sobre a "agitação criminosa" da Sérvia e a necessidade de punição. O segundo documento era um memorando com uma avaliação quase catastrófica da situação das Potências Centrais. O documento possuía um tom beligerante e buscava apelar às preocupações alemãs, enfatizando a crescente assertividade da aliança franco-russa.

Dois dias após o assassinato, contudo, o imperador alemão, amigo do arquiduque Francisco Ferdinando, enviara mensagem ao seu embaixador em Viena. Nela, afirmava que os sérvios deveriam ser eliminados "e logo!". Quando, em 5 de julho, recebeu a carta e o memorando enviados pelos austro-húngaros, o Kaiser ofereceu seu apoio total. Dias depois, a diplomacia confirmaria oficialmente o auxílio alemão, dando à Áustria-Hungria um "cheque em branco", que garantiu o ataque dos Habsburgo à Sérvia, resultando em um efeito dominó de declarações de guerra.

★ ★ ★

A historiografia sobre a Grande Guerra é bastante vasta e diversificada. A partir das décadas de 1980 e 1990, ela conheceu um amplo processo de renovação, que avançou pelo século XXI, ampliando ainda mais os debates e enriquecendo as abordagens sobre o tema.

Não obstante, quando se trata das observações sobre a Europa Central, em particular o Império Austro-Húngaro, não é rara a repetição de alguns lugares-comuns a respeito do que é considerado a "velha política" dos Habsburgo e da noção de um Império em declínio. Tais narrativas tendem a fortalecer a ideia do assassinato do arquiduque como mero pretexto para a guerra. E, ao mesmo tempo, ao se limitarem a fornecer uma visão geral da política dos Habsburgo para explicar o início do conflito, reforçam as antigas narrativas – datadas do tempo da guerra, ou mesmo de antes, como vimos no capítulo "Europa Central *fin-de-siècle*: da *Belle Époque* à eclosão da Grande Guerra" – sobre o irremediável declínio da Áustria-Hungria.

De modo geral, a Áustria-Hungria, bem como os Bálcãs, é apresentada no momento inicial da guerra, com descrições minuciosas sobre o atentado de Sarajevo e o dia a dia dos embates políticos e diplomáticos de julho que levaram à declaração de guerra no fim daquele mês. Não obstante, após situarem a Monarquia, introduzida como prólogo dos acontecimentos vindouros – uma espécie de vestígio da velha Europa em meio às potências modernas e pulsantes –, os historiadores sentem-se autorizados a abandonarem a Áustria-Hungria, partindo para outros palcos da guerra considerados mais centrais: a Alemanha, a França, a Grã-Bretanha ou a Rússia. Algo similar acontece com os Bálcãs: reduzidos a um "barril de pólvoras", um emaranhado de povos e etnias incompreensíveis, beligerantes e incivilizados, eles são importantes apenas na medida em que ajudam a explicar o início da guerra, saindo de cena em seguida.

Os acontecimentos da Frente Oriental – à exceção, em certa medida, da Rússia e da Alemanha – tendem a ficar obscurecidos. Ao mesmo tempo, a política regional tende a ser vista de modo simplificado – associada frequentemente a práticas anacrônicas, atrasadas –, silenciando sobre os complexos processos de reforma e modernização experimentados.

Voltar as atenções para a experiência da guerra na Europa Central ajuda a entender, ultrapassando certos lugares-comuns, uma região determinante para os processos que se desenrolariam na Europa nos anos seguintes. Também, ir além da eclosão da guerra e das decisões tomadas pelos grandes líderes abre espaço para compreendermos a história do conflito a partir dos povos da região: como foi possível construir um consenso de guerra em um vasto, multiétnico, multinacional e dinâmico Império Austro-Húngaro, atravessado por questões tanto pungentes como específicas? Quando e por que tal consenso deixou de existir?

Observar mais atentamente a Europa Central durante a Grande Guerra permite-nos também rever e questionar certos marcos cronológicos: quando a guerra terminou? Efetivamente, 1918 é o ano que determina o retorno da paz ao continente? Ou trata-se de um marco que serve a uma periodização ocidental do conflito? Por quanto tempo os processos de violência permaneceram a leste do continente?

De todo modo, quando tentamos compreender como foi possível construir, de maneira relativamente rápida, um consenso de guerra no Império Austro-Húngaro, é preciso olhar, mais uma vez, para os acontecimentos de Sarajevo. No começo do século XX, Francisco Ferdinando não era uma figura popular no Império. Ao contrário, sua impopularidade era notável. O historiador alemão do entreguerras Emil Ludwig, em seu livro *Julho 1914*, o descreveu como alguém que não possuía nada de amável ou gracioso. Afirmava ainda que tudo nele soava pesado e arrogante. Já o historiador Christopher Clark, em livro de 2014, afirmou que o arquiduque não fascinava multidões. Propenso a ataques de raiva, não era nada carismático. Seu assassinato e o de sua esposa, no entanto, tiveram imensa repercussão em todo o Império Austro-Húngaro e em toda a Europa, cujas principais lideranças manifestaram consternação diante da gravidade do acontecimento.

No dia seguinte, os jornais da Áustria-Hungria estampavam nas capas mensagens e imagens de luto. O *Reichspost*, por exemplo, um dos principais jornais do Império, afirmava: "Nosso herdeiro do trono, o homem em quem os povos da Monarquia dos Habsburgo depositaram todas as suas esperanças, todo o seu futuro, não existe mais".

Em todo o Império, a maioria dos órgãos de imprensa reagiu ao atentado de modo similar, com grande comoção. As reações populares ao redor da Monarquia, no entanto, foram mais complexas do que os obituários dos jornais faziam parecer. A morte de Francisco Ferdinando provocou uma grande variedade de respostas emocionais na Áustria-Hungria. Não obstante, chama atenção o fato de que, a princípio, a beligerância não esteve entre elas. O desejo de guerra, amplamente compartilhado entre o Ministério das Relações Exteriores dos Habsburgo e os altos-comandos militares, não se refletia na sociedade.

Nas diferentes partes do Império, as reações foram muito plurais e variaram de acordo com a região, grupos políticos e étnicos. Houve manifestações críticas ao arquiduque, considerado a representação do reacionarismo imperial e uma ameaça aos projetos nacionalistas; mas também reações de consternação e respeito diante da morte da segunda figura mais importante do Império. Não foram incomuns, no entanto, a indiferença ou meras expressões de curiosidade diante do fato e seus desdobramentos.

Com o passar dos dias, entretanto, a situação foi se deteriorando em todo o Império e motins antissérvios apareceram em distintas partes das terras da Coroa. A começar pela Bósnia-Herzegovina, onde a lei marcial havia sido estabelecida poucos dias depois do atentado. Por todo o Império, manifestações antissérvias ganharam proporções consideráveis. As populações sérvias – principalmente na Bósnia-Herzegovina e na Croácia – tornaram-se, muito rápido, vítimas de violências por parte das comunidades locais.

Mas a violência não ficou restrita apenas aos sérvios. Em muitas partes, as animosidades se estenderam aos eslavos do sul, de maneira geral. Em outras, a violência atingiu todos os eslavos, considerados culpados pelos acontecimentos. Foi o caso das comunidades tchecas em Viena, que tiveram suas escolas, comércios e casas atacados.

A exacerbação dos ânimos contra os eslavos do Império ajudou ainda a desencadear intolerâncias étnico-nacionais há muito arraigadas.

Assim foi que, na Hungria, grupos romenos passaram a ser agredidos, enquanto o mesmo acontecia na Eslovênia com italianos e com germânicos na Galícia. Foram vários os relatos sobre o aumento das hostilidades étnicas à medida que corria o mês de julho, bem como sobre a crescente vigilância e denúncias cometidas por vizinhos, companheiros de trabalho e conhecidos contra pessoas pertencentes a grupos étnicos minoritários.

Ao mesmo tempo, notícias segundo as quais outros assassinos sérvios teriam entrado nos territórios da Coroa e não estavam mais apenas na Bósnia correram o Império, causando pânico e favorecendo a atmosfera de desconfiança, animosidade e insuflando os ódios étnicos. Houve buscas policiais em Praga, Liubliana e diversas outras cidades. Prisões de estudantes considerados suspeitos ou simpatizantes da causa sérvia foram efetuadas em toda a Monarquia.

Tal contexto favoreceu um processo de transformação da opinião popular no Império Austro-Húngaro. De maneira muito rápida, os povos da Monarquia tenderam a migrar de uma posição de não beligerância e mesmo indiferença para um consenso de guerra fundamental para a mobilização da sociedade, que ajuda a compreender por que a guerra foi travada com tanto afinco.

Para que essa transformação ocorresse, a campanha de propaganda austro-húngara foi bastante eficaz: ela soube mobilizar sentimentos disseminados de patriotismo imperial – que nos primeiros anos de conflito e em muitos segmentos sociais foi capaz de se sobrepor a movimentos e sentimentos nacionais –, ao mesmo tempo que construiu uma imagem forte e bem definida do inimigo sérvio. Em geral, os sérvios eram representados como um povo fraco, violento, de hábitos não europeus, que precisava não apenas ser contido, mas também eliminado. É o que podemos ver na charge, de 1914, em que o braço forte da Áustria aparece esmagando a Sérvia, representada como um homem débil, senil, de aparência pobre e trajes orientalizados. De posse de uma bomba e uma faca, os sérvios eram reduzidos a terroristas. O texto é contundente: "A Sérvia deve morrer".

Propaganda antissérvia do Império Austro-Húngaro, 1914.
Imagens com representações depreciativas dos inimigos
circularam com frequência no período que antecedeu o conflito,
bem como durante toda a guerra.

À medida que as declarações de guerra foram se sucedendo, a imagem do inimigo também foi se ampliando. Assim, a proliferação de representações do inimigo russo – grande incentivador da Sérvia e do pan-eslavismo e que registrou rápidos avanços contra o território imperial nos primeiros meses de guerra – cedo ganhou os territórios da Monarquia. O mesmo aconteceu com relação aos outros membros da Entente, os franceses e os britânicos, enquanto, em contrapartida, imagens da amizade entre a Áustria-Hungria e a Alemanha eram reforçadas. Nesse sentido, a propaganda foi efetiva ao incentivar a ideia e os sentimentos – já amplamente disseminados tanto entre os povos da Monarquia Dual como entre os alemães – de que as Potências Centrais estavam cercadas por inimigos.

Além da propaganda, desde o início da guerra houve um expressivo endurecimento da repressão, da vigilância e das medidas punitivas autorizadas pelo estado de guerra que favoreceram a adesão ao conflito ou, pelo menos, uma sensação de que não havia outro caminho.

De todo modo, a mobilização de guerra não foi resultado exclusivo de ordens do Estado para seus súditos ou da propaganda, eficaz na persuasão da opinião. Mais que isso, instituições da sociedade civil, autoridades locais, ativistas políticos, Igreja, sindicatos e instituições de caridade exerceram papel fundamental, transformando-se em importantes mediadores na organização de um considerável processo de automobilização, imprescindível para levar suas comunidades à guerra entre 1914 e 1915.

A formação do consenso em torno da ideia de que a guerra era justa e defensiva foi crucial para a mobilização dos povos da Monarquia. A noção, bastante disseminada na época, de que aquela seria uma guerra curta, ajudou a motivar as pessoas.

Não obstante, entre 1916 e 1918, uma série de fatores levaria à diminuição do compromisso popular com a guerra: às derrotas sucessivas e ao prolongamento do conflito somava-se a ferocidade desmedida de uma guerra de tipo novo, que não se restringia aos campos de batalha, mas que era também uma guerra de invasão e ocupação de territórios, resultando em brutais violências contra as populações civis e no aumento, sem precedentes, do número de deslocados e refugiados de guerra.

Em novembro de 1916, quando a Áustria-Hungria enfrentava o pior inverno da guerra, veio a notícia da morte do imperador Francisco José, que governara por quase 70 anos. Àquela altura, poucos no seu vasto Império se lembravam do tempo em que ele não era imperador. E, embora a figura que fazia, naquele momento, de pai e avô zeloso de seus súditos nem sempre tenha sido unânime, é inegável que ele próprio passara a ser visto como símbolo de continuidade e estabilidade. Nos anos de guerra, sua imagem tornou-se especialmente agregadora e gerava coesão em um império multiétnico e multinacional. Da mesma forma, sua morte, em um dos momentos mais difíceis do conflito, trouxe dúvidas e incertezas. O símbolo da continuidade, tão caro ao Império, desmoronara, causando grande comoção.

Nesse momento, parecia mais importante que nunca incentivar sentimentos de união que pudessem sustentar a capacidade de luta e resistência entre soldados e civis. A experiência coletiva diante das dificuldades e dos horrores da guerra também foi fundamental, no sentido de criar vínculos de solidariedade e fortalecer a determinação de luta nos momentos mais difíceis. Por outro lado, o medo e a raiva dos inimigos igualmente se mostraram emoções mobilizadoras poderosas, que se estenderam para além de 1918, não apenas na Europa Central, mas também em todo o continente. Os efeitos políticos e sociais do temor e do ódio desencadeados nesse instante também seriam duradouros.

Diante das dificuldades e do prolongamento da guerra, entre 1916 e 1918, o consenso se tornou cada vez mais frágil. Na Frente Oriental, muito longa – estendia-se do mar Báltico ao mar Negro e era duas vezes maior que a Frente Ocidental –, a situação ficava cada vez mais difícil.

Para austro-húngaros e alemães, o começo da guerra na Frente Oriental foi dominado por invasões, ocupações e lutas ferozes para liberar territórios perdidos e afastar uma ameaça considerada mortal: o Império Russo, que avançava muito rápido em direção à Prússia oriental e à Galícia austríaca.

O exército do czar se posicionou no início da Primeira Guerra Mundial de acordo com o chamado Plano 19, um esquema concebido em 1910 como defensivo, mas que, com o início da guerra, transformou-se em um plano de ataque. Naquele momento, as forças russas foram divididas em duas frentes: a primeira delas, a Frente Noroeste, tinha como missão invadir a Prússia oriental, a fim de atrair as unidades alemãs da Frente Ocidental, aliviando a pressão sobre a França e forçando os alemães a lutarem em duas frentes. A Frente Sudoeste, por sua vez, foi encarregada de aniquilar as forças dos Habsburgo na Galícia.

Nos dois primeiros meses de guerra, as ofensivas russas foram decisivas, não só porque forçaram os alemães a combater em duas frentes, mas também em função dos perigos que representaram para as Potências Centrais. Entre agosto e setembro, os russos dominaram, ainda que por pouco tempo, dois terços da Prússia oriental, etapa imprescindível para uma hipotética futura invasão da Alemanha central, que afinal não ocorreu. Na Galícia, os russos obtiveram vitórias iniciais espetaculares, capturando a capital, Lemberg (Lviv, na Ucrânia, em 2025) e forçando os exércitos austro-húngaros a uma retirada geral. Em novembro, os russos avançaram em direção à Cracóvia e planejavam uma segunda invasão da Prússia oriental, quando começaram a ser detidos e tiveram que recuar.

Com avanços iniciais notáveis, os governantes e o exército da Rússia passaram a pressionar pela anexação permanente de, pelo menos, as partes mais ao norte da Prússia oriental até o outono de 1914. Mas, quando se tratava da Galícia, os planos russos iam muito além da conquista. O exército czarista considerava essa campanha "uma guerra pela unidade racial" e formulou planos radicais para reordenar o leste do território, transformando-o em uma região política e etnicamente russa.

Os sofrimentos experimentados pelos povos da Europa Central no início da Grande Guerra são hoje pouco lembrados, ofuscados pela memória dos horrores perpetrados na mesma região poucos anos mais tarde, durante a Segunda Guerra Mundial. No entanto, na época, os combates, as violências e as invasões foram vistos como uma experiência inédita e fundadora, moldando a compreensão dos povos da Europa Central sobre a guerra.

O choque da invasão russa na Prússia e na Galícia repercutiu muito além do campo de batalha, mobilizando as populações na Alemanha e na Áustria-Hungria, ao mesmo tempo que confrontou as Potências Centrais com graves crises humanitárias, decorrentes dos números cada vez maiores de refugiados de guerra que deixavam as regiões invadidas e ocupadas pelo inimigo.

A partir de 1915, no entanto, as forças alemãs e austro-húngaras conseguiram reverter a situação e se encontravam em pleno avanço, causando pesadas baixas aos exércitos czaristas na Galícia e na Polônia russa, forçando-os a recuar. O verão de 1915 marcou importantes vitórias: a Galícia havia sido libertada, a Polônia russa, conquistada, e a Sérvia, derrotada. No Ano-Novo, uma poderosa ofensiva czarista na Bucovina (região atualmente dividida entre os territórios da Romênia,

Ucrânia e Moldávia) foi esmagada. O ano de 1916, portanto, parecia começar bem para as Potências Centrais.

Não foi o que aconteceu, no entanto. Na Frente Ocidental, os alemães sofreram com as Batalhas de Verdun e do Somme, as maiores da Grande Guerra. Já na Frente Oriental, o ano foi marcado pela Ofensiva Brusilov, uma bem-sucedida operação comandada pelo general russo Aleksei Brusilov contra a Áustria-Hungria. A Ofensiva, que teve início em junho, foi desastrosa para a Monarquia Dual, resultando em baixas de cerca de 500 mil soldados. Depois da Ofensiva Brusilov, as Forças Armadas austro-húngaras ficaram muito enfraquecidas e, embora ainda tivessem vitórias significativas, como em Caporetto, na frente italiana, no outono de 1917, não se recuperaram mais em sua plenitude.

Entretanto, a maior e mais letal ofensiva da Grande Guerra teve outros efeitos de longo alcance para o Império: por um lado, os territórios anexados pela Rússia eram fundamentais para os esforços de guerra dos Habsburgo. Por outro, a catastrófica campanha reforçou o esgotamento dos povos do Império com relação à guerra.

Por fim, a Ofensiva Brusilov resultou também na entrada da Romênia no conflito ao lado dos Aliados, que prometeram aos romenos a região da Transilvânia. Então território do Reino da Hungria, a Transilvânia era habitada por cerca de 2,8 milhões de romenos, em uma população de 5 milhões. Historicamente, a área era reivindicada como berço nacional tanto por húngaros como por romenos. Logo após entrar na guerra, o exército da Romênia invadiu a Transilvânia e teve sucesso inicial, mas foi forçado por alemães e austro-húngaros a recuar, enquanto a Bulgária, aliada das Potências Centrais, realizou um ataque contra os romenos pelo sul.

Infantaria austro-húngara descansa durante a Batalha de Kraśnik, travada entre 23 e 25 de agosto de 1914, na Frente Oriental.

O ano de 1917 foi um dos mais decisivos na história do conflito. Com o início do processo revolucionário na Rússia, a situação do país na guerra alterou-se bastante. Desde a Revolução de Fevereiro, quando foi derrubado o czar e posto um fim à dinastia dos Romanov, velha de três séculos, as Forças Armadas russas encontravam-se paralisadas e não conseguiam mais retomar a iniciativa. Muitos soldados, camponeses em sua maioria, começaram a abandonar o exército para se juntarem à revolução agrária, então em curso. A partir de então, o número de deserções aumentou de modo expressivo, dando início a um processo de desintegração dos exércitos czaristas que se ampliou ao longo do ano. Após a Revolução de Outubro, um armistício foi assinado e, alguns meses depois, em março de 1918, a assinatura do Tratado de Brest-Litovski com as Potências Centrais marcaria a saída definitiva da Rússia do conflito.

Porém, 1917 foi também o ano da entrada dos Estados Unidos na guerra, em abril, alterando de modo expressivo a correlação de forças.

Para a Europa Central, a entrada do país no conflito foi particularmente importante. Aquele era um momento de desintegração do consenso de guerra e profundo abalo nos sentimentos de patriotismo imperial. Sob esse aspecto, a liderança do presidente Woodrow Wilson, simpático a e comprometido com a causa das pequenas nações e com a ideia de autodeterminação dos povos, foi um importante reforço para os movimentos nacionais na região.

OS ANOS FINAIS DA GUERRA E A CONSTRUÇÃO DA PAZ

Após quatro anos de conflitos intensos e derrotas sucessivas, o Império Austro-Húngaro perdera a capacidade de manter a coesão e inspirar confiança entre seus súditos. A morte do imperador, em novembro de 1916, acontecera ao mesmo tempo que a Ofensiva Brusilov derrotava os exércitos austro-húngaros, ampliando a sensação de inquietação e perplexidade diante do futuro. Tudo isso em uma sociedade já bastante desgastada por violência, repressão, censura, fome e insegurança.

O novo imperador, Carlos I, não inspirava grandes esperanças ou mesmo simpatias, e o Império parecia, cada vez mais, à deriva. Com os recursos esgotados, a Monarquia dos Habsburgo, uma das mais longevas do continente, parecia não poder mais afiançar qualquer esperança no futuro. A rigor, tornava-se cada vez mais claro para os povos que o Império sequer podia garantir sua sobrevivência física no presente.

Ao longo de 1918, ao mesmo tempo que as frentes de batalha se retraíam, o patriotismo imperial, que ajudara a criar poderosos laços de coesão e sentimentos de reciprocidade entre Estado e sociedade, se desintegrou. O Império continuava exigindo lealdade de seus súditos, enquanto os sacrifícios nos campos de batalha e na frente doméstica eram cada vez maiores. Simultaneamente, o tratamento duro, imposto por uma lei marcial severa, levava os povos sob a Monarquia Dual a questionarem, de modo cada vez mais contundente, a continuidade da luta. Nesse sentido, não apenas o consenso de guerra parecia se esgotar, mas também se ampliava a sensação generalizada de indiferença com relação aos destinos do Império.

É preciso destacar que, embora, nos momentos iniciais do conflito, o patriotismo imperial tenha exercido papel imprescindível na formação do consenso de guerra, os movimentos nacionais – que vinham se fortalecendo em toda a Monarquia desde meados do século XIX – não perderam sua força ou teor reivindicativo. Ao contrário, eles foram sempre muito ativos durante os anos de guerra, ora como poderosa oposição ao conflito, ora buscando explorar as brechas, arrancando das potências beligerantes concessões ou promessas de independência nacional. Como o problema das fronteiras sempre foi tema sensível na região, mesclando-se com questões étnicas e linguísticas, tanto os Aliados como a Entente souberam também negociar nesses termos, assinando compromissos ou acordos secretos que garantiriam, supostamente, a determinadas nações reivindicações territoriais, muitas delas de longa data, em troca de que lutassem deste ou daquele lado.

Assim, desde 1916, alemães e austro-húngaros ofereciam independência à Polônia em troca de apoio contra os russos. Promessas também foram feitas à Itália, que, pelo Tratado de Londres, de 1915, entrou na guerra ao lado da Entente. Em troca dessa adesão, cláusulas secretas prometiam aos italianos a parte sul da região do Tirol, Trieste, o norte da Dalmácia, algumas ilhas no mar Adriático e um protetorado no norte da Albânia. Nem sempre tais promessas seriam cumpridas. No entanto, elas ajudam a compreender a importância da questão nacional e o problema das fronteiras na região.

Quatro anos de combates encarniçados fortaleceram, entre os soldados e também na frente doméstica, sentimentos de solidariedade e reforçaram os laços de identidade nacional. Austríacos e húngaros passaram, sobretudo nos estertores da guerra, a serem vistos por outros povos como nações e etnias opressoras, aumentando a preocupação, para a Monarquia Dual, com a eclosão de conflitos e reivindicações de caráter nacional.

Havia inquietações específicas com relação aos prisioneiros que voltavam do cativeiro na Rússia. Isso porque, desde os primeiros meses de guerra, o regime czarista resolveu separar os prisioneiros por etnia, mantendo os eslavos, considerados potencialmente amigáveis, na parte mais ocidental da Rússia e banindo os alemães e os húngaros para a Sibéria. O compartilhamento da experiência do cativeiro entre os eslavos ajudou a reforçar as identidades étnicas e houve, inclusive, tentativas, quase nunca bem-sucedidas, de recrutar e armar unidades nacionais entre os prisioneiros. A exceção foi o caso dos tchecos e eslovacos: o exército czarista havia usado um pequeno número de prisioneiros de guerra tchecos – e alguns eslovacos – para tarefas de inteligência e, após a Revolução de Fevereiro, o Governo Provisório expandiu o recrutamento, organizando, em julho de 1917, uma Legião Tchecoslovaca de três regimentos no leste da Galícia. A Legião Tchecoslovaca chegou a contar com cerca de 40 mil soldados e desempenhou papel importante, lutando ao lado da Entente contra as Potências Centrais. Sua existência ajudou a aumentar a desconfiança dos Habsburgo com relação aos soldados e às populações de origem tcheca e eslovaca, em geral. Ao mesmo tempo, a experiência da Legião serviu também para expandir os laços de coesão e identidade entre tchecos e eslovacos.

A partir de 1917, no entanto, outra preocupação passou a ocupar os Habsburgo: o medo de que os prisioneiros que retornassem trouxessem consigo não apenas os ideais nacionais fortalecidos, mas também ideias revolucionárias. A Revolução Bolchevique, com a guerra, tornou-se um fantasma que rondava, mais que nunca, a Europa Central. A rigor, desde março de 1917, quando o czar Nicolau II foi derrubado, a dinâmica interna da guerra conheceu uma transformação significativa, na medida em que os Estados beligerantes passaram a lidar também com a ameaça de conflitos sociais, de classe, que poderiam se conjugar com a questão nacional.

Revolução social e revolução nacional tornaram-se, potencialmente, forças dinâmicas que poderiam ou não se associar, mas que impulsionaram processos de transformação social e de construção nacional fundamentais em toda a região. Nesse momento, greves começaram a surgir nos setores industriais em diversas partes da Europa Central. Elas refletiam o esgotamento da mobilização industrial de guerra e o descontentamento com a crescente inflação, as extenuantes condições de trabalho impostas pelo contexto do conflito e a escassez de produtos básicos. Mas eram também fruto de um processo mais amplo, que podia ser observado na região pelo menos desde as últimas décadas do século XIX, quando os movimentos de auto-organização dos trabalhadores cresceram de maneira considerável, com a criação de sindicatos e o surgimento de partidos políticos.

Protestos contra as altas taxas inflacionárias – que foram muito maiores entre as Potências Centrais –, a carestia e as formas de exploração do trabalho eclodiram em todo o Império. Muitas vezes, eram liderados por mulheres que sentiam, de forma aguda, os efeitos da deterioração sem precedentes das condições de trabalho e de vida.

O historiador americano Jay Winter demarca uma transformação fundamental no tipo de luta travado a partir de 1917, que pode ser observado em todo o continente, mas que foi muito mais intenso na Europa Central, onde os conflitos continuaram se desenrolando, para muito além dos armistícios de 1918. Para Winter, entre 1914 e 1917, a guerra foi travada, essencialmente, a partir de uma *cultura de guerra imperial* – e poderíamos acrescentar, de caráter étnico-nacional –, na qual dominavam representações da guerra como forma de preservação de um mundo conforme conhecido até então, suas instituições e modos de vida. De 1917 em diante, novas *culturas de guerra*, chamadas *revolucionárias*, entraram em cena. Marcadas por um forte sentido de injustiça e mesmo de raiva e ressentimento – decorrentes do próprio processo de brutalização das relações que a guerra impôs –, elas apontavam também para a esperança nas transformações sociais e em um futuro promissor, após o inferno das terríveis condições provocadas pela guerra.

Assim, 1917 pode ser considerado um ano-chave que marcou o início da transição de uma *cultura de guerra imperial* para uma *cultura de guerra revolucionária*. Para os povos sob a Monarquia Dual, o ano é duplamente importante, na medida em que, com a entrada dos Estados Unidos na guerra, a causa nacional passou a contar com um aliado inicialmente discreto, mas que se tornaria cada vez mais relevante.

Em 1915, o intelectual e político tcheco Tomáš Garrigue Masaryk – que mais tarde se tornaria o primeiro presidente da República Tchecoslovaca – partiu para um exílio que duraria até o fim da guerra e incluiria a Europa Ocidental, a Rússia e os Estados Unidos. Envolvido com a luta pela emancipação tcheca desde fins do século XIX, Masaryk se tornou, no exílio, um dos mais importantes articuladores de intensa campanha contra a Áustria-Hungria e a favor da emancipação das nações sob o domínio da Monarquia Dual.

Em outubro daquele ano, foi convidado para proferir a conferência inaugural da Escola de Estudos Eslavos e do Leste Europeu do King's College, na Universidade de Londres. Na ocasião, Masaryk concedeu uma palestra intitulada "O problema das pequenas nações na crise europeia", na qual defendia que a Europa Central era uma região em que as "nações menores", sob o domínio de Alemanha, Áustria-Hungria, Turquia e Rússia, estavam sempre "se esforçando e lutando por liberdade e independência". Tendo sido já nações livres, elas foram, em determinado momento, privadas de sua liberdade pelos grandes impérios. Algumas dessas nações, "altamente cultivadas", foram desmembradas em diferentes Estados: "os servo-croatas são divididos em quatro Estados e sete corpos administrativos; os poloneses em três Estados; os tchecos e eslovacos em dois Estados". Masaryk afirmava que tais desmembramentos explicariam o significado "especial das questões servo-croata, polonesa e boêmia" e conclamava os Aliados a agirem em nome da independência das pequenas nações e da "remodelação da organização política da Europa".

Fazia pouco mais de um ano que a guerra havia começado. Então, as reflexões de Masaryk não apenas situavam o problema fundamental do que ele chamava de "as pequenas nações" da Europa Central, como também explicavam a guerra a partir da questão nacional e conclamavam as grandes potências ocidentais à ação. Mas seu apelo ainda levaria tempo para sensibilizar as lideranças da Entente.

As posições de Masaryk, que chegou aos Estados Unidos em fins de 1917, agradavam, contudo, ao presidente Woodrow Wilson, desde cedo identificado com causas progressistas e simpático à emancipação das nações da Europa Central. Conta-se, por exemplo, que em 1916, quando o famoso pianista polonês Ignacy Paderewski – que se tornaria primeiro-ministro da Polônia em 1919 – realizou um concerto na Casa Branca, Wilson teria sido levado às lágrimas, o que influenciou as simpatias do presidente pela causa polonesa. A rigor, a independência da Polônia era uma bandeira que mobilizava a opinião progressista desde meados do século XIX e não só nos Estados Unidos. Sobretudo na Europa, de anarquistas a liberais, passando por socialistas, como o próprio Karl Marx, muitos foram ardentes defensores da "causa polonesa".

Não obstante, se eram conhecidas as simpatias de Wilson e da opinião europeia progressista pelas reivindicações das "pequenas nações", quando os Estados Unidos entraram na guerra, o presidente demonstrou-se muito mais cauteloso. A rigor, até meados de 1918, Wilson ainda considerava a possibilidade de organizar acordos de paz separados para Áustria-Hungria e a Alemanha, de modo que permitisse aos Habsburgo retirarem-se da guerra mantendo o Império praticamente intacto. Em janeiro de 1918, quando proferiu seu famoso discurso sobre os "Catorze Pontos", Wilson foi bastante moderado no Ponto 10, ao solicitar que os povos da Áustria-Hungria recebessem "a mais livre oportunidade de desenvolvimento autônomo". A frase era bastante ambígua, já que, em tese, tal autonomia era plenamente possível dentro do sistema constitucional da Monarquia. Inclusive, muitas ideias sobre a transformação da Monarquia Dual em sistema federado passaram a circular no seio do próprio Império, já que se tornava clara a emergência de movimentos contestatórios cada vez mais amplos em todo o território da Coroa.

Foi apenas em 28 de junho de 1918, exatos quatro anos após o assassinato do arquiduque Francisco Ferdinando, que o presidente Wilson declarou abertamente seu desejo de apoiar a libertação de todos os povos eslavos do domínio alemão e austro-húngaro. Não apenas estadunidenses, mas também britânicos e franceses – embora com relutância – concordaram, a partir daquele momento, com a dissolução do Império e com a criação dos novos Estados da Tchecoslováquia, Polônia e Iugoslávia.

As fronteiras específicas desses Estados ainda estavam para ser decididas, e suas reivindicações remetiam a ideias e propostas que circulavam já há décadas, quando não séculos, entre aquelas sociedades. Vejamos, por exemplo, o caso da Tchecoslováquia.

A própria ideia de formação de um Estado tchecoslovaco remetia a um projeto específico de construção nacional, o tchecoslovaquismo. Surgido em meados do século XIX, a proposta partia das semelhanças entre os idiomas tcheco e eslovaco, as afinidades culturais entre as duas etnias e a proximidade territorial para defender um projeto de unidade nacional. De certa forma, podia ser considerado uma variante em escala menor do pan-eslavismo.

Mas não era o único projeto possível nem para tchecos, nem para eslovacos. Os primeiros, pelo menos até a eclosão da guerra, oscilavam entre sentimentos pró-austríacos, a construção de uma nação tcheca ou, ainda, um projeto tcheco-alemão. Os eslovacos, por sua vez – então há séculos sob o domínio húngaro –, temiam a preponderância tcheca no âmbito de uma nação tchecoslovaca. Todavia, na virada do século XX, a ideia do tchecoslovaquismo ganhou espaço, tendo o desenrolar da guerra contribuído fortemente para aumentar as insatisfações – entre tchecos e eslovacos – com relação à Áustria e à Hungria. Ainda assim, em 1918, não era possível afirmar que se tratava de um movimento ou um projeto de contornos bem definidos. Vencedor, naquele momento, o projeto de um Estado tchecoslovaco levaria tempo para ser construído na prática e enfrentaria fortes percalços nas décadas de 1920 e 1930.

Algo similar se passava com a formação da Iugoslávia, orientada também por uma variação local do pan-eslavismo: o iugoslavismo. A ideia de uma nação iugoslava – ou seja, que reunisse os povos eslavos do sul da Europa –, apareceu ainda na década de 1830, sobretudo entre intelectuais croatas. Baseava-se na tese de que os eslavos do sul possuíam a mesma origem e falavam variantes de uma mesma língua. Assim, podiam ser considerados um único povo ou nação, tendo, portanto, o direito natural à independência e à unidade em um Estado próprio.

O projeto pan-iugoslavo era muito plural e, no início do século XX, parecia arrebatar cada vez mais adeptos. Pode-se dizer que foi orientado por duas propostas distintas, quando não antagônicas: uma federalista, defendida sobretudo por intelectuais sul-eslavos, particularmente croatas; e outra centralizadora, inspirada pelo nacionalismo sérvio, que pretendia reunir todos os sérvios da região em um mesmo Estado.

A criação do Estado iugoslavo, em 1918, reuniu nesse primeiro momento três nações autônomas: a Sérvia, a Croácia e a Eslovênia. Então, o país recebeu o nome oficial de Reino dos Sérvios, Croatas e Eslovenos, com capital em Belgrado, na Sérvia, e, em tese, resguardava a autonomia das outras duas unidades que formavam o Reino. Não obstante, os dilemas e os debates entre federalismo e centralização marcaram a fundação do país.

Já a Polônia havia sido dividida, desde o século XVIII, entre Áustria, Prússia e Rússia. A causa polonesa foi, desde então, bastante mobilizadora. No século XIX, ondas revolucionárias esmagadas de forma violenta pelas potências imperiais – em particular pela Rússia – chamaram a atenção para a força do nacionalismo polonês. Naquele momento, o romantismo tornou-se uma das mais importantes expressões da causa nacional na Polônia. O compositor Frédéric Chopin tocava suas peças para piano em salas de espetáculo de toda a Europa, ajudando a persuadir a opinião pública, quando não os governos ocidentais, de que o nacionalismo polonês era uma causa justa.

No século XX, o movimento nacional polonês já havia superado o romantismo da época de Chopin. Não obstante, nos anos que antecederam a guerra, houve um renascimento das tradições do idealismo nacionalista, agora com movimentos sociais e partidos políticos. O Partido Democrático Nacional, muito ativo na Polônia russa, tornou-se uma das expressões políticas mais fortes dessa nova onda de nacionalismo e Roman Dmowski, um de seus maiores expoentes.

Em contrapartida, mesmo antes do advento dos democratas nacionais, a Polônia russa viu aparecer uma das formas mais ativas da combinação entre nacionalismo e socialismo revolucionário: o Partido

Socialista Polonês (PPS, na sigla em polonês). Essa organização militante, dedicada à derrubada da autocracia czarista pela força das armas, foi de grande importância para a causa da independência polonesa. Em certo momento, o PPS foi liderado por Józef Piłsudski, uma das mais proeminentes figuras do processo de independência polonês. Piłsudski, no entanto, afastou-se do socialismo após a vitória da Revolução Bolchevique em 1917. Em 11 de novembro de 1918, proclamou a independência da Polônia e conduziu o país com mãos de ferro até sua morte, em 1935.

★ ★ ★

A partir do verão de 1918, tornou-se cada vez mais evidente que a desintegração dos impérios alemão e austro-húngaro era questão de tempo. Para as nações sob domínio da Áustria-Hungria, o momento da ação pareceu chegar em outubro. A partir de então, as lideranças nacionalistas regionais se sobrepuseram às autoridades imperiais e tomaram o poder em Cracóvia, Lemberg (atual Lviv, na Ucrânia), Praga e Zagreb.

Em 6 de outubro, a assembleia nacional de sérvios, eslovenos e croatas se reuniu pela primeira vez em Zagreb. Desde setembro, no entanto, as mobilizações nacionais começaram a crescer no vasto e multiétnico território austro-húngaro. Em 16 de outubro, de Viena, o imperador Carlos I publicou o Manifesto ao Povo, que propunha transformar a Monarquia em um Estado federado. A decisão, no entanto, veio tarde e a proposta não surtiu o efeito esperado. Assim, no dia 28 de outubro, a Boêmia, a Morávia e a Eslováquia declararam suas independências, formando a Tchecoslováquia. Na mesma data, os deputados poloneses do Reichsrat proclamaram a união das terras da "Polônia austríaca" ao Estado polonês.

O Império parecia implodir, e novos governos regionais em Praga, Zagreb e Viena assumiram o que restara da administração imperial. Na antiga Lemberg, um governo revolucionário tomou o poder em novembro de 1918, formando a República Popular da Ucrânia Ocidental, constituída pela parte mais a leste da Galícia, cuja maioria populacional era de rutenos. Em janeiro de 1919, a Ucrânia Ocidental uniu-se à República Popular da Ucrânia como uma província autônoma. Não obstante, a Polônia também reivindicava o território oriental da Galícia e, em julho, ocupou a maior parte dele, forçando o governo da Ucrânia Ocidental ao exílio.

Em Budapeste, o processo de desagregação do Império também resultou em revoluções sociais. Em novembro, uma aliança entre radicais e sociais-democratas estabeleceu a República Democrática da Hungria, liderada por Mihály Károlyi, em um processo conhecido como Revolução dos Crisântemos. Em 1919, a agitação revolucionária continuava e culminou na queda do governo de Károlyi e na proclamação da República Soviética Húngara, liderada pelo comunista Béla Kun.

A partir de setembro de 1918, os armistícios começaram a ser assinados. Em 29 de setembro, a Bulgária assinou os termos do acordo que retirou o país da Grande Guerra; em 30 de outubro, foi a vez do Império Otomano e, em 3 de novembro, a Áustria-Hungria assinou a paz com a Entente. Restava apenas a Alemanha, cuja assinatura do armistício em 11 de novembro colocou fim definitivo à guerra na Frente Ocidental.

Na Europa Central, bem como na Rússia, os conflitos continuariam se desenrolando de forma violenta e catastrófica. A paz demoraria a chegar. Oficialmente, no entanto, o Império Austro-Húngaro deixou de existir no dia 11 de novembro de 1918, quando o imperador Carlos I assinou a declaração de renúncia ao trono. Embora evitasse usar o termo "abdicação" no documento, na prática, era isso que acontecia.

Para os regimes nacionais que surgiam, era importante, ao menos do ponto de vista simbólico, varrer do espaço público as referências à Monarquia, cada vez mais associada à guerra, à violência, à opressão e à escassez. Era essa a intenção do Conselho Nacional, em Praga, quando decidiu, cerca de duas semanas após a criação do Estado tchecoslovaco, em 28 de outubro de 1918, estabelecer uma comissão para renomear as ruas da cidade, banindo as homenagens e as referências aos Habsburgo. Em Bratislava, uma estátua da imperatriz Maria Teresa foi destruída. E, por todo o novo país, a águia imperial e outros símbolos da Monarquia foram retirados de prédios públicos, como escolas e repartições. O mesmo aconteceu com monumentos húngaros construídos em cidades que, após a assinatura dos tratados de paz, não pertenciam mais aos territórios do antigo Reino da Hungria.

Tal processo pôde ser observado em toda a região, que passava, a partir de então, a dedicar-se à construção das nações, definindo não apenas as novas fronteiras – processo difícil, doloroso e que deixou na área uma duradoura sensação de estado de beligerância –, mas também suas histórias nacionais, seus heróis e mitos fundadores. No limite, era preciso constituir, em alguns casos, a própria narrativa que justificasse perante a opinião pública nacional e internacional a existência daqueles países.

A assinatura dos tratados de paz, a partir de 1919, ajudou, para o bem ou para o mal, a definir tais processos. Em junho, a assinatura do Tratado de Versalhes selou a paz com a Alemanha e estabeleceu a "responsabilidade moral" da Alemanha e da Áustria-Hungria com relação à crise de 1914 que levou à guerra. Poucos meses mais tarde, um tratado com o novo e diminuto Estado austríaco foi assinado em Saint-Germain, em setembro de 1919. Devido à Revolução Bolchevique e, em seguida, à brutal contrarrevolução que ocorreu na Hungria, somente em junho de 1920 o Tratado de Trianon, que estabelecia os termos da paz com esse país, foi firmado.

Os Tratados de Versalhes e Trianon estabeleceram as bases da nova ordem europeia à custa de alemães e húngaros, cujos Estados foram severamente punidos, junto à Áustria, e excluídos, em certa medida, dos processos de construção da paz na Europa. Tanto na Alemanha como na Hungria, os tratados de paz nunca seriam aceitos e as demandas por revisão de seus termos dominariam a vida política dos dois países nos anos 1920 e 1930.

O famoso discurso dos "Catorze Pontos", do presidente Wilson, previa a criação de uma "associação geral de nações [...] com o propósito de oferecer garantias mútuas de independência política e integridade territorial a grandes e pequenos Estados". Para garantir a execução de tal objetivo, criou-se a Liga das Nações. Em Versalhes, todavia, foi negada à Alemanha a participação no novo órgão. Além disso, o país perdeu 13% de seu território e 10% de sua população.

A Hungria, por sua vez, perdeu cerca de 70% de seu território e mais de 50% de sua população. Aproximadamente 3 milhões de húngaros tornaram-se, da noite para o dia, minorias nacionais nos países vizinhos recém-independentes. O Tratado de Trianon é, ainda hoje, um trauma para a memória coletiva dos húngaros. Nos anos do pós-guerra, transformou-se em uma verdadeira obsessão, contribuindo para o crescimento do ressentimento com relação aos vizinhos – principalmente Romênia, Tchecoslováquia e Iugoslávia –, bem como para o fortalecimento de movimentos nacionalistas de extrema direita.

A partir de 1918, o mapa político da Europa foi profundamente transformado. Os antigos impérios desapareceram, novos países foram criados – como foi o caso da Tchecoslováquia e da Iugoslávia. A Polônia, dividida desde o século XVIII, voltou a existir como país independente. Esse foi também o caso dos países bálticos – Lituânia, Letônia e Estônia – que reconquistaram suas independências da Rússia. A Romênia viu seu território aumentar de maneira significativa, enquanto Hungria e Áustria tiveram seus territórios diminuídos de consideravelmente.

Não se tratou, contudo, de mero problema geopolítico. As questões das fronteiras, dos movimentos populacionais e da presença de amplas minorias agora em território estrangeiro – como se tornou o caso de húngaros na Romênia, mas também de alemães na Tchecoslováquia, dentre tantos outros – aprofundaram as tensões na região. Deixaram também um legado de beligerância e ódios étnico-nacionais que marcaria os processos de construção nacional nas décadas seguintes.

Guerra, paz e construção nacional   101

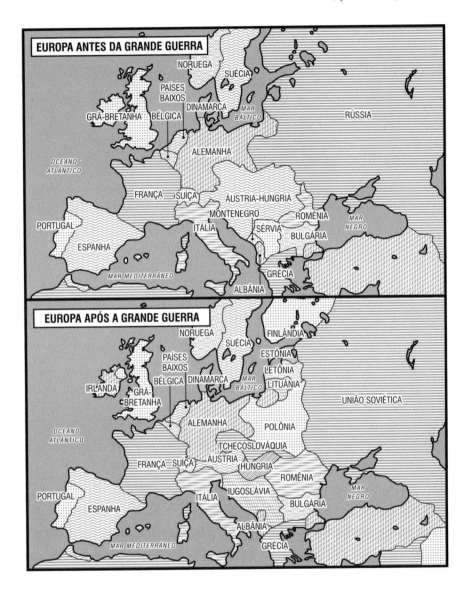

Sair da guerra, entrar na guerra: a Europa Central entre os anos 1920 e 1940

Quando a guerra terminou, em 1918, a Europa estava destruída. A paisagem urbana, política, social e ideológica havia sido transformada pelo conflito e estava, então, marcada pela experiência da violência e da brutalidade.

A expectativa de paz, sem dúvida, trazia esperanças em um futuro melhor. Porém, o convívio cotidiano com a destruição confrontava o continente com um difícil e sofrido processo de transição para a paz e de reconstrução – das cidades, do campo, da economia, do tecido social.

Em toda a parte, podiam-se observar as condições de fome e miséria. Nos diversos países envolvidos no conflito, a inflação tornou-se uma constante. Na Alemanha, ainda durante a guerra, o volume de papel-moeda em circulação aumentou cerca de 20 vezes e os preços estavam 5 vezes mais altos em 1918 do que em 1914. França, Países Baixos e Itália experimentaram processos similares, embora em proporções menores. O desemprego cresceu de maneira impressionante e, então, era possível encontrar ex-soldados pedindo esmolas nas ruas. Um ex-oficial britânico teria dito: "Não éramos mais heróis, éramos desempregados, simplesmente."

Os mutilados de guerra também tomavam as ruas das cidades, transformando a paisagem urbana, confrontando a sociedade com o horror e os traumas da frente de batalha. Essa situação foi retratada pelo pintor alemão Otto Dix no quadro *Prager Straße* ("Rua de Praga"), concluído em 1920, com dois mutilados de guerra ocupando a calçada de uma rua de Praga, em Dresden. Na imagem, os homens, de aparência empobrecida e desgastada, têm dificuldades de se movimentar. Um deles traz no peito suas condecorações de guerra e, no lugar das pernas, possui uma espécie de plataforma com rodinhas, embaixo da qual encontramos um folheto com as palavras: *Juden raus!* (*Fora, judeus!*).

A obra de Dix foi uma das mais assertivas ao tentar captar os horrores da guerra e os difíceis processos de saída da violência que marcaram as sociedades europeias nos primeiros anos da década de 1920. Na tela, ainda é possível observar o reaparecimento dos ódios étnico-raciais, agora em um contexto específico, aprofundado e transformado pelos combates e por seus desdobramentos.

A Europa que surgiu após a Grande Guerra estava, de maneira irremediável, afetada pela cultura de violência que caracterizou os anos do conflito e que se estenderia ainda por longo tempo. Em particular, a Europa Central experimentou no continente um dos mais difíceis processos de transição para a paz.

Prager Straße ("Rua de Praga"), Otto Dix, 1920.

    O termo "sair da guerra", no sentido de um processo de transição da guerra para a paz, vem sendo utilizado pela historiografia, desde pelo menos a década de 1990, no lugar de expressões como "pós-guerra" e similares. A proposta chama atenção para as porosidades existentes entre a guerra e a paz, abandonando a noção cronológica e pouco precisa do "pós-guerra" como um período caracterizado pelo *fim* da guerra e, por consequência, pelo advento da paz. Nesse sentido, a ideia de um processo lento de *saída da guerra* ou de *transição* para a paz coloca ênfase na dinâmica histórica, heterogênea e fragmentada, a partir da qual a guerra pode funcionar "à sombra da paz". Ajuda também a entender um período da história da Europa em que a cultura e a política eram marcadas, de modo profundo, pela violência e por suas consequências. A noção tem especial interesse para a compreensão da Europa Central, onde os combates não cessaram com os armistícios de novembro de 1918. Pelo contrário, continuaram se desdobrando de maneiras ainda muito intensas, aprofundando ódios, ressentimentos e divisões sociais.

Assim, se é possível considerar que o retorno dos antigos combatentes e sua reinserção social foram difíceis em todas as sociedades europeias, é preciso estabelecer algumas diferenças. Os soldados que retornavam para casa em Londres ou Paris notavam a devastação e os efeitos da guerra, em maior ou menor graus, sobre aquelas sociedades. Mas, de modo geral, encontravam o mesmo país que haviam deixado quatro anos antes.

Algo similar não pode ser dito com relação àqueles que retornavam para Viena, Budapeste, Berlim ou Varsóvia. Nessas cidades, o caos econômico e inflacionário era muito maior. A sombra da penúria e da devastação, intensa. A estrutura imperial, à qual pertenceram por décadas, quando não séculos, deixara de existir. Muitas cidades mudaram de mãos e de nomes, países foram criados ou recobraram a independência, fronteiras foram alteradas, greves, revoluções sociais e guerras civis se desdobravam e, por vezes, se combinaram em diversos locais. Além disso, o clima de agitação revolucionária – fruto dos impactos das Revoluções Russas na região e em todo o mundo –, bem como a permanência de situações de guerra – como era o caso da Polônia e da Rússia entre 1920 e 1921 – e a ameaça da guerra civil constituíram uma realidade avassaladora, em meio a qual os novos Estados Nacionais se estabeleceram.

Assim, os processos de construção nacional na Europa Central foram marcados por conflitos e violências pós-imperiais. A guerra trouxe consigo e ajudou a promover perspectivas autoritárias, as quais, por vezes, originaram experiências duradouras nos novos países da Europa Central ou resultaram nelas.

De forma geral, as décadas de 1920 e 1930 na Europa – e em outras partes do mundo – caracterizaram-se por uma crescente desconfiança com relação à democracia e ao liberalismo. No limite, ambos passaram a ser vistos como falhos e frágeis, dando lugar, no horizonte político e social, a alternativas autoritárias – à esquerda e à direita – que conquistaram inúmeros adeptos e canalizaram, de modos distintos, as insatisfações e os ressentimentos originados da guerra.

Na Europa Central, tais alternativas autoritárias prevaleceram em quase toda parte. A sombra da Revolução Bolchevique pairava sobre a região, e tentativas revolucionárias chegaram a ser empreendidas na Alemanha e na Hungria. A Ucrânia, após anos de conflitos, foi pacificada entre 1920 e 1921 sob o domínio bolchevique e, em 1922, tornou-se uma das repúblicas da então proclamada União das Repúblicas Socialistas Soviéticas.

Mas foram as alternativas autoritárias *de direita* que predominaram. Da Áustria à Bulgária, da Romênia à Lituânia, da Polônia à Hungria, teorias, propostas e regimes autoritários corporativistas e/ou de inspiração fascista conquistaram governos e multidões. Nesse contexto, a Tchecoslováquia constituiu uma exceção democrática, muito embora, mesmo ali, fosse possível observar o aparecimento e o crescimento de partidos e grupos de extrema direita.

Em 1919, o marechal Foch, que comandara as forças aliadas na Frente Ocidental durante a Grande Guerra, teria dito sobre as negociações que resultaram na assinatura do Tratado de Versalhes: "isso não é uma paz. É um armistício para 20 anos". Na década de 1930, a previsão de Foch parecia cada vez mais provável e o continente dava mostras de que marchava, uma vez mais, para a guerra. A Europa Central seria, novamente, um dos palcos centrais do conflito. Mas não apenas *palco*. Os povos que ali habitavam seriam também agentes ativos, ora movidos pelo ressentimento e pelas reivindicações de revisões dos tratados de paz, ora divididos por movimentos a favor ou contra as propostas fascistas e nazistas. No contexto da Segunda Guerra Mundial, não só seriam vítimas da crueldade e limpezas étnicas promovidas pelo Terceiro Reich, mas também perpetradores de violências inimagináveis.

PROJETOS NACIONAIS E CRISE DEMOCRÁTICA: OS ANOS 1920 E 1930

Em 18 de outubro de 1918, a declaração de independência da Tchecoslováquia foi assinada no exílio em Washington por Tomáš Garrigue Masaryk, Edvard Beneš e Milan Štefánik. Tratava-se de um documento curto, mas que, naquele contexto, demarcava uma posição clara de emancipação diante de uma Áustria-Hungria já bem próxima da derrota.

Nas linhas finais, o texto adotava um tom otimista com relação ao futuro do novo país e do continente, que seria reconstruído de acordo com o que se acreditava ser os ideais democráticos: "A democracia derrotou a autocracia teocrática. [...] com base na democracia, a humanidade será reorganizada. As forças das trevas serviram à vitória da luz – a tão esperada era da humanidade está amanhecendo. Acreditamos na democracia, acreditamos na liberdade – e na liberdade cada vez mais".

A ideia da democracia como uma espécie de Destino Manifesto tchecoslovaco foi um elemento central para a constituição das narrativas fundacionais do novo país após o fim da Grande Guerra. A rigor, no entanto, ela existia desde pelo menos fins do século XIX, quando os movimentos nacionais ganharam força na região, embora se tratasse muito mais de um mito tcheco que eslovaco. De acordo com essa ideia, a democracia seria uma característica inerente do povo tcheco, também amante da paz e tolerante. Por isso, os tchecos teriam sido reprimidos de forma cruel por austríacos belicosos, autoritários e reacionários, sob cujo regime a língua tcheca e a consciência nacional quase desapareceram. Não obstante, os ideais da democracia, da independência nacional e da liberdade acabaram triunfando sobre a "autocracia teocrática" imperial.

De fato, a ideia de um país cujo caráter democrático era intrínseco, fundado por intelectuais, tornou-se central para os processos de construção nacional da Tchecoslováquia e, ao mesmo tempo, importante para a projeção internacional do país, que tentava se aproximar do Ocidente.

As expectativas positivas com relação ao futuro na região, contudo, não se limitaram às narrativas democráticas tchecas. Alguns intelectuais acreditavam que a guerra havia ensinado aos europeus a necessidade de cooperação mútua. O historiador canadense William John Rose, especialista em Europa Central, chegou a afirmar, na época, que "o futuro era brilhante, sem malícia com ninguém, com caridade para todos".

Não obstante, os projetos de "cooperação mútua" entre os novos países foram raros. Prevaleceram as desconfianças, os ódios, a beligerância e as disputas territoriais. Em 1919, por exemplo, a Polônia, sob comando de Józef Piłsudski, ocupou partes do que em 2025 são territórios da Lituânia e da Bielo-Rússia, em uma tentativa de recuperar as fronteiras polonesas anteriores à partição de 1772. Em 1920, a guerra contra a Rússia ganharia espaço e os bolcheviques fizeram avanços importantes contra o território polonês, chegando perto da capital do país. A Batalha de Varsóvia resultou na surpreendente vitória polonesa (que contou com importante ajuda francesa) e forçou os russos à assinatura de um Tratado de Paz, em 1921, que consolidou as fronteiras entre os dois países.

Na Hungria, tropas romenas foram decisivas na repressão ao regime comunista de inspiração bolchevique, instaurado em 1919. Os romenos chegaram a ocupar a parte central da Hungria, incluindo Budapeste, e avançaram até Győr, na parte mais ocidental do país.

Em alguns casos, alianças militares foram formadas, como a Pequena Entente, entre Iugoslávia, Tchecoslováquia e Romênia. A aliança foi formalizada em 1922, porém, as conversações e a cooperação entre os três países começaram a ocorrer desde 1920. Elas tinham o claro objetivo de defender esses países das constantes campanhas promovidas pelos húngaros em defesa da revisão do Tratado de Trianon e da reivindicação dos territórios perdidos em 1920, bem como de eventuais tentativas de restauração dos Habsburgo na Áustria ou na Hungria.

Por volta de 1921, grande parte dos Estados da região havia adotado constituições democráticas e liberais, mas elas não resistiram muito tempo ou se viram obrigadas a conviver com práticas e instrumentos autoritários. Desde meados da década de 1920, regimes ditatoriais triunfaram na região e, em fins dos anos 1930, a Tchecoslováquia era a única democracia da Europa Central.

Aos poucos, as forças democráticas sucumbiam diante das dificuldades impostas pela guerra e pelos conflitos que dela se desdobraram. E, embora cada país experimentasse circunstâncias específicas, elementos comuns, de ordem política, econômica, social e cultural, atuaram em toda a parte. Não foram raras as desconfianças com relação aos partidos políticos, além disso, as dificuldades econômicas e a constante escassez de produtos básicos – sobretudo na primeira metade da década de 1920 – contribuíram para fortalecer o clima de instabilidade e insatisfações sociais. Muito se fala também sobre a falta de experiência e cultura democrática na região como um fator determinante. Não obstante, a historiografia vem relativizando tal premissa e chamando a atenção para o desenvolvimento de práticas e instituições democráticas no seio do Império Habsburgo que teriam impactado, em alguma medida, a cultura política da região.

Ao mesmo tempo, o desmoronamento das estruturas imperiais teve impactos nos mais diversos aspectos da vida social: moedas tradicionais deixaram de existir, enquanto outras foram criadas, barreiras aduaneiras apareceram em territórios antes integrados e onde as populações circulavam com relativa facilidade. O problema dos deslocamentos populacionais e das minorias étnico-nacionais se tornou central. Da noite para o dia, populações inteiras tornaram-se minoritárias nos novos países criados. Era o caso, por exemplo, dos húngaros na Eslováquia, na Croácia e na Transilvânia, agora territórios, respectivamente, da Tchecoslováquia, da Iugoslávia e da Romênia. Vários húngaros sentiam-se inseguros como minorias nesses novos países, sobretudo porque, em alguns casos, para garantir o respeito às novas fronteiras, houve ocupação militar. Foi o que ocorreu na Transilvânia, ocupada por tropas romenas, e na Eslováquia, onde a presença militar tchecoslovaca logo se fez sentir.

Nos primeiros anos da década de 1920, ondas de refugiados de origem magiar chegavam a Budapeste das mais diversas regiões, agora perdidas, e durante anos essas pessoas seriam obrigadas a residir em moradias precárias e improvisadas. Muitos desses deslocamentos eram motivados pelo ressentimento das populações locais com relação aos húngaros, durante séculos considerados uma etnia opressora.

Algo similar ocorreu com as populações de origem germânica, espalhadas pela região. Nessa perspectiva, o caso da Tchecoslováquia é emblemático. Fundado a partir da hegemonia tcheca, o Estado teve seu reconhecimento oficial em 1919 pelo Tratado de Saint-Germain, que estabeleceu a paz com a Áustria. Então, o novo país foi formado pela Boêmia, pela Morávia – que compunham as chamadas "terras tchecas" – e pela Eslováquia. Em 1920, pelo Tratado de Trianon, a Tchecoslováquia anexou, também à custa da Hungria, a Rutênia dos Cárpatos (em 2025, território da Ucrânia). Assim, a Tchecoslováquia tornou-se um Estado bastante diversificado do ponto de vista étnico. Pelo censo de 1921, a população do país era composta por 51% de tchecos, 14,5% de eslovacos, 23,4% de alemães, 5,4% de húngaros, 3,4% de rutenos e 2,42% de judeus. Havia ainda importantes comunidades polonesas e romenas.

Nesse contexto, desde a derrota da Áustria e da Alemanha, em 1918, nas regiões da Boêmia e da Morávia, onde havia maioria populacional alemã, os chamados Sudetos – devido à cadeia de montanhas do mesmo nome existente na área –, ocorreram tentativas separatistas e de anexação à Áustria ou à Alemanha, apenas contidas pela força militar tcheca do local. A partir de 1922, a situação tendeu a se acalmar, sobretudo porque, além da presença militar, os tchecos implementaram uma política de integração dos alemães nos quadros do Estado, bem como de cultivo da língua e da cultura alemãs – para o que, inclusive, os judeus contribuíram bastante. Não obstante, as desconfianças entre alemães e tchecos perdurariam no tempo e levariam, na década de 1930, à fundação de partidos nazistas na região que se tornariam bastante populares.

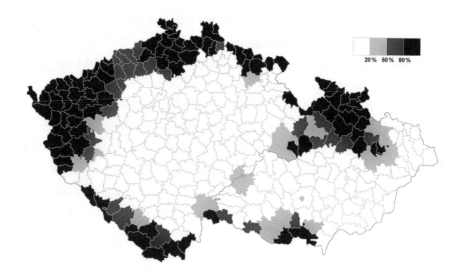

Regiões de língua e cultura alemã em 1930, dentro das fronteiras da
República Tcheca hoje, os chamados Sudetos.

Porém, se a guerra e o desmoronamento das estruturas imperiais são fatores que ajudam a compreender a permanência de situações de violência na região, é preciso considerar igualmente que não são suficientes para encerrar a questão. Grande parte dos conflitos que tiveram lugar na Europa Central após as assinaturas dos armistícios e dos tratados de paz estava relacionada aos próprios contextos de construção e afirmação dos novos Estados nacionais. Não se tratava apenas de preencher o vazio deixado pelas instituições imperiais. Era necessário também derrubar as velhas hierarquias, mas, sobretudo, construir novas.

Muitas das formas de violência que então aconteceram se relacionavam ao processo de construção e consolidação dos recém-criados Estados e fronteiras. Novas e diversificadas maneiras de coerção foram registradas, na medida em que, por exemplo, populações e comunidades inteiras precisaram ser reordenadas e vigiadas nas fronteiras então estabelecidas. Portanto, a presença da violência não deve ser compreendida só como resultado de espasmos persistentes da brutalidade dos tempos de guerra ou de vinganças e ressentimentos do passado. É certo que tudo isso estava presente e desempenhou seu papel, mas havia também uma violência de novo tipo – parte de um processo contínuo de desagregação das relações pessoais e sociais –, que criava categorias de pertencimento e de exclusão com base em novos critérios, nacionais.

Nesse sentido, a violência praticada pelos Estados e direcionada contra as populações civis, sobretudo nas regiões de fronteira, ajudou a concretizar os novos limites nacionais e também determinados padrões de comportamento político, social e cultural. Em diversos casos, minorias amedrontadas acabavam abandonando os territórios em que residiam ou, quando optavam por permanecer, ocultavam lealdades nacionais, étnicas ou políticas.

Mas não se tratava apenas de violência armada. Os novos Estados alteraram também o dia a dia e os modos de interações sociais sob as mais diferentes formas. Decisões jurídicas e burocráticas estabeleceram novas relações sociais e pessoais em âmbito cotidiano. Por exemplo, as controvérsias sobre quem tinha direito à cidadania, à residência permanente ou ao asilo político ajudaram a instituir novas realidades para as comunidades políticas e nacionais recém-criadas.

Os processos de criação de fronteiras, nesse sentido, foram bastante complexos e não se esgotaram nos conflitos existentes nas áreas limítrofes. Ao mesmo tempo, iam muito além de debates e manobras diplomáticas. Para as comunidades fronteiriças – muito heterogêneas, do ponto de vista étnico e nacional –, o reconhecimento de novos limites territoriais era um processo concreto, experimentado na vida cotidiana e que envolvia, muitas vezes, reivindicações contraditórias. A violência armada era somente um dos métodos disponíveis para incentivar a lealdade dessas comunidades aos novos governos. O nacionalismo exacerbado e a construção de determinadas ideias sobre o "inimigo nacional"; a coerção implícita de petições oficiais e denúncias de cidadãos – vizinhos, colegas de trabalho etc. – representavam outros meios de criar constrangimentos e cimentar lealdades.

Nesse contexto, a complexa experiência de construção nacional em meio aos processos de desintegração do tecido social ajudou a estabelecer noções e definições de uma identidade nacional em detrimento de um *outro*, estrangeiro, as quais marcariam de maneira potente as narrativas fundacionais desses países e favoreceriam a emergência de doutrinas e movimentos políticos autoritários e, em alguns casos, racistas.

Nessa perspectiva, mesmo em países onde constituições liberais e regimes parlamentares existiram, elas foram, desde o começo, bastante frágeis – à exceção, mais uma vez, da Tchecoslováquia, até 1938, e da Áustria, até 1932. Assim, se nos primeiros anos da transição muitos dos novos países conheceram um avanço com relação ao sufrágio universal masculino – e na Polônia, Tchecoslováquia e Hungria mesmo as mulheres tiveram o direito ao voto reconhecido –, restrições sempre estiveram presentes e conviveram com práticas autoritárias. Na Bulgária, o regime parlamentarista andou de mãos dadas com o terror de Estado após o golpe militar de 1923. Ali, as eleições foram suspensas entre 1931 e 1938, e, quando foram restauradas, os candidatos não tinham permissão para representar partidos políticos.

Na Hungria, a vitória dos conservadores sobre o governo revolucionário de Béla Kun levou o almirante Miklós Horthy ao poder em 1920. O país voltou a ser um reino e Horthy, fiel servidor da Monarquia Dual durante anos, foi escolhido regente. Em 1921, o conde István Bethlen tornou-se primeiro-ministro. Ao longo de seu governo, Bethlen limitou bastante o direito de voto, alegando que as massas não estavam prontas para assumir a responsabilidade pelos assuntos da nação. Tal medida garantia ao seu partido, o Partido da Unidade, expressiva maioria eleitoral e o controle do sistema político pelas elites tradicionais da Hungria: proprietários de terra, Igreja e pequenos capitalistas.

Ao mesmo tempo que restaurou a prática anterior à guerra, pela qual os eleitores das zonas rurais votavam em cédula aberta, Bethlen estabeleceu uma política de relativa tolerância no que concerne à oposição, uma vez limitadas suas chances de chegar ao poder. Como em outros lugares da Europa Central, os Partidos Comunistas foram proibidos na Hungria, mas havia certa liberdade de imprensa, de reunião e de expressão. A vida partidária, portanto, existia e era possível discutir ideias políticas, desde que o regime não fosse questionado.

O caso húngaro demonstra como elementos de democracia e liberalismo conviveram com expedientes autoritários desde os primeiros momentos do pós-guerra. Processos similares puderam ser observados em outras partes, como na Iugoslávia e na Romênia. Não obstante, é inegável que o surgimento do movimento fascista em 1919 e, sobretudo, a chegada ao poder de Benito Mussolini na Itália, em 1922, entusiasmaram multidões e inspiraram lideranças políticas, fornecendo um novo modelo a ser seguido pelas direitas não apenas na região, mas também no continente e em todo o mundo.

Movimentos com características fascistas surgiram em diversas partes da Europa de forma independente do modelo italiano, mas expressando a mesma mistura de nacionalismo, anticapitalismo, antiliberalismo e violência ativa contra os inimigos.

Assim como na Itália, na Europa Central o corporativismo tornou-se uma dimensão fundamental de ditaduras e movimentos políticos de direita e/ou de inspiração fascista. Do ponto de vista político, a doutrina corporativista possuía uma visão "orgânico-estatista" da sociedade, de acordo com a qual unidades como a família, as associações e as organizações profissionais deveriam constituir a base da vida em sociedade, de sua organização e funcionamento. Tratava-se de uma proposta que contrastava com o individualismo e o pluralismo inerentes à democracia liberal, ao mesmo tempo que se distinguia também das concepções comunistas, que baseavam suas lealdades na classe social e não na nação.

Em um mundo de insegurança como foi, para muitos, aquele das décadas de 1920 e 1930, a concepção corporativista da sociedade e do Estado como instituições orgânicas proporcionava um senso de pertencimento, de comunidade, de harmonia social e de valorização da tradição que pareceram muito atraentes naquele momento. Da mesma forma, tanto o fascismo como o corporativismo legitimavam e davam vazão à frustração, ao ressentimento e aos ódios gerados em um mundo de insegurança. Não é de surpreender que, na Europa Central, em particular, o corporativismo tenha atraído lideranças da Igreja e do Estado, cujas instituições baseavam-se na hierarquia e na autoridade.

Aliás, um dos mais importantes teóricos do corporativismo, conforme existiu na primeira metade do século XX, foi um intelectual romeno, Mihail Manoilescu. Autor de *O século do corporativismo*, livro que se tornaria importante referência no Brasil dos anos 1930 –, Manoilescu acreditava que tanto o corporativismo como o partido único eram as duas criações políticas do século XX que mais "têm enriquecido de forma definitiva o patrimônio da humanidade".

No início da década de 1920, Manoilescu ingressou no Partido do Povo, de tendência populista, liderado pelo marechal Alexandru Averescu, herói de guerra romeno com tendências conservadoras, nomeado primeiro-ministro ainda em 1918. Em seu governo, tendências anticomunistas, antissemitas, antimagiares e de supremacia romena tenderam a se fortalecer e permaneceriam como referências importantes na vida política do país por longo tempo. Em 1928, o país conheceu uma curta, porém significativa, experiência democrática, quando o Partido Nacional Camponês ganhou eleições livres, liderado por Iuliu Maniu. Não obstante, a Grande Depressão, a partir de 1929, mergulhou a Romênia mais uma vez em profunda crise e alimentou alternativas autoritárias já bastante enraizadas na sociedade.

Na Polônia, Józef Piłsudski havia se retirado do governo em 1922 em função do que considerava tentativas de limitar os poderes presidenciais. Não obstante, enquanto os demais países da região experimentaram um processo de recuperação econômica em meados da década de 1920, o mesmo não aconteceu na Polônia, onde a desvalorização da moeda e os índices inflacionários continuavam castigando a população. Ao mesmo tempo, demandas pela "polonização" da sociedade e da política cresciam. Em 1923, os principais partidos políticos da Polônia – os Democratas Nacionais, os Camponeses (Piast) e os Nacionais Cristãos – elaboraram um acordo, confirmado pelo Pacto de Lanckorona, estipulando que o "elemento nacional polonês" deveria ser preservado e que qualquer coalizão parlamentar deveria ser baseada em "partidos poloneses".

Por volta de 1925, parecia haver um consenso na política nacional – da esquerda à direita –, em torno da necessidade de um líder forte, que pudesse "limpar a nação da podridão da política". Nessa época, um jornal de grande circulação escreveu: "em todo o país, sente-se o desejo de mãos de ferro que nos afastem do precipício". Assim, em maio de 1926, Piłsudski voltou ao poder por meio de um golpe de Estado, prometendo varrer a "bagunça deixada pelo parlamento". A partir de então, a Polônia viveu um rápido momento de recuperação econômica – que, contudo, não resistiria, como em toda parte, aos efeitos da Grande Depressão. Também, aprofundou-se a tendência inaugurada no período anterior que visava manter o elemento étnico polonês no controle da administração do Estado, diminuindo o número de escolas de línguas alemã e ucraniana e expulsando, de modo gradual, os estudantes judeus das universidades. Para se ter uma ideia, em 1923, o número de estudantes judeus que frequentavam o ensino superior na Polônia representava um quarto do total. Em 1937, a proporção caiu para menos de um décimo.

Na Hungria, o primeiro-ministro Bethlen conseguiu estimular o crescimento econômico, atraindo investimentos estrangeiros e mantendo os salários baixos. No entanto, a atração bem-sucedida de capitais internacionais também deu origem a reclamações da extrema direita. Alegando que a Hungria estava se tornando dependente do capital judeu, o ex-oficial do exército, Gyula Gömbös, formou o Partido da Independência Húngara, de tendência racista, ainda em 1923. Em 1932, Horthy nomeou Gömbös primeiro-ministro e, a partir daí, o regime do almirante foi cada vez mais se movendo para a extrema direita, e as ideias fascistas foram ganhando espaço.

No início da década de 1930, essa parecia ser a tendência geral em toda a região, quando os regimes políticos desses países se viram impregnados por ideias e práticas fascistas, que se misturavam ao autoritarismo conservador e ao corporativismo de Estado. Assim, na Iugoslávia e na Polônia, por exemplo, os líderes nacionais imitavam os rituais fascistas, os espetáculos e as políticas de mobilização de massa da Itália, e surgiam grupos de declarada tendência fascista, como a Ustaše – Movimento Revolucionário Croata.

Mas foi na Romênia e na Hungria que os movimentos fascistas de maior expressão social e política apareceram. Na Romênia, Corneliu Codreanu fundou, em 1927, a Guarda de Ferro ou Legião do Arcanjo Miguel, financiada secretamente na década seguinte pelo rei Carlos II. Anticomunista, antissemita e antidemocrática, a Guarda de Ferro compôs o governo por um breve momento em 1940, quando o marechal Ion Antonescu chegou ao poder. Já na Hungria, o Partido da Cruz Flechada foi fundado em 1939 e buscava reconstituir o Partido da Vontade Nacional, criado em 1935, mas colocado na ilegalidade dois anos depois. De modo mais amplo, a Cruz Flechada inspirava-se nas ideias nacional-socialistas conforme elaboradas por Gömbös ainda na década de 1920.

Os números de inscritos nos partidos chegaram a representar 2,7% da população da Hungria e 2,8% entre os romenos. Nos dois casos, os movimentos tiveram votações expressivas. Na Hungria, a Cruz Flechada obteve 25% dos votos nas eleições de 1939. Se a esse número somarmos a votação de outros partidos menores, as direitas radicais húngaras superaram, às vésperas da eclosão da Segunda Guerra, a marca de 50% dos votos. Os números da última eleição romena antes da guerra, em 1937, são bastante similares. A Guarda de Ferro esteve próxima de alcançar 25% dos votos, enquanto outros partidos de extrema direita, somados, obtiveram a mesma votação.

Todavia, foi a ascensão do Partido Nazista ao poder na Alemanha, em 1933, que marcou decisivamente o destino político da Europa Central. O nazismo, em não pequena medida, inspirou e aprofundou tendências autoritárias já existentes na região. Além disso, os planos de Hitler para a Europa Central colocaram os países de lá, mais uma vez, no olho do furacão.

A ASCENSÃO DO NAZISMO
E A SEGUNDA GUERRA MUNDIAL NO LESTE

Quando a República Tchecoslovaca se estabeleceu, uma das primeiras providências do Ministério das Relações Exteriores do novo governo foi fundar uma editora. A Orbis tinha como função, dentre outras, convencer o mundo da importância da existência do novo país. Nesse sentido, dedicava-se à publicação de estudos e à realização de eventos e conferências voltados geralmente para o público internacional, cujo objetivo era persuadir o mundo da necessidade moral e estratégica da existência do Estado tchecoslovaco, certificando-se de que o Ocidente estivesse comprometido com a jovem república.

Em uma publicação de 1936, intitulada *A importância estratégica da Tchecoslováquia para a Europa Ocidental*, o coronel Emanuel Moravec, professor do colégio militar de Praga, argumentava a favor não apenas da perene ocidentalidade do país, mas também de sua importância para conter o avanço da Alemanha na Europa: "se a Alemanha deseja restaurar a influência que tinha sobre a Europa Central durante o período anterior à guerra e durante os tempos do conflito [...] ela deve, de alguma maneira, trazer a Tchecoslováquia e a Romênia com ela". Mais adiante, completava seu raciocínio demonstrando como, no século XIX, para alcançar os Bálcãs, os alemães necessitavam subjugar todo o Império Austro-Húngaro. Mas, naquele momento, para conquistar os Bálcãs e a bacia do Danúbio, "precisam apenas estrangular a Tchecoslováquia".

O ensaio geopolítico do coronel Moravec soava como um aviso às potências ocidentais sobre os perigos que as ambições do Partido Nazista da Alemanha – então no poder havia três anos – representavam não só para a Tchecoslováquia, mas também para a Europa de maneira geral. Em última instância, parecia tentar convencer as potências ocidentais da necessidade de preservar o Estado tchecoslovaco como forma incontornável de frear os avanços alemães na Europa. Como veremos, tais apelos não seriam ouvidos e, dois anos depois, a Tchecoslováquia seria dissolvida, e as terras tchecas da Boêmia e da Morávia, anexadas ao Terceiro Reich.

Entretanto, por que pareceu tão importante para o governo tchecoslovaco o investimento em uma agência como a Orbis, destinada a convencer o Ocidente sobre a importância da continuidade/existência de seu país?

Os Estados sucessores da Monarquia Dual, em sua maioria, eram realidades políticas recentes e suas existências precisavam ser afirmadas, de modo enfático, em uma Europa que parecia relutar em encontrar a paz. Além disso, durante a década de 1930, com a ascensão dos Estados Unidos e da União Soviética como grandes potências, muitas teorias começaram a circular na Europa, sobretudo em determinados meios militares, segundo as quais era preciso colocar um fim à divisão do continente em pequenos Estados nacionais.

Na Alemanha, tais teorias ganharam particular atenção e somaram-se àquelas que trabalhavam com a hipótese da formação de um "grande espaço europeu" para o desenvolvimento e o fortalecimento do Reich, tanto do ponto de vista político como econômico.

De modo mais específico, desde o início da década de 1920, os movimentos nacionalistas alemães retomaram teorias imperialistas do fim do século XIX, segundo as quais, para se desenvolver em sua plenitude, a Alemanha necessitava de mais espaço para cultivar suas potencialidades agrícolas e industriais. A premissa aparece também nas elaborações de Hitler, para quem as nações ou se tornavam fortes ou definhavam. Aquelas consideradas fortes precisavam se expandir em dimensões extensas, que ele chamou de *Lebensraum*, "espaço vital", tomando emprestado o termo utilizado em fins do século XIX pelo geógrafo alemão Friedrich Ratzel.

A teoria do *Lebensraum*, de acordo com os nazistas, visava principalmente às terras a leste da Alemanha. Para tanto, a Polônia e a Ucrânia eram territórios fundamentais. Mas a Tchecoslováquia constituía também um objetivo importante. Tratava-se, nesse caso, de separar as terras tchecas da Eslováquia, transformada em um Estado independente. Os Sudetos, de maioria germânica, seriam integrados ao Reich, enquanto a Boêmia e a Morávia deveriam ser germanizadas por meio de expulsão ou assimilação dos tchecos.

É preciso considerar que o nazismo adicionou às teorias do *Lebensraum* um componente racista, essencial para a ideologia nacional-socialista. Sob esse aspecto, a conquista de um espaço vital a leste se justificava também em função da presumida superioridade racial da qual os nazistas acreditavam ser portadores e da missão civilizadora que dela derivava. Dessa forma, a Europa Central era considerada uma região infestada por "raças inferiores", como os eslavos, que deveriam ser germanizados sempre que possível. Era também um espaço onde o elemento judeu, muito presente, exerceria, segundo os nazistas, uma "influência nefasta". Na ideologia nazista, os judeus eram considerados *Untermensch*, ou seja, "menos que humanos" e, por isso, deveriam ser exterminados, pois seria impossível sua assimilação ou germanização.

Após a ascensão do Partido Nazista ao poder, aos poucos, a Alemanha se tornou um ator central nas relações internacionais europeias. Por volta de 1934, o pior da crise econômica de 1929 já havia passado e a Europa se recuperava. A Alemanha, em particular, alcançou níveis de crescimento muito expressivos. Em 1935, Hitler anunciou a criação de um novo exército e a volta do recrutamento militar: a Wehrmacht contaria, então, com 36 divisões, somando cerca de 550 mil homens.

A remilitarização da Alemanha, contrariando uma das cláusulas do Tratado de Versalhes, surpreendeu as potências ocidentais, mas seriam inconsistentes as tentativas de fazer respeitar o Tratado. A partir de então, os nazistas, aos poucos, trilharam o caminho para a Segunda Guerra Mundial, violando outras importantes decisões de Versalhes, consideradas desonrosas e humilhantes para a nação alemã.

Em 1936, Hitler ordenou a reocupação militar da Renânia, desmilitarizada desde 1919. Não houve qualquer resposta militar ou diplomática mais contundente. As democracias ocidentais protestaram, mas nada fizeram além disso, dando a Hitler uma importante vitória. Em março de 1938, seria a vez da Áustria. A anexação do país, conhecida como *Anschluss*, ocorreu em um contexto de profunda instabilidade.

Na década de 1930, o nazismo também cresceu de forma expressiva na Áustria, ameaçando a frágil democracia liberal que vigia desde o fim do Império Habsburgo. Em 1932, o então ministro da Agricultura do Partido Social-Cristão, Engelbert Dollfuss, tornou-se chanceler e,

122 *Europa Central*

cerca de um ano depois, aboliu o regime parlamentarista e instituiu o que definiu como "Estado social, cristão e germânico da Áustria baseado em propriedades [corporativas] e forte liderança autoritária". Dollfuss recebeu expressivo apoio – exceção feita aos partidos de tendência socialista – e estabeleceu uma política de restrição às liberdades e de eliminação da oposição. Não obstante, acabou assassinado por membros do partido nazista austríaco em julho de 1934. Seu sucessor, Kurt von Schuschnigg, exerceu um governo muito mais reacionário e conservador que propriamente fascista, apesar da pressão cada vez maior dos nazistas nesse sentido.

Entre 12 e 13 de março de 1938, as tropas alemãs invadiram a Áustria e anexaram o país ao Reich, contrariando, mais uma vez, os termos do Tratado de Versalhes. No dia 15 de março, multidões acenavam para o Führer nas ruas de Viena e se dirigiram até Heldenplatz para ouvir seu discurso, no qual anunciou "a entrada de minha terra natal no Reich Alemão".

Austríacos se reúnem na Heldenplatz para ouvir
a declaração de anexação de Hitler. Viena, 1938.

A anexação da Áustria pela Alemanha foi percebida por muitos, dos dois lados da fronteira, como uma vitória e um processo natural de unificação, ainda que concretizado com 20 anos de atraso. Isso porque, após o fim da Grande Guerra, as ideias de "nação cultural" e pangermanismo passaram a circular de modo intenso entre determinados grupos que defendiam a fundação de um Estado da Áustria Germânica integrado à República alemã, ignorando as determinações do Tratado de Versalhes, cujo artigo 80 enfatizava que a Alemanha deveria respeitar e reconhecer a independência da Áustria como "inalienável".

Mas se o *Anschluss* parecia concretizar desejos antigos de vastos segmentos políticos e sociais da Áustria, o mesmo não pode ser dito sobre as terras tchecas da Boêmia e da Morávia. Ao contrário, desde que Hitler anunciou a fundação de um novo exército alemão, em 1935, o Estado tchecoslovaco sentiu-se compelido a reforçar a segurança de suas fronteiras com a Alemanha, sobretudo em função das expressivas populações de origem alemã nos Sudetos que eram muito favoráveis à integração ao Reich.

A partir de meados de 1938, quando os nazistas começaram a avançar em direção à Tchecoslováquia, pode-se dizer que estavam, da mesma forma, imbuídos de ideais pangermânicos, defendendo a anexação das comunidades alemãs dos Sudetos ao Terceiro Reich. Mas havia também outros elementos que faziam das terras tchecas território fundamental para os planos de expansão nazista no Leste: além de matérias-primas e indústrias fundamentais, a Tchecoslováquia, naquele momento, possuía uma das melhores indústrias bélicas da Europa, tornando o país estratégico para os planos da Alemanha.

Do ponto de vista diplomático e militar, a Tchecoslováquia tentou se defender de uma eventual expansão alemã estabelecendo, ao longo das décadas de 1920 e 1930, alianças com a França e com a União Soviética. Em tese, tais acordos tornavam a hipótese de um ataque ao país muito mais complicada, porém, a fragilidade das alianças e a oscilação de franceses e soviéticos em fazer valer os compromissos com a Tchecoslováquia logo se tornaram evidentes. Segundo o historiador Ian Kershaw, ainda no contexto da anexação da Áustria, o ministro da Defesa francês, Édouard Daladier, alertou o governo tchecoslovaco sobre o fato de que a França não poderia oferecer nenhum tipo de ajuda militar direta, caso os alemães avançassem sobre os Sudetos. Do lado soviético, os comandantes militares também descartavam a possibilidade de auxílio por parte do Exército Vermelho. Quanto à Grã-Bretanha, ainda em 1937, lorde Halifax, então secretário de Estado da Guerra, teria dito a Hitler que o governo de seu país não estava "necessariamente preocupado em manter o *status quo* atual" na Áustria, em Danzig ou na Tchecoslováquia.

DANZIG/GDANSK

A Cidade Livre de Danzig (em alemão) ou Gdansk (em polonês) foi uma cidade-Estado semiautônoma, oficialmente criada em 15 de novembro de 1920, de acordo com as decisões do Tratado de Versalhes. No mesmo dia, entrou em vigor um tratado que transformou Danzig e a Polônia em uma única zona alfandegária. Cidade portuária e industrial localizada no mar Báltico, apenas 6% de sua população possuía origem polonesa, sendo a maior parte composta por alemães. Após a invasão da Polônia, em setembro de 1939, os nazistas aboliram a Cidade Livre de Danzig e a incorporaram ao Reich. Em 1945, na Conferência de Ialta, as potências aliadas concordaram que a cidade deveria ser devolvida à Polônia.

A situação interna no Estado tchecoslovaco também era difícil. Tomáš Garrigue Masaryk, pai fundador do país e referência fundamental para o nacionalismo tcheco, havia deixado a presidência em 1935 e faleceu dois anos depois, em setembro de 1937. Seu sucessor, Edvard Beneš, também relevante articulador da independência do país, enfrentava problemas, sobretudo com relação às importantes minorias alemãs e eslovacas.

Alguns estudos demonstram que, na década de 1930, a Tchecoslováquia oferecia melhores condições do que qualquer outro Estado na Europa – exceto a Suíça – para o florescimento da cultura alemã. Algo similar se passava com a Eslováquia, onde o Estado tchecoslovaco criou políticas de desmagiarização e de incentivo da língua, do teatro e da cultura eslovacas. Ainda assim, grande parte dos alemães da Boêmia e muitos eslovacos se consideravam minorias, estrangeiros em sua própria terra, e foram atraídos pelos discursos ultranacionalistas e radicais da extrema direita.

Em 1933, o professor Konrad Henlein, de origem germânica, formou o Partido Alemão dos Sudetos, de tendências fascistas. Não tardou para que atraísse atenção dos nazistas da Alemanha, que passaram a apoiá-lo com dinheiro e, mais tarde, com armas. Henlein e seus correligionários defendiam a separação dos Sudetos com relação à Tchecoslováquia e a integração dessa região ao Reich alemão. Para tanto, recorriam a mobilizações políticas maciças e à intimidação, através da formação de milícias paramilitares que atacavam instituições do Estado tchecoslovaco, como delegacias de polícia e escolas, bem como empresas judaicas e tchecas. Acionavam, com sucesso, as insatisfações e os ressentimentos das populações alemãs vivendo na Boêmia e na Morávia, e tiveram votações muito expressivas em vastas partes dos Sudetos.

Já no que diz respeito à Eslováquia, o Partido Popular Eslovaco, fundado em 1913 e liderado pelos padres católicos Andrej Hlinka e Jozef Tiso, recobrou força nos anos 1930 e, a partir de janeiro de 1938, começou a exigir a independência do país.

O governo de Edvard Beneš, contando com apoios importantes entre a população de origem tcheca e parte da eslovaca, tentava se equilibrar diante das investidas nazistas, que aumentaram após a anexação da Áustria. Hitler, por sua vez, insistia na "vontade de união de todos os povos germânicos sob um único Reich", alimentando os desejos separatistas dos alemães dos Sudetos.

As potências ocidentais, Grã-Bretanha e França, fizeram tentativas de negociação com os nazistas, mas não se mostraram muito dispostas a arriscar uma guerra contra a Alemanha para defender a integridade do Estado tchecoslovaco, em parte porque reconheciam certa hipocrisia dos tratados de paz de 1919, que tornaram o direito à autodeterminação um princípio geral, ao mesmo tempo que ignoraram tal direito quando se tratava dos alemães dos Sudetos.

Porém, o que britânicos e franceses queriam, em primeiro lugar, era evitar uma nova guerra. No final de setembro de 1938, diplomatas britânicos informaram aos tchecos que Itália, Alemanha, Grã-Bretanha e França haviam chegado a um acordo em Munique, segundo o qual as áreas correspondentes aos Sudetos seriam entregues à Alemanha. Após a assinatura do Pacto de Munique, os nazistas foram rápidos e ocuparam os Sudetos ainda em outubro.

A incorporação dos Sudetos à Alemanha deixou o restante da Tchecoslováquia com a fronteira noroeste quase indefensável. Assim, os nazistas passaram a incentivar outros países que se sentiam prejudicados pelas fronteiras estabelecidas no pós-Primeira Guerra a avançarem e reaverem territórios perdidos ou em disputa. Foi o que fez a Polônia, que retomou a região de Trans-Olsa, na Silésia, onde havia importantes minorias polonesas. A Hungria, por sua vez, recuperou os territórios do sul da Eslováquia e da Rutênia dos Cárpatos, de maioria húngara.

A anexação dos Sudetos pelos nazistas reabriu, nesse sentido, antigas disputas territoriais, mal resolvidas pelos tratados de paz do pós-Primeira Guerra e que alimentaram ressentimentos por duas décadas. Ajudou também a fortalecer simpatias e alianças, por exemplo, entre húngaros e alemães, em torno das reivindicações de revisões dos tratados de paz.

Logo após a assinatura do Pacto de Munique, os líderes do governo democrático da Tchecoslováquia renunciaram. O presidente Beneš deixou o país e foi para a França, de onde organizaria um governo no exílio – o qual se transferiu para Londres após a ocupação da França pelos nazistas. Sob forte pressão alemã e do separatismo eslovaco, o Estado tchecoslovaco remanescente se reestruturou em um regime autoritário e passou a se chamar *Tcheco-Eslováquia*, refletindo a significativa autonomia concedida à Eslováquia. O novo parlamento aprovou uma legislação antissemita e uma onda de nacionalismo extremo varreu o país.

Na Tchecoslováquia de Masaryk e Beneš, os judeus desfrutavam de certa estabilidade e sentiam-se integrados. Não obstante, o novo regime pareceu autorizar práticas e liberar sentimentos há muito arraigados em determinados segmentos da sociedade. Vários tchecos e eslovacos passaram a se sentir livres para expressar seu antissemitismo: importantes órgãos da imprensa começaram a difamar os judeus, transformados em bodes expiatórios da humilhação nacional, e a fazer acusações sobre o suposto controle que os judeus exerciam sobre a economia. Estereótipos em torno dos judeus como "desonestos e mentirosos" passaram a circular com mais intensidade. Muitos nacionalistas radicais afirmavam em público que "a existência dos judeus colocava os tchecos em perigo" ou, ainda, que "os judeus haviam infectado os tchecos".

Ainda em 1938, poucos meses após a ocupação dos Sudetos, na Eslováquia, a ala mais extremista do Partido Popular Eslovaco deu origem à Guarda Hlinka, unidades uniformizadas de combatentes, semelhantes às organizações paramilitares nazistas, que teriam papel decisivo, em março de 1939, na partição do Estado tchecoslovaco. Em 15 de março de 1939, Hitler ocupou o restante das terras tchecas, instituindo o Protetorado da Boêmia-Morávia, como um Estado tcheco semicolonial. A Eslováquia se tornou um Estado independente, aliado dos nazistas. A Guarda Hlinka, a partir de então, compartilhou o poder com elementos mais tradicionais, representados pelo próprio padre Tiso, que se tornou presidente da Eslováquia em outubro daquele ano.

Contudo, para a concretização dos planos expansionistas dos nazistas, a Áustria e as terras tchecas não bastavam. O *Lebensraum* precisava incluir a Polônia. E foi nesse sentido que Hitler passou a atuar a partir de então.

Após tomarem o poder, uma das primeiras iniciativas dos nazistas, em termos de política internacional, foi a assinatura, ainda em 1934, de um pacto de não agressão com a Polônia. Naquele momento, as potências ocidentais não gostaram da aproximação entre os dois países. Os poloneses, no entanto, ainda sob o governo autoritário de Piłsudski, consideravam que era preciso buscar um equilíbrio entre a Alemanha e a União Soviética, e não confiavam no Ocidente ou na Liga das Nações para garantir sua segurança. Hitler, por sua vez, presumiu que, devido ao forte anticomunismo que permeava a sociedade e o governo, bem como as lembranças da recente guerra contra os soviéticos (1920-21), a Polônia seria um aliado natural em sua campanha antibolchevique.

O país, no entanto, seguia uma política equidistante entre Berlim e Moscou, mesmo após a morte de Piłsudski, em 1935, e assinou pactos de não agressão com ambos os países sem, no entanto, constituir nenhum tipo de aliança. Em 26 de janeiro de 1939, os poloneses rejeitaram – pela última vez – a oferta de aliança do ministro das Relações Exteriores da

Alemanha, Joachim von Ribbentrop. Após cinco anos, ficou claro que as tentativas nazistas de convencer os poloneses a travarem uma guerra junto à Alemanha contra a União Soviética fracassaram.

O Führer havia avaliado mal a Polônia, para quem a manutenção da soberania nacional era tema inquestionável. Os poloneses consideravam que uma aliança com a Alemanha reduziria o Estado à condição de vassalo, uma humilhação intolerável, sobretudo devido à história da ocupação prussiana e ao legado das lutas pela independência polonesa, desde fins do século XVIII.

Na primavera de 1939, quando os nazistas invadiram e ocuparam a Boêmia e a Morávia, colocando fim ao Estado tchecoslovaco, tornou-se claro para o mundo que seus objetivos não se limitavam à incorporação dos alemães étnicos. Foi apenas nesse contexto que a Grã-Bretanha, considerando que a Polônia seria, em potencial, o próximo objetivo de Hitler, ofereceu garantias à sua soberania. A França, por sua vez, já estava obrigada por tratado a ajudar a Polônia em caso de um ataque.

No instante em que Hitler foi informado da promessa da Grã-Bretanha de fazer "todo o possível para proteger a Polônia", o Führer se deu conta de que sua primeira guerra seria contra aquele país e começou a planejar sua destruição ainda em março, prometendo preparar uma "poção do diabo".

Diante, portanto, do fracasso em atrair a Polônia para uma guerra contra a União Soviética, os nazistas passaram a cogitar a possibilidade de um acordo com os bolcheviques, improvável e impensável para muitos, até então. Ainda na primavera de 1939, os soviéticos teriam feito um importante aceno aos alemães, demitindo o comissário soviético para assuntos externos, o judeu Maxim Litvinov, e substituindo-o pelo russo e aliado próximo de Stalin, Vyacheslav Molotov.

O forte teor anticomunista e antibolchevique do nazismo era notório. Os discursos de Hitler e de outros nomes do partido estavam repletos de referências pejorativas aos soviéticos, a quem chamavam de "praga bolchevique" ou "elementos [...] que não têm a mínima contribuição a dar para nossa economia e nossa cultura, e em vez disso apenas causam estragos". Era notória também a associação depreciativa entre judaísmo e comunismo nos discursos nazistas. Em contrapartida, nos anos 1930, após a ascensão dos nazistas ao poder na Alemanha e a deterioração das relações com a União Soviética, a germanofobia também se tornou uma constante na imprensa soviética. Hitler era visto como insano e era chamado, com frequência, de "idiota" ou de um homem "possuído pelo demônio".

Do ponto de vista político, no entanto, um acordo entre os dois países aparentava, a ambas as partes, possuir razões lógicas naquele momento. Para os soviéticos, uma aliança com as potências ocidentais parecia, cada vez mais, ter pouco a oferecer. Apesar dos acenos feitos por britânicos e franceses à União Soviética, na tentativa de garantir a integridade da Polônia, Stalin acreditava que os dois países não estariam dispostos de fato a intervir caso a Alemanha atacasse a Polônia e a União Soviética. Para os alemães, por sua vez, uma aliança com a União Soviética evitaria que o país ficasse cercado caso França e Grã-Bretanha declarassem guerra após o ataque à Polônia, já dado como certo e como o próximo passo dos alemães.

Assim, em 23 de agosto de 1939, a Alemanha nazista e a União Soviética assinaram um pacto de não agressão, conhecido como Pacto Germano-Soviético ou Pacto Molotov-Ribbentrop. O documento era curto, formado por sete artigos, nos quais ambas as potências se comprometiam a não atacar uma a outra e à ajuda mútua. Não obstante, ele contemplava também um protocolo secreto adicional que estabelecia a divisão de Polônia, Finlândia, Lituânia, Letônia, Estônia e a região da Bessarábia, então território da Romênia, entre as duas potências.

O Pacto Germano-Soviético esteve em vigor por quase dois anos. Terminou em 22 de junho de 1941, com o ataque nazista à União Soviética. Nesse meio-tempo, no entanto, foi um instrumento fundamental para que Hitler colocasse em marcha seu plano de ataque à Polônia e transformasse a região compreendida entre o centro da Polônia e o ocidente da Rússia – aí incluídos os três Estados bálticos (Lituânia, Letônia e Estônia), a Ucrânia e a Bielo-Rússia – no que o historiador Timothy Snyder chamou de "terras de sangue". De acordo com ele, ali, a consolidação do nazismo, de um lado, e do stalinismo, de outro, entre 1933 e 1938; a ocupação conjunta da Polônia por nazistas e soviéticos durante a vigência do pacto (1939-41); e, por fim, a guerra entre a Alemanha e a União Soviética, entre 1941 e 1945, desencadearam processos de violências de massa jamais vistos.

O acordo entre as duas potências liberou Hitler para sua guerra contra a Polônia, invadida uma semana depois da assinatura do pacto, em 1º de setembro. A violência dos primeiros ataques alemães não tinha precedentes na história da Europa. Colunas de tanques e artilharias nazistas bombardearam vilarejos e cidades polonesas sem aviso prévio. A Luftwaffe, a força aérea alemã, metralhou civis em fuga e atirou bombas nas áreas residenciais das cidades. Algumas estimativas indicam que cerca de 24.000 pessoas foram mortas em execuções em massa apenas em setembro. Os exércitos poloneses lutaram como puderam, mas os ataques, vindos de três direções distintas, inclusive da Eslováquia, aliada de primeira hora dos nazistas, não deu chance às Forças Armadas da Polônia.

Menino sobrevivente dos bombardeios de Varsóvia, em 1939, fotografado por Julien Bryan.

132 *Europa Central*

A cidade de Brest – então território polonês, hoje, bielo-russo –, ocupada nos primeiros dias de setembro pelos nazistas, seria palco de um desfile militar oficial, realizado de forma conjunta pelas tropas nazistas e soviéticas. A cerimônia visava à transferência de ocupação da cidade da Alemanha para a União Soviética, conforme demarcação estabelecida pelas cláusulas, até então secretas, do Pacto Molotov-Ribbentrop. Quando o Exército Vermelho chegou à cidade, em 22 de setembro, entretanto, muitos pensaram se tratar do começo da libertação de Brest. Sobretudo nas comunidades bielo-russa e judia, bastante numerosas, a União Soviética era vista não só como uma esperança de proteção contra os invasores nazistas, mas também contra o que consideravam o nacionalismo extremo do Estado polonês. Em algumas partes da cidade, reinava certo clima de comemoração pela chegada do Exército Vermelho, que contou, inclusive, com uma banda tocando a *Internacional*. Entre os poloneses, contudo, dominava a cautela. Não somente em função do terror das semanas anteriores, mas também do medo de que as minorias étnicas locais se voltassem contra eles. Além disso, a memória da recente guerra contra a União Soviética, entre 1920 e 1921, bem como a dos longos períodos em que haviam estado sob ocupação russa, servia de alerta sobre os tempos difíceis que teriam pela frente.

Em 3 de setembro, dois dias após a invasão da Polônia, Grã-Bretanha e França anunciaram estar em "estado de guerra" contra a Alemanha. O período compreendido entre a declaração do estado de guerra e a invasão nazista de Bélgica, França e Países Baixos é chamado no ocidente da Europa de *drôle de guerre*, "guerra de mentirinha" – formulação irônica condenando França e Inglaterra por sua passividade e caracterizando o período em que os combates ainda não haviam começado na Frente Ocidental.

Na Polônia, no entanto, a guerra era real e com enorme potencial de destruição. Em 17 de setembro, quando as forças polonesas estavam à beira da exaustão, combatendo o avanço alemão, o Exército Vermelho atacou pelo leste. Os aliados ocidentais da Polônia – França e Grã-Bretanha – permaneceram inertes e não atuaram para aliviar a situação da Polônia. Os alemães cercaram Varsóvia duas semanas após o ataque inicial, bombardeando a cidade com munição pesada, enquanto o governo e os cidadãos construíam fortificações. Quando a capital se rendeu, em 25 de setembro, os alemães dividiram o país em duas zonas de controle direto: no ocidente, anexaram uma faixa de território ao Reich, enquanto na região central da Polônia estabeleceram o que chamaram de Governo Geral para os Territórios Poloneses Ocupados (GG).

Nessas duas regiões, as autoridades alemãs submeteram a população polonesa a condições de extrema violência, a partir de dois diferentes cronogramas: na parte ocidental, anexada ao Reich, a limpeza étnica deveria acontecer de forma rápida, devido ao novo *status* da área como território alemão. Lá, as autoridades alemãs fecharam todas as escolas nacionais, tornaram crime falar polonês em público e introduziram o trabalho obrigatório a partir dos 14 anos para os homens e 16 para as mulheres. No GG, todavia, o processo poderia acontecer de forma gradual, já que a previsão era de germanização do território no tempo de uma geração.

Em contraste com as partes da Europa Ocidental que ocupariam mais tarde, bem como com o Protetorado da Boêmia-Morávia, os líderes alemães não concederam ao GG nenhuma administração nativa acima do nível da cidade. A região deveria ser usada como uma "lixeira", nas palavras de Heinrich Himmler, para "elementos étnicos inadequados" à vida no Reich, sobretudo judeus, poloneses e ciganos, e serviria como fonte de exploração econômica de curto prazo antes de ser ocupada em definitivo pelos alemães.

Já a parte mais oriental da Polônia ficou sob o domínio da União Soviética e, por quase dois anos, enquanto durou o Pacto Molotov-Ribbentrop, as autoridades soviéticas agiram como aliados de fato dos nazistas.

Os nazistas consideravam as camadas mais educadas da sociedade inimigas perigosas e adotaram políticas de eliminação dessas pessoas, muitas das quais exerciam cargos de liderança em diversos âmbitos do Estado e da sociedade. Nesse sentido, os soviéticos não agiram de forma diferente, também executaram políticas destinadas a deixar a Polônia sem liderança nativa. O ápice dessa política foi a decisão tomada em março de 1940 pelo Politburo soviético de executar cerca de 22 mil oficiais poloneses levados em cativeiro no ano anterior. Lavrenty Beria, chefe do Comissariado do Povo para Assuntos Internos, a NKVD, afirmava que os oficiais capturados eram "inimigos jurados e incontestáveis do Estado soviético". Os prisioneiros eram, em sua maioria, oficiais da reserva e, na vida civil, exerciam cargos importantes para a cultura, a economia e a política polonesas. Eram juízes, escritores, médicos, professores e empresários. A NKVD executava os homens com tiros na nuca em florestas próximas aos campos de prisioneiros de guerra. A maior parte dos corpos seria encontrada pelos nazistas, na floresta de Katyn, próximo a Smolensk, apenas em 1943. Muito se discutiu, durante décadas, sobre quem os teria matado, com alemães e soviéticos trocando acusações mútuas. Foi apenas em 1990, no contexto da abertura política na União Soviética, que Mikhail Gorbachev reconheceu a responsabilidade soviética pelo massacre e, no ano seguinte, Boris Iéltsin tornou público documentos, datados de 1940, que autorizavam o massacre.

Após a brutal invasão da Polônia, a guerra parecia um caminho inevitável, mais uma vez, para a Europa. Era apenas questão de tempo até que o continente – e agora o mundo – fosse arrastado para conflitos de proporções ainda mais catastróficas. A Europa Central, novamente, seria um dos palcos centrais da guerra no Velho Continente e espaço fundamental da política de extermínio dos judeus, que viria a ser colocada em prática pelos nazistas. A escalada da guerra engolfaria, de modo acelerado, toda a região, suscitando não só ambições de revisões territoriais, colaborações e alianças abertas com os nazistas, mas também importantes processos de resistências.

Cerca de um terço do território polonês, sobretudo as províncias mais orientais, tornou-se área de ocupação soviética. Em outubro de 1939, as autoridades bolcheviques locais realizaram plebiscitos fraudulentos, nos quais mais de 90% dos eleitores teriam votado pela integração dos territórios ocupados às Repúblicas Soviéticas da Ucrânia e da Bielo-Rússia. Em junho de 1940, mais uma vez seguindo as disposições secretas do Pacto Molotov-Ribbentrop, Lituânia, Letônia e Estônia foram ocupadas pelos soviéticos. Dessa forma, Stalin recuperou para seu país grande parte das perdas territoriais que o Império Russo sofrera depois de 1917. Os soviéticos falharam, no entanto, com relação à Finlândia, que também era mencionada nas cláusulas secretas do Pacto Germano-Soviético. A invasão do país em novembro de 1939 pelo Exército Vermelho resultou em combates ferozes e em perdas severas pela União Soviética, que propôs negociações de paz em janeiro de 1940.

No espaço de poucos meses, os territórios ocupados passaram pelas transformações sociais e políticas que outras partes da União Soviética haviam sofrido ao longo de duas décadas, agravadas, porém, pelo contexto da guerra. Deportações de pessoas consideradas "elementos política e socialmente perigosos" para campos de trabalho forçado na Sibéria e na Ásia Central tiveram início ainda em 1939.

Na parte ocupada pelos nazistas, a SS (polícia de Estado alemã) elaborou planos de longo prazo para a Polônia, chamados de *Generalplan Ost*, Plano Geral do Leste. Os mesmos projetos passariam a valer também para o ocidente da União Soviética, após o rompimento do Pacto Molotov-Ribbentrop em 1941 e a consequente invasão nazista na operação Barbarossa. De acordo com o plano original, cerca de 80% a 85% dos poloneses, 75% dos bielo-russos e 65% dos ucranianos deveriam ser removidos desses territórios e enviados para a Sibéria. O restante seria eliminado ou germanizado, e as autoridades alemãs colonizariam as áreas com etnias germânicas consideradas saudáveis.

★ ★ ★

Os primeiros anos da guerra, pelo menos até 1942, foram de expansão nazista. Avanços e vitórias espetaculares, tanto na Frente Oriental como na Ocidental, marcaram o período. Em setembro de 1940, Alemanha, Itália e Japão assinaram, em Berlim, o Pacto Tripartite, formalizando a aliança militar entre os três países. Pouco mais tarde, em novembro, Hungria, Romênia e Eslováquia se integraram no mesmo pacto. Em março de 1941, foi a vez da Bulgária.

Com a Iugoslávia – formada, então, por três grandes unidades étnico-nacionais semiautônomas, Sérvia, Croácia e Eslovênia – foi diferente. Em outubro de 1940, a catastrófica tentativa de invasão da Grécia por parte da Itália obrigou os nazistas a intervirem nos Bálcãs em favor dos italianos. Para Hitler, a presença britânica na região – em defesa da Grécia – poderia ameaçar o acesso alemão ao petróleo romeno. Mais ainda, ele receava que a presença dos Aliados no Mediterrâneo oriental comprometesse o ataque que planejava contra a União Soviética. Por esse motivo, a Grécia passou a ser um alvo. Para que isso ocorresse, no entanto, a Alemanha precisava de garantias e da lealdade dos vizinhos da Grécia nos Bálcãs. Foi nesse contexto que a Iugoslávia se tornou peça fundamental.

Apesar dos apelos urgentes do governo alemão, o primeiro-ministro Dragiša Cvetković e o príncipe regente Paul resistiram a qualquer acordo que pudesse vincular a Iugoslávia a um país que muitos sérvios consideravam inimigo. No entanto, em 25 de março de 1941, eles acabaram cedendo e assinaram o Pacto Tripartite, temerosos de que a Iugoslávia fosse invadida e desmembrada pelos nazistas. Dois dias depois, contudo, protestos tomaram as ruas de Belgrado, capital do país, e um golpe de Estado planejado por forças pró-Aliados derrubou o governo. Em abril, todavia, o país foi invadido por tropas da Alemanha, Itália e Hungria.

Belgrado foi bombardeada e a Iugoslávia, dividida: a Sérvia teve seu território bastante reduzido, sem a Macedônia; a Eslovênia foi partilhada entre a Alemanha e a Itália, enquanto a Croácia tornou-se um Estado independente, incorporando a Bósnia-Herzegovina, mas perdendo para os italianos o litoral da Dalmácia.

A rápida derrota da Iugoslávia – na chamada operação 25 que durou cerca de 11 dias – pode ser explicada, em grande medida, em função das divisões internas do país e das difíceis relações entre as diferentes nações que o compunham.

Sobretudo com relação à Croácia, apesar da lealdade de algumas unidades militares ao governo central, chama atenção o fato de que parte expressiva da população local saudou a queda da Iugoslávia, que existia há pouco mais de 20 anos. Quando as tropas alemãs entraram em Zagreb, em 10 de abril, multidões se alinharam nas ruas em júbilo, fazendo a saudação nazista. No mesmo dia, foi proclamada a criação do Estado Independente da Croácia, e Ante Pavelić, fundador da Ustaše, movimento fascista croata, tornou-se líder do novo governo sob as bênçãos dos nazistas.

Fundada em 1929, a Ustaše era um movimento extremista que tinha como objetivo "limpar" o país de todos os não croatas, o que significava, então, quase metade da população. Pavelić explorou antagonismos étnicos já existentes na antiga Iugoslávia e favoreceu a perseguição de judeus, romanis e sérvios. No caso destes últimos, julgava fundamental resolver o que considerava a "questão sérvia", expulsando, matando ou convertendo as comunidades ortodoxas de origem sérvia da Croácia – quase dois milhões de pessoas – ao catolicismo.

A Croácia foi apenas um entre os muitos Estados colaboracionistas que apareceram na Europa durante a Segunda Guerra. Na Europa Central, foi o caso também da Eslováquia – que proclamou sua independência ainda antes da eclosão do conflito e, logo em seguida, colocou-se sob proteção dos nazistas –, da Hungria, da Bulgária e da Romênia. Os romenos, aliás, foram um dos mais ativos colaboradores, atuando de maneira intensa na guerra contra a União Soviética, pelo menos até 1944, quando a Romênia protagonizou uma das mais espetaculares viradas da guerra e passou a lutar ao lado dos soviéticos. Por sua vez, no Protetorado da Boêmia-Morávia, anexado ao Reich, havia duas figuras de autoridade: o protetor – incumbência de representantes da Alemanha nazista – e o presidente, cargo exercido entre 1939 e 1945 pelo colaboracionista Emil Hácha.

As iniciativas de colaboração foram plurais e se diferenciaram em toda a Europa. Dependiam das condições locais, das estratégias de guerra, das crenças, das culturas políticas nacionais, da opinião pública e de movimentos sociais. Na Europa Central – assim como em todo o continente –, as atitudes de colaboração também podem ser observadas em sua complexidade e partiram tanto dos Estados como de movimentos e grupos políticos diversos, bem como de comportamentos individuais. Remetiam, todos, a projetos políticos anteriores à eclosão da guerra, a tradições e sentimentos enraizados, que a ascensão de Hitler e o contexto do conflito pareciam dar vazão e ajudaram, em certa medida, na construção de uma Europa nazista.

Mas, assim como a colaboração foi plural, também foram as formas de resistência. Grupos e atitudes comprometidos com a luta antifascista existiram desde os momentos iniciais do conflito, mas se tornaram mais fortes e disseminados após 1942, no contexto da virada da guerra, quando os nazistas começaram a sofrer os primeiros reveses.

138 *Europa Central*

A Polônia constitui, talvez, o caso mais emblemático, onde grupos de resistência passaram a atuar desde os primeiros momentos. Isso se deveu não apenas ao fato de o país ter sido atacado com expressiva violência logo no começo da guerra, mas também em função de uma longa e relativamente enraizada tradição de lutas e resistência à ocupação estrangeira.

Entre 1942 e 1944, à medida que a derrota alemã parecia tornar-se cada vez mais provável, aumentou também o desejo e as possibilidades de resistência. Em contrapartida, não se deve menosprezar os riscos que as ações e os grupos de resistência corriam, mesmo nesse momento. Com as dificuldades e as derrotas se acumulando para os países do Eixo, a frequência das prisões em massa e a dureza da repressão cresceram. Foi o que ocorreu, por exemplo, com a cidade de Lídice, próxima a Praga, destruída pelos nazistas em represália ao assassinato, pela resistência tcheca, de Reinhard Heydrich, vice-protetor da Boêmia-Morávia.

O MASSACRE DE LÍDICE

Em 1942, Reinhard Heydrich, vice-protetor da Boêmia e da Morávia e vice-chefe da Gestapo, foi assassinado nos subúrbios de Praga por dois tchecos. Poucos dias depois, em represália, a cidade de Lídice, localizada há poucos quilômetros de Praga, foi dizimada. Os nazistas fuzilaram toda a população masculina do vilarejo, enquanto as mulheres foram enviadas para o campo de concentração de Ravensbrück, no qual poucas sobreviveram. Das 105 crianças de Lídice, 82 foram assassinadas no campo de extermínio de Chełmno, 6 morreram nos orfanatos alemães e apenas 17 voltaram para casa. Todos os animais – de estimação e de carga – foram sacrificados. Nem mesmo os mortos, enterrados no cemitério da cidade, foram poupados: seus despojos foram desenterrados e queimados. A cidade foi inteiramente incendiada e terraplanada. A carnificina teve por objetivo punir a cidade, acusada de esconder suspeitos pelo assassinato de Heydrich, eliminando-a do mapa. Todo o processo de destruição do lugarejo e de sua comunidade foi documentado pelos nazistas em detalhe, para tornar Lídice um exemplo do que poderia acontecer a quem os desafiasse.

O Massacre de Lídice geraria grande repercussão internacional, desencadeando campanhas pela reconstrução da cidade e homenagens em diversas partes do mundo.

Monumento em homenagem às crianças deportadas.
Memorial de Lídice, República Tcheca.

Um dos mais fortes movimentos de resistência ao nazismo na Europa veio da Iugoslávia. A violência e a repressão intensas que marcaram a atuação da Ustaše, bem como a sangrenta perseguição aos sérvios e a outras minorias étnicas, ajudaram, em certa medida, a alimentar sentimentos antialemães e anti-Eixo, ao mesmo tempo que fortaleceram o movimento de resistência dos combatentes comunistas, chamados de *partisans* que, afinal, venceriam os nazistas e seus colaboradores na Iugoslávia.

Liderado por Josip Broz Tito, o movimento guerrilheiro comunista, disciplinado e bastante hierarquizado, tornou-se, aos poucos, popular, na medida em que estava aberto a todas as nacionalidades e classes – trabalhadores, camponeses e intelectuais, além de incluir muitas mulheres em suas operações. Ao mesmo tempo, a liderança de Tito ajudou a fortalecer, nos anos finais da guerra, a ideia de que os comunistas não apenas tinham um projeto de futuro viável para a Iugoslávia, como também seriam capazes de unir as diferentes etnias que compunham o país.

Ao longo da guerra, as formas, as atitudes e os movimentos de resistência foram crescendo. Em diversos países da Europa Central, frentes antifascistas se formaram, com maior ou menor sucesso. Atuaram, muitas vezes, como importantes agentes de libertação nacional e sobreviveram ao fim do conflito, desempenhando papéis relevantes nos difíceis processos de saída da guerra.

O HOLOCAUSTO NA EUROPA CENTRAL

A história do antissemitismo na Europa Central, como de resto em todo o Velho Continente, é antiga e data, pode-se dizer, do início da era cristã. Por isso mesmo, as formas de expressão e as referências ideológicas, embora possam ter uma base comum, variaram conforme o tempo e as sociedades.

No início do século XX, o antissemitismo adquiriu características específicas, sobretudo após o fim da Grande Guerra, quando foi muito influenciado pela emergência de um tipo de nacionalismo agressivo, bélico e, no caso dos países derrotados, marcado por forte ressentimento. Além disso, de acordo com Saul Friedländer, as manifestações do antissemitismo na Europa, entre fins do século XIX e 1945, são parte constituinte de uma história mais ampla: a da crise do liberalismo. Para o historiador, nessa época, a sociedade liberal foi questionada e atacada, por um lado, pela esquerda bolchevique e, por outro, por uma direita revolucionária, fortemente anticomunista e antiliberal, que se tornaria fascista, na Itália e em outras partes do mundo, e nazista, na Alemanha.

Nessa perspectiva, os judeus passaram a ser com frequência identificados ao liberalismo e ao comunismo, encarnando, para as direitas revolucionárias, as concepções de mundo que combatiam. O contexto de ressentimento nacional e a grave crise que se seguiu a 1918 tornaram tais questões particularmente sensíveis na Alemanha. Ali, onde a comunidade judaica estava longe de ser uma das mais numerosas da Europa e na qual o processo de integração dos judeus havia avançado muito no século XIX, sobretudo após a Unificação em 1871, vários autores demarcam a importância do contexto da crise dos anos 1920 para compreender a emergência de um tipo de antissemitismo particularmente agressivo. Não obstante, enfatizam também a importância que o crescimento do nazismo, a posterior ascensão ao poder em 1933, bem como a liderança pessoal de Adolf Hitler e a maneira muito específica de antissemitismo que defendia tiveram nas formas violentas que o preconceito adquiriu na Alemanha nesse período, culminando na opção pelo extermínio.

O componente racista, fundamental na ideologia nazista, não visava, porém, apenas aos judeus. Incluía igualmente eslavos, romanis, testemunhas de Jeová, homossexuais, doentes mentais, tidos como ameaças ao *Volk* alemão. Apenas os judeus, no entanto, foram considerados um mal "letal e atuante" que, desde seu aparecimento na história, "tramavam para subjugar a humanidade".

Seja como for, antiliberalismo e anticomunismo constituíram amálgamas ideológicos fundamentais para as formas de expressão do antissemitismo na primeira metade do século XX. Levados ao extremo no caso alemão, encontraram terreno fértil em toda a Europa, em particular no centro e leste do continente, e foram se tornando cada vez mais virulentos.

A vasta historiografia sobre o Holocausto, em muitos momentos, concentrou-se na Alemanha: o lugar dos judeus e do antissemitismo na ideologia nazista; a escalada das medidas segregacionistas; a opção pela Solução Final e as formas a partir das quais fora colocada em prática. A própria necessidade de responder à questão fundamental sobre *como o crime foi possível* colocava, de certo modo, a Alemanha no centro do debate, uma vez que essa tarefa implicava tentar compreender também *por que na Alemanha*. Trata-se, portanto, de opção legítima e que trouxe importantes contribuições teóricas e metodológicas.

Não obstante, abordagens que ultrapassam os limites alemães, considerando o evento ao mesmo tempo a partir de uma análise comparativa europeia e em âmbito regional, oferecem perspectivas interessantes. A rigor, uma melhor compreensão da extensão e da rapidez com que o extermínio foi colocado em prática passa pela ampliação do olhar e da pesquisa para além dos centros de comando alemães.

Isso porque, em cada região ocupada, a execução das políticas nazistas dependeu, em maior ou menor medida, das autoridades e das forças policiais locais, bem como da ajuda ou, no limite, da passividade das respectivas sociedades. Assim, as deportações e o Holocausto em si foram, sem dúvida, resultado da iniciativa alemã. Eram alemães que dirigiam o processo, fixavam as grandes diretivas e controlavam, em linhas gerais, a burocracia do extermínio. Mas diferentes forças nacionais assumiram importância na execução do trabalho. Foram também os alemães que desenvolveram a tecnologia necessária para viabilizar o genocídio. A responsabilidade do regime hitlerista é, sob esse aspecto, inquestionável. No entanto, o genocídio não poderia ter sido realizado só por aqueles que o iniciaram. É nesse sentido que o historiador Götz Aly propõe uma reflexão que considere a responsabilidade alemã em um contexto de colaboração europeia.

Nessa perspectiva, lançar olhares para as formas de execução locais das diretrizes de extermínio ou para as interações das populações em diversas partes do continente com tais políticas tem aberto novos horizontes. Abordagens regionais ou locais do Holocausto, nesse sentido, permitem observar como os diversos Estados europeus se utilizaram das políticas de extermínio nazistas para lidar com questões étnicas que envolviam os próprios processos de construção nacional, em particular na Europa Central. Permitem compreender como a política de extermínio de judeus se inter-relacionava com outras limpezas étnicas: de sérvios na Croácia; de mulçumanos na Sérvia; de rutenos na Hungria; de ciganos na Romênia, dentre outros. Possibilitam, ao mesmo tempo, confrontar versões oficiais que apareceram com muita frequência após o fim da guerra e que eximiam os Estados nacionais de qualquer responsabilidade sobre o Holocausto, atribuindo-o inteira e exclusivamente os alemães.

Em particular, no caso da Europa Central, uma abordagem que examine as políticas locais e nacionais em conjunto com as orientações vindas de Berlim, em uma análise ao mesmo tempo macro e micro-histórica, ajuda a entender as longas e enraizadas tradições de antissemitismo na região, bem como o funcionamento da engrenagem de destruição em um dos principais palcos do Holocausto.

Entre o início do século XIX e 1914, mais de 2 milhões de judeus da Europa Central emigraram para a América, em levas cada vez mais numerosas. Diferentemente de outros emigrantes que, no mesmo período, deixavam o Velho Continente em busca de segurança e de uma vida melhor, retornar à Europa não era percebido como uma opção clara para os judeus. Para esse grupo, não se tratava apenas da busca por perspectivas melhores em um novo país, mas também de fugir das constantes e cada vez mais frequentes perseguições coletivas.

Ao longo dos anos 1920 e 1930, para além da Alemanha nazista, muitos Estados na região adotaram políticas que restringiam a cidadania aos judeus. Na Hungria, já em 1920, a Assembleia Nacional aprovou a Lei XXV/1920. Conhecida como a primeira lei antissemita da Europa no pós-Primeira Guerra, tinha como objetivo reduzir o que se considerava a superlotação das universidades húngaras após o Tratado de Trianon. Para isso, vinculava as matrículas à proporção de "raças" e "nacionalidades" da população em geral. A lei afetou de modo intenso os estudantes judeus, que foram alvo de violência física praticada por organizações estudantis de extrema direita, e levou muitos acadêmicos judeus a abandonarem o país para dar continuidade aos estudos. Na década de 1930, sobretudo após a aproximação da Hungria com a ditadura nazista, leis antissemitas continuaram sendo implementadas.

Na Polônia, no verão de 1938, o governo emitiu normas que retiravam a cidadania polonesa dos judeus que viviam no exterior há

144 *Europa Central*

mais de cinco anos. Em resposta, no final de outubro, a polícia nazista prendeu 17 mil judeus poloneses residentes na Alemanha, levou-os até a fronteira polonesa e os forçou a atravessar. Não obstante, a nova legislação era clara: para Varsóvia, o grupo não era bem-vindo, na medida em que seus integrantes haviam perdido a condição de poloneses e eram, portanto, "apenas judeus". Durante dias, as patrulhas polonesas e as alemãs conduziram os deportados de um lado para o outro da fronteira, até que eles foram colocados em campos para refugiados construídos às pressas e vigiados de perto no lado polonês. O maior campo, com espaço para mais de 8 mil homens, mulheres e crianças, foi construído perto de Zbąszyń e permaneceu em operação até o verão de 1939.

* * *

A Polônia possuía uma das maiores populações de judeus da Europa. Quando os nazistas ocuparam o país, trataram de resolver o "problema judaico" com muita agilidade e aprofundaram, de forma drástica, a legislação antissemita que vinha sendo, lentamente, implementada pelo governo polonês. A rigor, foram necessárias algumas poucas semanas para que autoridades começassem a executar por lá políticas de segregação que haviam levado alguns anos para serem postas em prática na Alemanha. Apenas dois meses após o começo da invasão, em novembro de 1939, os judeus passaram a ser obrigados a se autoidentificarem através das "estrelas de Davi" fixadas em braçadeiras.

Em seguida, áreas inteiras de inúmeras cidades foram isoladas – às vezes com tijolos, às vezes com arames farpados –, para confinamento da população judaica e de onde os judeus não poderiam sair. Estes *guetos* foram rapidamente transformados em lugares de morte, em função das condições insalubres, da ausência de assistência médica, do racionamento de alimentos e do recrutamento para brigadas de trabalho forçado. A superlotação também era um problema grave. Em Varsóvia, cerca de 338 mil judeus – o equivalente, na época, a quase um terço da população da cidade – viviam em um espaço que equivalia a 2,4% do território da cidade.

De modo geral, a política com relação aos judeus na Europa entrou em uma nova fase já no verão de 1941. Isso porque o ataque à União Soviética era considerado uma guerra de aniquilação, com o objetivo de destruir o "bolchevismo judaico". A partir de então, os propósitos de extermínio tornaram-se mais evidentes. Assim, à medida que as tropas avançavam em direção ao leste, acompanhando o exército regular havia esquadrões de extermínio móveis da SS, os Einsatzgruppen, compostos por cerca de 3 mil homens que, entre 1941 e 1944, assassinaram mais de 2 milhões de judeus que viviam em territórios soviéticos através de operações de fuzilamento em massa, chamadas de "ações de limpeza".

Os Einsatzgruppen tinham ordens explícitas para não intervirem caso os próprios habitantes locais se voltassem contra os judeus. Foi exatamente o que aconteceu quando as forças alemãs entraram em Kaunas, na Lituânia, em junho de 1944. Sob ocupação soviética desde 1940, muitos lituanos receberam os alemães como libertadores. Um dia após a chegada dos nazistas a Kaunas, a população local voltou-se contra os judeus numa série de assassinatos no centro da cidade. Ali, um grupo de civis armados obrigou 45 judeus a irem para o pátio frontal de uma oficina e fuzilou um de cada vez, repetindo, em todos os casos, o mesmo procedimento. O morticínio ocorreu diante de um grupo grande de moradores da cidade e de integrantes das Forças Armadas alemãs. Todos, incluindo mulheres e crianças presentes, aplaudiram o ritual a cada judeu assassinado.

Houve diversos outros casos de envolvimento das populações locais em ações de extermínio. Em Jedwabne, no nordeste da Polônia, os habitantes da cidade levaram a cabo o assassinato de todos os judeus da pequena localidade, sem supervisão alemã. É difícil imaginar que tal ação tivesse ocorrido da forma como se passou fora do contexto mais amplo das políticas de segregação e extermínio dos judeus, conforme pensadas e executadas pelos nazistas. Não obstante, nas últimas décadas, estudos como os de Jan Gross – que teve enorme impacto não apenas na academia, mas também no debate político da Polônia no início do século XXI – demonstraram a participação ativa de poloneses no evento. Após um *pogrom* que durou todo o dia 10 de julho de 1941, os habitantes de Jedwabne trancaram os judeus em um celeiro e os incendiaram vivos. Ao todo, mais de mil judeus perderam as vidas.

No início de 1942, as operações de extermínio da SS e de colaboradores locais, em um território que se estendia desde os países bálticos até a Romênia, haviam custado a vida de pelo menos meio milhão de judeus.

Já no fim de 1941, Hitler teria ordenado a implementação imediata do extermínio da população judaica da Europa. Em janeiro de 1942, a alta cúpula do regime reuniu-se em um casarão situado nos arredores de Berlim, próximo ao lago Wannsee, onde foi definida a Solução Final para a questão judaica na Europa. Na Conferência de Wannsee, fixou-se como o extermínio em massa de toda a população judaica do continente seria realizado. Para tanto, foi determinado que regiões seriam priorizadas e como o transporte de populações inteiras seria realizado.

Esquemas industriais e complexos de transportes foram organizados, a fim de capturar os judeus do continente e encaminhá-los aos campos. Adolf Eichmann tornou-se o responsável pela logística das deportações e, na maioria dos países ocupados, precisou contar com o apoio das autoridades locais para que os transportes fossem realizados. Em Wannsee, Heydrich definiu a privação de direitos, a expropriação e o isolamento social dos judeus pelos governos nacionais como condições prévias "essenciais" que facilitariam a execução da Solução Final. Também detalhou o que os nazistas deveriam esperar em termos de colaboração nacional: "Na Eslováquia e na Croácia, o assunto não será tão difícil, porque as questões centrais já foram resolvidas. Na Romênia, também, o governo já nomeou um comissário para assuntos judaicos". Aliás, na Romênia, o ditador Ion Antonescu estava disposto a aproveitar o "momento favorável" que o domínio nazista na Europa parecia trazer. Sobre os judeus do país, Antonescu declarou: "A Romênia precisa ser libertada de toda essa colônia de sanguessugas que drenaram a essência da vida do povo [...]. A situação internacional é favorável e não podemos nos dar ao luxo de perder o momento".

As expectativas também eram positivas quanto aos países então sob a ocupação soviética: Heydrich se referiu à experiência bem-sucedida das tropas alemãs que já haviam trabalhado com a assistência de romenos, ucranianos, letões e lituanos para assassinar 800 mil judeus.

Os *campos* adquiriram lugar fundamental na estrutura da Solução Final. Os primeiros campos de prisioneiros apareceram na Alemanha imediatamente após a ascensão dos nazistas ao poder. A princípio, eram lugares temporários e resultados de iniciativas locais e não de um projeto conduzido de modo centralizado. A ideia era manter preventivamente os inimigos políticos afastados no momento da nomeação de Hitler. Os nazistas diziam tratar-se de alternativa visando acalmar os ânimos da população nacional, que se sentia ameaçada por uma hipotética Revolução Bolchevique. Sob esse aspecto, outra justificativa inicial residia no fato de que se tratava de "campos de concentração para marxistas", como noticiava a imprensa alemã da época.

De acordo com alguns historiadores, durante um bom tempo, a opinião dominante na sociedade alemã considerava adequado que os inimigos do Estado fossem confinados em campos de concentração. Com o tempo, as iniciativas foram se expandindo: Dachau, Bunchenwald, Württemberg, Oranienburg, Heuberg e tantas outras cidades receberam nos seus entornos campos de concentração. Dachau, o primeiro campo de concentração estabelecido ainda em 1933, foi saudado pela imprensa como um "ponto de virada econômica" ou uma nova "esperança para o mundo empresarial" da cidade.

Com o passar dos anos, o sistema de campos de concentração foi se aperfeiçoando. À medida também que a noção do "inimigo público" se ampliava, os tipos de prisioneiros também se diversificavam. E quando os nazistas começaram a guerra, não só o terror – contra judeus e não judeus – nos campos já existentes aumentou, como também o complexo de campos se ampliou e se sofisticou, em todo o continente, mas teve particular importância nos territórios ocupados do Leste.

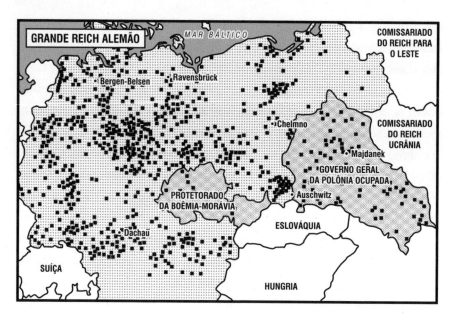

Principais campos nazistas na Grande Alemanha, 1944.
Os quadrados representam parte dos campos, mas, em razão da escala do mapa, nem todos puderam ser assinalados ou nomeados.

No aparato nazista, existiram dois tipos de campos: os *campos de concentração* e os *de extermínio*. Os primeiros recebiam e faziam a triagem dos prisioneiros. Eram os casos dos campos alemães de Dachau, Ravensbrück – que abrigava apenas mulheres – e o de Theresienstadt, no Protetorado da Boêmia-Morávia.

Em 1942, Theresienstadt foi anunciado pelos nazistas como um "campo modelo", uma espécie de "lar de idosos para judeus do Reich", que receberia judeus com mais de 65 anos de idade e veteranos de guerra incapacitados. Mais tarde, outras pessoas passaram a ser enviadas para lá também: acadêmicos, filósofos, cientistas, artistas plásticos, músicos. Em suma, judeus conhecidos, cujo desaparecimento em campos de extermínio poderia causar problemas internacionais para os nazistas. De todo modo, a presença de uma vasta intelectualidade judaica contribuiu para que houvesse certa vida cultural no campo e para disseminar a ideia de um "campo modelo". Aos poucos, no entanto, Theresienstadt – Terezín, em tcheco – transformou-se em um ponto de passagem até os campos de extermínio. Construído para abrigar cerca de 7 mil pessoas, o campo chegou a acomodar mais de 50 mil, e os prisioneiros sofriam com alojamentos e fornecimento de água inadequados, escassez de comida e medicamentos. A superlotação, a falta de higiene, a fome, o trabalho pesado e as doenças infecciosas fizeram com que a taxa de mortalidade aumentasse. Em setembro de 1942, a média diária de mortes era de 131 pessoas.

Não obstante, os alemães procuraram manter um controle rígido sobre a percepção internacional das atividades em Terezín, utilizando-o como instrumento de propaganda e divulgando para o mundo sua "rica vida cultural".

Em outubro de 1943, os destinos desse campo mudaram quando os nazistas tentaram reunir os judeus da Dinamarca e enviá-los para campos de concentração e extermínio. Cerca de 450 foram capturados e enviados para Theresienstadt. Diante da pressão do governo dinamarquês para que pudesse visitá-los, o tenente-coronel da SS, Adolf Eichmann, organizador da deportação dos judeus europeus, concordou que representantes da Cruz Vermelha dinamarquesa e internacional poderiam visitar o campo, mas não antes da primavera de 1944.

Para preparar o campo para a visita, a SS realizou um grande programa de "embelezamento da cidade", ordenando que os prisioneiros judeus pintassem as fachadas das casas, limpassem as ruas, cavassem canteiros de flores, construíssem um *playground* para as crianças no parque e um pavilhão de música na praça, decorassem as vitrines das lojas, reformassem o café e o banco do gueto, e transformassem o antigo ginásio Sokolovna em um centro comunitário, com palco, salão de orações, biblioteca e varandas. O projeto de embelezamento durou meses. Para fazer com que o gueto parecesse menos lotado, 7.500 judeus foram enviados para Auschwitz.

Em junho de 1944, os nazistas finalmente autorizaram a inspeção internacional em Theresienstadt, que foi muito positiva para o Reich: os inspetores da Cruz Vermelha Internacional ficaram bem impressionados com o que viram e escreveram relatórios favoráveis. Sobretudo, a partir de então, desistiram de visitar outros campos construídos no

Leste. Desde 1940, mais de 150 mil judeus foram enviados para o "campo modelo" de Theresienstadt, dentre os quais, 15 mil crianças. Destas, apenas 150 sobreviveriam.

Os *campos de extermínio* tinham como função básica a realização do genocídio. Na primavera de 1940, começaram os preparativos para abrir, em solo polonês, o campo mais conhecido de todo o sistema nazista: Auschwitz se tornou o cenário do maior morticínio em massa da história da humanidade. Inicialmente, as ordens eram para que se construísse uma versão ampliada de Dachau. Os planos mudaram, no entanto, com a organização e a implementação da Solução Final.

Além de Auschwitz, Chełmno, Bełżec, Majdanek, Treblinka e Sobibor – onde uma das mais espetaculares fugas de prisioneiros ocorreu – formaram o conjunto de campos de extermínio, todos localizados na Polônia. Nesses lugares, a barbárie foi experimentada em suas formas mais cruéis e o terror executado sem limites. Só em Auschwitz, mais de 1 milhão de judeus perderam suas vidas.

Cerca de 6 milhões de judeus foram assassinados em toda a Europa, grande parte deles no centro e leste do continente. Aos poucos, à medida que os campos foram sendo libertados pelos Aliados, o mundo tomou conhecimento dos horrores das políticas de extermínio nazistas.

O primeiro campo a ser liberado foi o de Majdanek, ainda no verão de 1944, quando as forças soviéticas avançaram. Em janeiro de 1945, foi a vez de Auschwitz. Nas semanas que antecederam a chegada das unidades soviéticas, a equipe do campo forçou a maioria dos prisioneiros de Auschwitz a longas caminhadas em direção a oeste, no que se tornaria conhecido como "marchas da morte", dado que muitos prisioneiros, enfraquecidos pelo período de vida no campo, não sobreviviam às marchas, realizadas em condições muito difíceis. Quando entraram em Auschwitz, os soldados soviéticos encontraram mais de 6 mil prisioneiros em péssimas condições e muitas evidências dos assassinatos em massa.

Finda a guerra, a Europa precisaria não apenas se reerguer – política, econômica, social e moralmente –, mas também acertar contas com o passado recente. Tratou-se de um processo difícil e tortuoso – em muitos casos, ainda em aberto –, permeado por uma obsessão pela memória e, ao mesmo tempo, pelo desejo de esquecer e silenciar o horror.

Sobre a memória do Holocausto, o escritor húngaro de origem judaica Imre Kertész, sobrevivente de Auschwitz, escreveu:

> Agora só temos de pensar para onde vamos a partir daqui. O problema de Auschwitz não é se devemos cercá-lo com um cordão de isolamento, como se diz; se devemos preservar sua memória ou atirá-la na devida gaveta da história [...]. O problema de Auschwitz é que aconteceu, e isso não pode ser modificado, nem mesmo com a melhor ou a pior das intenções.

Em maio de 1944, após a ocupação da Hungria pela Alemanha nazista, cerca de 440 mil judeus húngaros foram deportados. A imagem retrata a chegada de judeus húngaros em Auschwitz-Birkenau, onde a maior parte foi enviada às câmaras de gás. Os prisioneiros do campo aparecem vestindo uniformes listrados.

A Europa Central em tempos de Guerra Fria

S*tunde Null*, "hora zero". É assim que os alemães se referiam ao ano de 1945, atribuindo a expressão ao momento do fim da Guerra e da derrota do nazismo, uma intenção de recomeço. Zerados os relógios e os cronômetros, a vida poderia começar outra vez, como uma tela em branco, do *zero*.

A história, porém, não conhece *hora zero*. Ao contrário, longe de recomeços, o fim da guerra significou a disseminação de mágoas e insatisfações, muitas das quais permanecem ainda no século XXI. O processo de transição da guerra para a paz foi, outra vez, difícil e doloroso. A Europa estava devastada em proporções ainda mais catastróficas do que em 1918, e a longa reconstrução do continente implicava lidar com os efeitos da destruição, dos bombardeios, das mortes, com Auschwitz.

Nesse sentido, a ideia de 1945 como *Stunde Null* relacionava-se, antes, às perspectivas – muito comuns naquele contexto – de tentar esquecer o passado, seguir em frente e virar a página dos horrores da guerra, do nazismo e da colaboração. O imaginário sobre 1945 como *hora zero*, como o momento em que a paz, afinal, voltou a prevalecer no continente, consolidou-se de maneira efetiva nos anos 1950, em particular na Alemanha e na Europa Ocidental. Isso porque, a partir daí, esses países se beneficiariam de forma intensa dos investimentos e dos capitais do Plano Marshall, em um continente já dividido pela Guerra Fria.

A Alemanha Ocidental, em específico, conheceu um crescimento econômico sem precedentes, o chamado "milagre alemão". Porém, de maneira geral, toda a Europa Ocidental viveu, a partir da década de 1950 e até meados de 1970, um impressionante processo de reconstrução física e econômica, bem como de criação de mecanismos de colaboração internacional entre os Estados, que perdurariam e ajudariam a refazer a Europa a partir de dois pilares essenciais: a paz e a democracia liberal. Tratava-se de seguir em frente e afirmar uma autoimagem baseada nesses dois elementos, assim como na inesperada e acelerada recuperação de um continente que parecia, como uma Fênix, renascer das cinzas.

A realidade, no entanto, apresentava-se mais complexa, dura e cruel. Sobretudo se consideramos os primeiros anos após o fim da guerra e a parte leste do continente, para a qual não houve Plano Marshall e o convívio com a destruição, a morte, a miséria e os campos de extermínio havia sido muito mais intenso.

A capitulação incondicional da Alemanha, em maio de 1945, que colocou fim à guerra na Europa – os combates prosseguiriam até agosto no Pacífico –, não significou o fim das animosidades e das violências. Pelo contrário, a vida na Europa entre 1945 e 1949 continuou, em grande medida, determinada pela guerra e por suas consequências. Cada país experimentou o processo de transição para a paz de maneira distinta. Em muitos lugares, o fim do conflito foi seguido por "limpezas étnicas", guerras civis e vinganças de todo tipo. Mais uma vez, podia-se vislumbrar como a guerra continuava à sombra da paz.

O nível de destruição física do continente superava em muito o ocorrido após o fim da Grande Guerra, e as perdas humanas eram cerca de quatro vezes maiores. Vários regimes políticos e governos de ocupação colapsaram, seus líderes fugiram, optaram pela clandestinidade ou acabaram presos e julgados. A rede ferroviária europeia, símbolo do progresso no século anterior, fora destruída. Pontes e estradas sofreram com os intensos bombardeios, e a escassez de alimentos e carvão tornou o primeiro inverno pós-guerra particularmente difícil.

Em todo o continente, estima-se que o número de pessoas mortas por consequência direta da Segunda Guerra Mundial fique entre 35 e 40 milhões, sem contar aquelas resultantes de doenças e fome causadas indiretamente pelo conflito. Assim como na Grande Guerra, os números são piores quanto mais a leste: a Hungria perdeu o equivalente a 5% de sua população, a Iugoslávia, 6,3%. As mortes nos 3 países bálticos figuram em torno de 8% a 9% da população da região de antes da guerra. O maior número absoluto de mortes ocorreu na União Soviética: aproximadamente 27 milhões de pessoas, incluindo as populações da Ucrânia e da Bielo-Rússia. Proporcionalmente, no entanto, nenhum país sofreu como a Polônia: mais de 1 em cada 6 poloneses foi morto, perfazendo um total de mais de 6 milhões.

Na Europa Central, portanto, "sair da guerra" foi um processo especialmente doloroso, marcado pelo terrível espetáculo vivido durante anos por miséria, mortes, fome, frio, além da permanência e da ressignificação de ódios étnicos, religiosos, nacionais e políticos que a guerra elevara à máxima potência.

Em *A trégua*, Primo Levi – escritor italiano e sobrevivente de Auschwitz – narra o longo e tortuoso caminho de volta para casa após o fim da guerra. O livro de Levi testemunha a vida em uma Europa destruída, o convívio cotidiano com a morte e a devastação. Após a libertação de Auschwitz, o autor conta sobre o momento em que ele e seu companheiro de viagem, Davi, chegaram à cidade de Katowice, na Polônia:

> Entramos em Katowice alegres como estudantes em férias, mas o nosso humor despreocupado contrastava a cada passo com o cenário em que nos movíamos. A cada passo topávamos com os vestígios da impressionante tragédia, que nos tocara e miraculosamente nos poupara. [...] Por toda a parte ruínas, esqueletos de cimento, traves de madeira carbonizadas, barracões de zinco, gente em farrapos, de aspecto selvagem e famélico.

Esse não era um cenário incomum em grande parte das cidades que enfrentaram os pesados bombardeios – nazistas e, depois, aliados. No fim da guerra, o romancista alemão Alfred Döblin voltou à sua terra natal e se surpreendeu ao encontrar cidades "das quais restam pouco mais que o nome". O mesmo pode ser dito de tantas outras localidades na Polônia, na Hungria, na Romênia, na Lituânia. Em 1945, o jornal *The New York Times* afirmava que a Europa estava "em uma condição que nenhum americano pode esperar compreender".

Soma-se a isso um déficit habitacional como jamais visto. Na parte mais ocidental da União Soviética, 25 milhões de pessoas haviam perdido suas casas. Na Alemanha, cerca de 40% das unidades habitacionais existentes antes da guerra tinham desaparecido. Acrescente-se ao número de pessoas que perderam suas residências os outros milhões de antigos trabalhadores forçados, refugiados ou prisioneiros de guerras que também agora não tinham onde morar. Enfim, em 1945, em todo o continente, mais de 50 milhões de pessoas estavam desabrigadas.

Na Europa Central, a paz parecia ainda mais frágil. Na Ucrânia e nos Estados bálticos, *partisans* nacionalistas continuariam combatendo tropas soviéticas por anos, em alguns casos, avançando pelo início da década de 1950.

Na Iugoslávia, o processo de reconstrução passava, ao mesmo tempo, pelas tentativas de reunificação do país – cada vez mais difíceis, dadas as condições da guerra, que exacerbou ódios e divisões étnicas, religiosas e nacionais –, bem como pela consolidação de um novo governo. À medida que os comunistas, vitoriosos contra as potências do Eixo, pavimentavam o caminho para o poder por todo o país, processos de resistência se desencadearam e grupos insurgentes armados continuaram lutando, recusando-se a depor armas ou a aceitar a vitória dos *partisans* chefiados pelos comunistas iugoslavos. Em 1946, o conflito armado havia se disseminado, mas na Eslovênia e na Croácia, onde a presença fascista fora significativa durante os anos da guerra, adquiriu um caráter específico: formaram-se grupos conhecidos como *Cruzados*, que incorporaram estruturas militares e institucionais dos tempos de guerra e as empregaram em uma guerrilha contra os comunistas. Embora se dissessem "defensores da democracia e da liberdade religiosa", muitos "cruzados" haviam tido importante militância fascista no passado, reunindo, inclusive, antigos membros da Ustaše.

Processo similar ocorreu na Albânia. Ali, após a vitória da resistência comunista sobre os fascistas italianos e depois contra os nazistas, liderada por Enver Hoxha, seguiu-se uma guerra civil entre os diversos grupos de resistência armada do país, que culminou na vitória dos comunistas e na ascensão de Hoxha ao poder.

Na Polônia, o Exército da Pátria, um dos principais grupos de resistência do país durante a guerra, deixou oficialmente de existir em janeiro de 1945, após ser massacrado no episódio do Levante de Varsóvia, em 1944. Não obstante, células do movimento continuaram atuando na clandestinidade, leais ao governo polonês no exílio, em detrimento do estabelecimento, já em junho de 1945, de um governo provisório fiel aos soviéticos.

O EXÉRCITO DA PÁTRIA E O LEVANTE DE VARSÓVIA

O Exército da Pátria (Armia Krajowa) foi formado em 1942 e se constituiu na principal força de resistência armada à ocupação nazista da Polônia. Ligado ao governo polonês no exílio, o Armia Krajowa tornou-se o maior exército clandestino organizado na Europa para combater as forças de ocupação alemãs. Em 1944, o número de resistentes chegou a mais de 350 mil soldados, incluindo cerca de 10 mil oficiais e cerca de 35 a 40 mil voluntários lutando em unidades florestais. No verão de 1944, prevendo a libertação de Varsóvia pelo Exército soviético, que se aproximava, os líderes do Armia Krajowa ordenaram que unidades clandestinas se levantassem e reafirmassem a soberania polonesa contra os ocupantes alemães. A ideia era que a tomada da cidade coincidisse com a chegada dos soviéticos. No entanto, após intensa campanha na Ucrânia, o Exército soviético suspendeu os avanços do outro lado do Vístula, nos distritos do leste de Varsóvia, onde permaneceu parado, enquanto a Wehrmacht se reagrupava e esmagava a insurgência. As unidades alemãs massacraram cerca de 30 mil a 40 mil habitantes de Varsóvia nos primeiros dias de agosto. Ao final dos embates, um oficial alemão reclamou que havia mais homens, mulheres e crianças cativos do que balas para matá-los. Os combatentes do Armia Krajowa perderam terreno sucessivamente, mas não se renderam até 1º de outubro. Cerca de 200 mil poloneses morreram no Levante de Varsóvia, a maioria civis. Mais de 85% da cidade ficou em ruínas.

Entre 1944 e 1947, os governos da Europa Central expulsaram e expropriaram cerca de 10 milhões de alemães que viviam na região. As populações evacuadas apenas podiam levar consigo o que eram capazes de carregar, em geral, com um limite máximo de 40 quilos por pessoa. A maioria esmagadora vivia na Tchecoslováquia e nos antigos territórios alemães concedidos à Polônia, mas a Hungria e a Iugoslávia também expulsaram de seus territórios pessoas de etnia alemã. Famílias inteiras foram obrigadas a assumir a responsabilidade pelos crimes do Estado alemão e ninguém foi poupado, nem mesmo os poucos judeus tchecos sobreviventes que haviam optado pela nacionalidade alemã antes da guerra.

Na Polônia, comunistas e não comunistas concordavam em um aspecto: os alemães étnicos deveriam perder a cidadania e o direito de permanecer em território polonês. A restrição atingiu, inclusive, descendentes de alemães que viviam há gerações no país. Em 1º de agosto de 1944, mesmo dia em que eclodiu o Levante de Varsóvia, o novo governo polonês, estabelecido na cidade de Lublin pela União Soviética, esclareceu quem seria contemplado pelas novas regras: aqueles que falavam alemão em casa, cultivavam hábitos alemães ou criavam seus filhos com "espírito alemão" perderiam a cidadania polonesa. Em 1946, o novo Estado constituído retirou a cidadania daqueles que "após completarem 18 anos de idade demonstraram identidade nacional alemã por meio de seu comportamento".

Entretanto, em nenhum lugar o processo de expulsão dos alemães alcançou a proporção do que houve na Tchecoslováquia. Quando a guerra chegou ao fim, em maio de 1945, os termos da ocupação alemã das terras tchecas também terminaram: o Protetorado da Boêmia-Morávia deixou de existir; a região dos Sudetos, anexada ao Reich, e a Eslováquia – transformada em país independente, satélite da Alemanha nazista – foram reincorporadas ao Estado tchecoslovaco, então, restabelecido. Nesse contexto, os sentimentos antialemães – de modo algum estranhos às populações do país – alcançaram novas dimensões.

Já na primavera de 1945, o governo tchecoslovaco no exílio implementou um programa de "limpeza nacional", cujo objetivo era corrigir os erros do passado e impedir que se repetissem no futuro. O próprio presidente Edvard Beneš declarou no fim do ano que, embora o país precisasse se abrir para mudanças nas estruturas sociais e econômicas, primeiro era preciso acertar as contas com o passado, e os objetivos principais da nova república deveriam incluir a "punição pelos erros do regime anterior". Ao relacionar as mudanças pelas quais a Segunda República Tchecoslovaca deveria passar aos imperativos de uma justiça retributiva, Beneš fazia eco aos sentimentos de

160 *Europa Central*

lideranças políticas ao redor da Europa, então empenhadas em julgar nazistas, criminosos de guerra e colaboradores.

Assim, a justiça retributiva tcheca do pós-guerra abrangeu as instituições e os processos resultantes de três decretos presidenciais, que passariam à história como "Decretos Beneš": o Grande Decreto (n. 16/1945), que estabeleceu 24 Tribunais Populares Extraordinários para o julgamento de "criminosos nazistas, traidores e seus cúmplices"; o Decreto n. 17/1945, que criou um Tribunal Nacional em Praga para julgar os mais proeminentes colaboradores tchecos; e o "Pequeno Decreto" (n. 138/1945), que concedeu às autoridades locais o poder de punir tchecos por "ofensas contra a honra nacional". Outros decretos autorizaram a expropriação de imóveis e terras agrícolas, bem como a perda da cidadania tcheca. Outorgados ainda pelo governo no exílio, eles foram confirmados pela Assembleia Nacional provisória em 1946, ano em que mais de 2 milhões de alemães foram expulsos do país, a grande maioria da região dos Sudetos, para a Alemanha e alguns poucos para a Áustria. Os decretos foram aplicados também, embora em menor medida, às minorias húngaras vivendo principalmente em território eslovaco.

Um sistema de tribunais sumários e tribunais administrativos foi criado para "limpar" a sociedade de quaisquer elementos suspeitos de terem traído a Tchecoslováquia ou oprimido seus cidadãos. No imediato pós-guerra, esses tribunais populares julgaram mais de 32 mil pessoas acusadas de colaboração e crimes de guerra, enquanto tribunais locais examinaram mais de 135 mil casos do que chamavam de "ofensas contra a honra nacional" e, até o golpe comunista de 1948, mais de 700 réus foram executados. Esses números, todavia, não contemplam a Eslováquia, uma vez que os líderes da resistência na região demandaram o direito de punirem, eles próprios, os colaboracionistas e os criminosos de guerra locais.

Em meio a um contexto de explosões de cólera popular, como foi o do fim da Segunda Guerra, não foram apenas nazistas e colaboracionistas os responsabilizados. Homens e mulheres comuns também foram acusados, processados e julgados, muitas vezes apenas por serem alemães. Em determinadas cidades dos Sudetos, a população de origem germânica foi obrigada a usar braçadeiras com suásticas para se autoidentificarem e vários *pogroms* antialemães ocorreram, resultando, às vezes, em mortes ou na expulsão do território tcheco. Em Brno, na Morávia, no dia 30 de maio de 1945, cerca de 20 mil cidadãos de origem alemã foram forçados a uma marcha até a fronteira com a Áustria. Apenas metade conseguiu chegar ao destino. Outros tantos foram enviados a campos de concentração próximos à fronteira. Estima-se, no entanto, que cerca de 2 mil pessoas morreram no caminho, vítimas de doenças, estupros, torturas e desnutrição.

Os deslocamentos populacionais forçados não se limitaram aos alemães expulsos. Diferentemente do que aconteceu ao fim da Grande Guerra, quando a Segunda Guerra Mundial terminou, as fronteiras europeias foram pouco alteradas, à exceção de modificações ocorridas na Alemanha, nas fronteiras ocidentais da União Soviética – sobretudo na Ucrânia – e, principalmente, na Polônia. Assim, deportações em massa de poloneses e ucranianos, bem como de alemães, ocorreram nas fronteiras entre esses países. Estima-se que cerca de 1,2 milhão de poloneses e quase 500 mil ucranianos foram deslocados. Cinquenta mil ucranianos foram forçados a deixar a Tchecoslováquia; enquanto cerca de 70 mil eslovacos foram deslocados da Hungria para a Tchecoslováquia. Na Romênia, aproximadamente 100 mil húngaros foram expulsos.

Os poucos judeus que restaram na Europa Central também não foram poupados. As dificuldades do longo caminho de volta para casa, como testemunhou Primo Levi, por vezes não cessaram quando os deportados chegavam às suas antigas comunidades e encontravam suas casas ocupadas, seus pertences tomados. Culpas, dificuldades de encontrar escuta para os sofrimentos e horrores vividos, além das ausências de familiares e amigos que não sobreviveram, também marcaram o retorno.

Além disso, em algumas regiões, como na Polônia, na Hungria e na Eslováquia, onde a miséria e a destruição eram imensas e o antissemitismo, uma tradição enraizada, violências contra a população judaica eclodiram em várias cidades. O *pogrom* de Kielce, na Polônia, em julho de 1946, foi um dos mais brutais e levou ao assassinato de 42 judeus que viviam na cidade e deixou outros 40 feridos. Após a guerra, o preconceito antissemita persistia, não apenas na Polônia, mas também em toda a região. Nesse sentido, os eventos de Kielce fizeram parte de uma onda maior de disseminação de violências que, após o fim da guerra, levou ao assassinato de mais de 350 judeus apenas na Polônia.

★ ★ ★

Tornou-se disseminada uma narrativa de acordo com a qual os anos que sucederam o fim da Segunda Guerra Mundial configuram um processo de renascimento, do "milagre europeu", marcado pela reconstrução, pelo reencontro do Velho Continente com a paz, a democracia e a prosperidade. Ora, essa narrativa explica apenas em parte o que ocorreu no continente europeu e silencia sobre o fato de que o "renascimento da Europa" se deu sobre as terríveis máculas da guerra, da permanência da violência, de vinganças e limpezas étnicas.

Além disso, trata-se de uma versão da História que se encaixa melhor nos processos da parte mais ocidental do continente – e mesmo nesse caso, com ressalvas –, mas não ajuda a compreender como a Europa Central emergiu da Segunda Guerra. Ali, onde a violência e a destruição haviam sido muito mais intensas que em qualquer outra parte do continente, onde os ódios étnicos e nacionais se alastraram com força ainda maior, a transição para a paz foi um processo lento, difícil. Para a Europa Central, longe de "milagres" proporcionados por capitais norte-americanos, o que havia era a presença, cada vez mais incontornável, do Exército soviético.

OS PRIMEIROS ANOS:
DAS POLÍTICAS DE UNIÃO NACIONAL À MORTE DE STALIN

"De Stettin, no Báltico, a Trieste, no Adriático, uma Cortina de Ferro desceu sobre o continente." A frase do famoso discurso do primeiro-ministro britânico Winston Churchill, proferido ao lado do presidente norte-americano Harry Truman, em 1946, nos Estados Unidos, parecia soar como uma profecia. Ainda hoje é considerada por muitos analistas um dos marcos iniciais do processo de divisão da Europa e da emergência da Guerra Fria.

De fato, nos 50 anos seguintes, a expressão *Cortina de Ferro* se consolidaria nos imaginários e na geopolítica internacional para se referir ao processo de divisão da Europa em duas distintas zonas de influência. No mesmo discurso, Churchill ainda afirmou que "uma sombra caiu sobre as cenas tão recentemente iluminadas pela vitória aliada" e que "estes Estados do Leste da Europa" pertencem agora "ao que chamo de esfera soviética", onde os Partidos Comunistas buscam assumir "controle totalitário".

Ao longo dos anos, as imagens da "sombra" e do "totalitarismo" associaram-se à ideia de um "Leste Europeu" pertencente à zona de influência soviética e, portanto, "menos europeu", determinando as narrativas ocidentais sobre a porção oriental do continente. Churchill admitia, então, uma única exceção: "apenas Atenas – a Grécia com suas glórias imortais – está livre".

A Guerra Fria parecia, de acordo com o célebre discurso de Churchill, emergir à revelia do Ocidente: a sombra do comunismo soviético varria o Leste Europeu e era preciso envidar esforços para salvar o ocidente da Europa – como haviam feito com a Grécia – do "avanço bolchevique". Tratando a *Cortina de Ferro* como um fato consumado e a União Soviética como grande responsável pela "sombra que encerrou a luz da vitória aliada", Churchill deixava poucas pistas para uma compreensão mais complexa do processo de divisão da Europa ainda no seio da Segunda Guerra Mundial, através de uma série de acordos firmados entre as três potências aliadas: Estados Unidos, Grã-Bretanha e União Soviética.

Assim, em Teerã, ainda em dezembro de 1943, os "três grandes" (Josef Stalin, Franklin Roosevelt e Winston Churchill) haviam concordado que a Alemanha deveria ser desmantelada quando a guerra terminasse; com a restauração da chamada "Linha Curzon" entre a Polônia e a União Soviética, restabelecendo as fronteiras de 1919; e, por fim, com o reconhecimento da autoridade de Tito na Iugoslávia e o acesso soviético ao Báltico, pelo porto de Königsberg, que pertencera à Prússia oriental.

Em fevereiro de 1945, Stalin, Roosevelt e Churchill se reuniram novamente. Dessa vez em Ialta, cidade-balneário localizada na Crimeia. O historiador Jacques Rupnik, especialista em Europa Central, considera que, para as nações dessa região, Ialta representou uma espécie de "pecado original", o "mito fundador" da divisão da Europa. Em muitos desses países, sobretudo entre as oposições e críticos aos comunistas, Ialta se tornou sinônimo de sovietização, e uma de suas consequências principais foi o desaparecimento mesmo da noção de *Europa Central*. O autor afirma que, para os democratas liberais da região, a Conferência de Ialta consolidou a narrativa sobre a divisão do continente europeu por potências não europeias, Estados Unidos e União Soviética. Ialta se tornou para eles também o símbolo da "traição ocidental", quando britânicos e norte-americanos "entregaram" os países localizados entre a Alemanha e a Rússia aos soviéticos. Seria, assim, uma espécie de "segunda Munique", uma nova tentativa do Ocidente de satisfazer um ditador à custa das nações da Europa Central.

Nessa perspectiva, a Conferência tornou-se o símbolo moderno de uma ideia recorrente no imaginário das nações centro-europeias: a de que, apesar dos esforços, elas não dominam seu próprio destino. Tais sentimentos e ideias tornaram-se bastante disseminados, em particular na Polônia, principal afetada pela redefinição das fronteiras, conforme previsto em Ialta.

Stalin procurou obter de seus parceiros o máximo que podia, tendo conseguido retomar praticamente todos os ganhos territoriais estabelecidos pelo Pacto Germano-Soviético e, sobretudo, garantir certa liberdade para "reorganizar" a Europa Central conforme seus interesses. Em alguma medida, Churchill estava convencido de que a região já havia passado à esfera de influência soviética e tentou, sempre que possível, evitar que o fenômeno se estendesse às áreas de interesse britânico. Roosevelt também acreditava que o próprio desenrolar da guerra já havia colocado a região sob influência soviética.

Em Ialta, foi assinada a Declaração de Libertação da Europa, documento que, aos olhos do presidente dos Estados Unidos, cumpria importante papel, no sentido de afirmar o compromisso com o estabelecimento de governos democráticos em todo o continente. O documento afirmava que "a ordem na Europa e a reconstrução da vida econômica nacional devem ser alcançadas por processos que permitam aos povos libertados destruir os últimos vestígios do nazismo e do fascismo e criar instituições democráticas de sua própria escolha"; e defendia "a restauração dos direitos soberanos e do autogoverno aos povos que foram privados deles à força pelas nações agressoras".

Paradoxalmente, foi também em Ialta que as conversações em torno do futuro da Polônia resultaram em decisões que entravam, claramente, em contradição com a Declaração de Libertação da Europa: a primeira, concernente à questão da fronteira oriental do país, que perdeu territórios para a União Soviética, em troca de compensações à custa da Alemanha. A Polônia não foi consultada a respeito das decisões territoriais tomadas em Ialta. A segunda questão dizia respeito ao fato de que as potências ocidentais aceitaram fazer do comitê de Lublin, formado exclusivamente por comunistas e simpatizantes, o centro do futuro governo polonês, em detrimento do governo estabelecido no exílio, em Londres, que os ocidentais até então haviam reconhecido como representante oficial da Polônia.

A Conferência de Ialta não deve ser reduzida a uma espécie de complô das grandes potências visando dividir a Europa. É inegável, no entanto, que contribuiu para legitimar o controle soviético sobre parte dela, fortalecido pelo papel fundamental desempenhado pelo Exército Vermelho para libertar determinados países do domínio nazista.

Na Conferência de Potsdam, entre julho e agosto de 1945, Stalin reafirmou o que já tinha deixado claro em Ialta: os territórios entre a Rússia e a Alemanha deveriam ser governados por regimes amigos, "livres de elementos fascistas e reacionários". Particularmente, os soviéticos insistiam que os regimes da Polônia e da Romênia não deveriam ser hostis, o que implicava, em maior medida, a influência soviética na política interna desses países. Aos poucos, porém, a presença soviética se faria cada vez mais forte na vida política *de todos* os países libertados pelos exércitos da União Soviética: Polônia, Bulgária, Romênia, Hungria, Tchecoslováquia, Albânia e Zona Soviética da Alemanha.

O historiador britânico Hugh Seton Watson falava, já em 1951, de uma tomada de poder em três etapas pelos comunistas na região: em um primeiro momento, os Partidos Comunistas participaram de coalizões em governos pluralistas; depois, em uma frente na qual se distinguia a hegemonia comunista; por fim, a instauração de regimes comandados abertamente pelos Partidos Comunistas. A proposta explicativa de Seton Watson ajuda, em grande medida, a compreender o processo, relativamente rápido, de construção dos regimes socialistas nos países da Europa Central, sobretudo nesses primeiros anos. Não obstante, é preciso considerar que a União Soviética não tinha controle completo sobre o que aconteceria na região. Esgotados pela guerra, os esforços de reconstrução soviéticos dominaram boa parte da agenda do país em um primeiro momento. Sob esse aspecto, com relação à Europa Central, não há evidências de que os soviéticos chegaram a considerar a implantação de regimes socialistas no curto prazo.

Ao contrário, dificuldades de todo tipo se impunham: a Europa Central era uma das regiões mais anticomunistas do continente. No imaginário de grande parte das comunidades locais, longe de ser um evento que teria inaugurado um novo tempo, de justiça e liberdade, a Revolução Russa lhes parecia uma fatalidade, que trouxera para a Europa sofrimentos inimagináveis. Para parte expressiva dos camponeses húngaros e poloneses, muito católicos, o bolchevismo evocava um sistema que pretendia tomar terras e fechar Igrejas. Além disso, na Hungria, na Polônia e nos Estados Bálticos, mas também em outros países, as animosidades com relação à Rússia Imperial atravessavam gerações e os encontros com unidades do Exército Vermelho, em 1944 e 1945, reforçaram os preconceitos. Para várias pessoas, nas regiões ocupadas pelo Terceiro Reich, os libertadores soviéticos não pareciam muito diferentes dos invasores nazistas.

Em dois países, no entanto, os Partidos Comunistas possuíam maior enraizamento social: na Tchecoslováquia, onde havia expressiva organização operária e um partido comunista relativamente forte e atuante; e na Iugoslávia, em virtude da identificação dos comunistas com a resistência vitoriosa. Na maior parte dos países, contudo, os Partidos Comunistas eram pequenos e tinham pouco apelo social, político e eleitoral. Na Polônia e na Hungria, por exemplo, os comunistas haviam sido colocados na ilegalidade no período entreguerras. Além disso, os próprios expurgos promovidos pelos soviéticos entre 1937 e 1938 atingiram boa parte das lideranças dos Partidos Comunistas polonês, húngaro e iugoslavo, que haviam se exilado em Moscou.

Assim, inicialmente, prevaleceu para a Europa Central, da mesma forma que para outras partes do continente, a perspectiva da formação de governos com base em frentes antifascistas ou "Frentes Nacionais". A União Soviética, inclusive, apoiou a formação de governos de "Frente", que reuniam comunistas, socialistas e outros partidos antifascistas. Esses governos de coalizão deveriam eliminar os regimes colaboracionistas vigentes durante a guerra e punir suas lideranças e defensores, constituindo propostas democráticas e reformistas.

A política de Frente Nacional predominou nos países que foram, a partir de então, chamados de Democracias Populares: Tchecoslováquia, Hungria, Polônia, Romênia, Bulgária e Zona de Ocupação Soviética da Alemanha – a partir de 1949, República Democrática da Alemanha. Mas não foi um processo homogêneo, tendo durado mais ou menos tempo em cada país, a depender das idiossincrasias nacionais, da força dos comunistas e da experiência durante a guerra. Na Iugoslávia e na Albânia, os acontecimentos se passaram de modo um pouco diferente, visto que, nesses países, os comunistas consolidaram-se no poder a partir das vitoriosas guerrilhas que haviam conduzido contra os ocupantes fascistas e nazistas.

No processo de transição para a paz, esses países, apesar das fortes tradições anticomunistas e antirrussas, encontravam-se de tal modo devastados que se tornaram, em maior ou menor medida, sensíveis aos apelos de construção de um mundo mais justo e igualitário sobre as ruínas do conflito. Tais ideias recorriam a sentimentos de esperança e confiança no futuro e foram muito alardeadas, na época, por militantes comunistas, mobilizando amplos segmentos sociais, sobretudo os mais jovens, muito marcados e prejudicados pela guerra.

Em um primeiro momento, foram justamente os governos de Frente Nacional que encarnaram tais esperanças. Em alguns países, no entanto, o "período frentista", com o estabelecimento e pleno funcionamento de instituições democráticas, não durou mais que alguns meses. Em outros, como na Hungria e na Tchecoslováquia, a experiência foi um pouco mais duradoura. Em todos os casos, é importante destacar, tais políticas não teriam existido sem o desejo de mudança por parte de expressivos segmentos das populações na Europa Central, o que, no médio prazo, facilitaria a ascensão dos Partidos Comunistas ao poder.

No âmbito dos governos de Frente, os comunistas preferiram ocupar cargos em ministérios considerados estratégicos – do Interior, da Justiça ou da Agricultura –, evitando, nos momentos iniciais, concorrer a cargos como os de presidente ou primeiro-ministro. Tal estratégia, ao mesmo tempo que tranquilizava observadores internacionais, os aproximava de assuntos fundamentais, como segurança pública, justiça e reforma agrária.

O tema da reforma agrária, aliás, era importante e bastante sensível na região, sendo reivindicado por muitos partidos agrários desde o período entreguerras. Em países, como a Hungria e a Polônia, os trabalhadores agrícolas representavam, respectivamente, 42% e 45% das populações nacionais e sua situação no fim do conflito era bastante difícil. Os Partidos Comunistas nas frentes antifascistas conseguiram realizar, em alguns países, a partir de 1945, amplos programas de reforma agrária, evitando, no começo, qualquer política mais agressiva de coletivização. Ao contrário, limitaram-se a defender a expropriação de terras das comunidades alemãs expulsas, consideradas "terras de propriedade fascista".

Outras medidas tomadas durante o período de política de Frente, como a estatização de empresas e a adoção de certos elementos de economia planificada, foram relativamente bem recebidas pelas populações locais. Defendidas por grande parte dos partidos integrantes das Frentes Nacionais, tais políticas não foram, de modo algum, percebidas como passos em direção a um eventual processo de sovietização. Ao contrário. Algumas delas – como a estatização de empresas consideradas estratégicas e a adoção de planos econômicos bienais, trienais ou quinquenais – foram também implementadas em países ocidentais, e eram compreendidas como alternativas importantes de reconstrução das economias nacionais no contexto de transição da guerra para a paz.

A estatização de empresas estratégicas na Europa Central, em um primeiro momento, não colocava em causa o princípio da propriedade privada. E, de forma similar com o que ocorreu com as primeiras propostas de reforma agrária, ajudou a resolver o problema do que fazer com empresas germânicas, as primeiras a serem estatizadas, seguidas por outras de grande porte.

Em alguns países, como Tchecoslováquia, Hungria e mesmo na Polônia, o período de Frente Nacional significou também um momento de relativa democratização da instrução pública e da cultura. Tais processos podem ser observados na multiplicação de escolas, bibliotecas e centros culturais. As Igrejas, embora muito atingidas pela reforma agrária e pela laicização da educação, continuaram atuantes, apesar das crescentes pressões soviéticas. Na Polônia e na Hungria, a Igreja Católica permaneceu, até certo ponto, uma instituição poderosa, mantendo suas redes de escolas, imprensa e editoras.

De acordo com o historiador Tony Judt, entre 1945 e 1946, os Partidos Comunistas afirmavam que seus objetivos consistiam em completar as revoluções burguesas inacabadas de 1848, redistribuir a propriedade privada, garantir a igualdade e afirmar os direitos democráticos nos diferentes países. Porém, se tais objetivos eram bem-vistos no âmbito das políticas de Frente Nacional, encontravam maiores dificuldades em se converterem em ganhos eleitorais. Em algumas cidades importantes, como Budapeste, o desempenho eleitoral dos comunistas era fraco. A partir de 1946, como ocorreu na Romênia, a intervenção soviética e de comunistas locais nos processos eleitorais tornou-se mais recorrente.

170 *Europa Central*

Mas foi entre 1947 e 1948, com o rompimento definitivo da Grande Aliança entre Estados Unidos, União Soviética e Grã-Bretanha, que os rumos da política dos Partidos Comunistas ligados a Moscou se alteraram de modo bastante significativo na região. O discurso do presidente Truman, em março de 1947, prometendo ajuda econômica e militar a todos os países "ameaçados pela União Soviética", seguido pelo anúncio do Plano Marshall, destinado a reconstruir as economias europeias, ajudou a acelerar reações e decisões na União Soviética já esboçadas desde 1946.

Inicialmente, a ideia nos Estados Unidos era que o Plano Marshall contemplasse toda a Europa, sem exceções. Os países da Europa Central, inclusive, tinham grandes expectativas, em particular, a Tchecoslováquia esperava se beneficiar dos financiamentos.

Não obstante, a União Soviética recebeu a notícia do Plano Marshall como uma ameaça ao seu domínio na região, temendo uma dependência cada vez maior daqueles países com relação aos capitais estadunidenses. Os soviéticos passaram a pressionar os Estados da Europa Central a rejeitarem o Plano Marshall, levando o ministro das Relações Exteriores da Tchecoslováquia, Jan Masaryk – filho do primeiro presidente do país, Tomáš Masaryk – a concluir: "Não somos nada além de vassalos!".

Em setembro de 1947, os soviéticos convocaram uma reunião dos Partidos Comunistas da Europa Central – além de representantes dos Partidos Comunistas italiano e francês – na Silésia polonesa, onde formaram o Bureau de Informação Comunista (Cominform). Segundo os soviéticos, a criação do Cominform tinha como objetivo coordenar os trabalhos de todas as "forças progressistas" ou, ainda, se contrapor ao "plano americano para a escravização da Europa". Compreendiam que o mundo estava dividido em dois blocos: um imperialista, liderado pelos Estados Unidos, e um democrático, sob influência soviética.

Mais tarde, em janeiro de 1949, a União Soviética criou uma organização econômica específica para atender aos países sob sua esfera de influência: o Conselho de Assistência Econômica Mútua (Comecon) funcionou como resposta aos financiamentos do Plano Marshall para a Europa Ocidental. Já no contexto de 1947, no entanto, os soviéticos decidiram levar adiante o processo de sovietização da região. A partir desse momento, tornou-se clara a ruptura dos Partidos Comunistas com as frentes de coalizão nacional. Em toda a parte, o objetivo passou a ser o de vencer as eleições a qualquer custo, de modo a consolidar ou instalar regimes comunistas pró-soviéticos.

A pressão exercida pela União Soviética tornou-se crescente e uma série de estratégias – que variaram conforme o país – foram empregadas no sentido de, aos poucos, expurgar os elementos não comunistas da cena política: controle da polícia por meio dos Ministérios do Interior, fraudes eleitorais e fusões entre "partidos irmãos", que resultavam na preponderância dos comunistas, foram comuns. Outro método utilizado foi o que o líder comunista húngaro Mátyás Rákosi chamou de "estratégia do salame", que consistia no desgaste gradual de lideranças não comunistas, taxando seus membros de traidores ou reacionários. Rákosi afirmava ter "cortado" os dirigentes dos outros partidos como se cortam fatias de salame. Sua faca, dizia, possuía dois gumes: a corrupção e o medo.

Em toda a parte, a ofensiva contra os partidos e as lideranças não comunistas ganhou espaço. Na Bulgária, os ataques começaram ainda em 1946 e acentuaram-se em 1947, culminando na condenação à morte de Nikola Petkov, líder da União Nacional Agrária, principal partido de oposição do país. Na Romênia, por sua vez, o Partido Nacional Camponês foi dissolvido e 17 líderes da oposição foram presos e julgados por conspirar com espiões americanos. Sob pressão comunista, o rei Michael I abdicou em janeiro de 1948 e o país tornou-se a República Popular da Romênia.

Na Hungria, os comunistas, apesar da pouca força social, conquistaram espaços importantes no governo – dentre os quais, o comando dos serviços de segurança –, graças, em grande parte, às pressões soviéticas. Ao fortalecerem posições estratégicas, puderam intensificar os ataques contra os partidos não comunistas, expurgaram os sociais-democratas de sua "ala direita" e absorveram o restante do partido. Na Polônia, onde os processos de depuração começaram muito cedo, em

1946, 429 personalidades políticas já haviam sido condenadas à morte. Ali, o Partido Comunista impôs sua dominação em 1948, ao formar o Partido Operário Unificado Polonês, junto aos socialistas. Na Zona de Ocupação Soviética da Alemanha, as ordens para a fusão com os sociais-democratas datavam de 1946, suscitando protestos e a eliminação de boa parte dos quadros social-democratas.

Na Tchecoslováquia, a tomada de poder pelos comunistas ocorreu de forma mais gradual. Ali, até 1948, a vida política parecia relativamente aberta e democrática. Desde 1945, o país possuía partidos políticos ativos, com organizações e lideranças independentes, eleições livres e direitos civis respeitados. O presidente Edvard Beneš, figura importante na fundação do Estado em 1918, simbolizava a continuidade com o passado e com as normas democráticas anteriores à guerra. Não obstante, expressivos segmentos do eleitorado pareciam cansados das promessas democráticas e, em maio de 1946, tornaram os comunistas o partido majoritário, com 40% dos votos, e Klement Gottwald, liderança pró-soviética, primeiro-ministro. Desde então, o Partido Comunista Tchecoslovaco (KSČ) passou a chefiar ministérios estratégicos, como o da Educação, da Indústria, da Propaganda e o do Interior, enquanto sua influência dentro do governo Beneš aumentava. A partir de 1947, as desconfianças mútuas entre comunistas e não comunistas no governo de Frente Nacional tornaram-se cada vez maiores. Naquele momento, à evidente exceção da Alemanha, a Tchecoslováquia esteve, mais que qualquer outro país da região, implicada nas disputas entre Estados Unidos e União Soviética.

Tradicionalmente, os tchecos celebram o lugar específico que ocupam no centro da Europa, ora se considerando o *coração* do continente, ora *ponte* entre Leste e Oeste. Quando a guerra terminou, pode-se dizer, o lugar de *ponte* ou elo entre Ocidente e Oriente parecia reforçar-se.

Não obstante, a partir de 1946, o país começou a ser olhado com desconfiança por norte-americanos e soviéticos, que acusavam a Tchecoslováquia de fazer uma política excessivamente conciliatória. Após a eleição de Gottwald, as pressões soviéticas aumentaram e os tchecoslovacos abdicaram do Plano Marshall, cuja ajuda havia sido unanimemente aprovada pelo governo. Segundo o cientista político

François Fejtő, "de lugar de encontro entre Leste e Oeste, de ponte entre os dois sistemas, a Tchecoslováquia [...] tornou-se um dos objetos da rivalidade entre os dois blocos em vias de se formar".

Após a criação do Cominform e as orientações soviéticas para cerrar fileiras contra a ameaça do imperialismo norte-americano, o KSČ intensificou suas ações no sentido de diminuir o comércio com o Ocidente e de eliminar adversários políticos internos. Sociais-democratas e democratas eslovacos – acusados de complôs separatistas – foram especialmente atingidos.

Em fevereiro de 1948, 12 ministros não comunistas demitiram-se coletivamente do governo em protesto contra a nomeação de 8 chefes de polícia comunistas pelo gabinete do primeiro-ministro. Ao se retirarem, os ministros esperavam provocar uma crise que, no limite, levasse à dissolução do governo de Gottwald e à convocação de novas eleições. Não foi o que ocorreu. Ao contrário, o KSČ aproveitou-se da situação para desencadear numerosas manifestações de rua na capital do país – conduzidas principalmente por sindicatos e milícias operárias – e tomar o poder em um episódio conhecido como Golpe de Praga. Convencido da possibilidade de uma guerra civil, o presidente Beneš aceitou a demissão dos ministros e formou um novo governo sob a liderança do primeiro-ministro Gottwald, dessa vez com maioria comunista, mas ainda com a presença de Jan Masaryk (sem partido).

Poucos dias depois, porém, Masaryk foi assassinado. Em junho de 1948, Beneš renunciou e Gottwald passou a acumular as funções de presidente e primeiro-ministro. Segundo Tony Judt, o Golpe de Praga constitui um marco importante, porque ocorreu em um país onde as instituições democráticas ainda funcionavam relativamente bem e que mantinha boas relações com Moscou. Os acontecimentos de 1948 constituíram um passo relevante no processo de divisão da Europa em dois blocos e, ao mesmo tempo, uma opção sem retorno pela sovietização da Tchecoslováquia e de toda a região.

Mas talvez a expressão mais espetacular do crescimento das tensões entre as duas novas potências mundiais tenha sido o Bloqueio de Berlim, que se estendeu entre junho de 1948 e maio de 1949. Logo após os primeiros afluxos de capitais do Plano Marshall, uma nova moeda foi introduzida na Zona de Ocupação Ocidental da Alemanha, o marco alemão. Como Berlim ficava no meio da zona soviética, a nova moeda passaria a circular nos setores ocidentais da cidade. A introdução de uma nova moeda ocidental e os programas econômicos que a acompanhavam, invariavelmente, levariam elementos do capitalismo para a economia do Leste, o que era visto com apreensão pelos soviéticos.

Em 24 de junho de 1948, os soviéticos bloquearam todo o transporte terrestre e aquático *de* e *para* Berlim Ocidental. Qualquer tipo de entrega de alimentos, água, combustível e outros suprimentos da zona soviética para outras partes da cidade também foi proibido. Os Aliados ocidentais minoraram os danos provocados pelo bloqueio, utilizando um sofisticado esquema de transporte aéreo. No ápice das atividades de abastecimento da cidade, em 16 de abril de 1949, um avião aliado pousava em Berlim a cada minuto. Para as condições da época, esta ponte aérea foi considerada um "milagre".

Todavia, se o bloqueio soviético foi contornado pelos Aliados, a divisão da Alemanha se tornava cada vez mais inevitável e concretizou-se, afinal, em 1949. Em 23 de maio, o Conselho Parlamentar das Zonas Ocidentais aprovou a nova Constituição que fundava a República Federal da Alemanha (RFA). Por outro lado, o Partido Socialista Unificado da Alemanha (SED), que há tempos vinha trabalhando para estabelecer uma "democracia popular" na Zona de Ocupação Soviética, finalmente concretizou seus planos em 7 de outubro, quando a República Democrática da Alemanha (RDA) foi fundada.

A Alemanha permaneceria, na década de 1950, um ponto sensível da Guerra Fria. Assim, em 1955, quando a Organização do Tratado do Atlântico Norte (Otan) – aliança militar criada em 1949 envolvendo países da América do Norte e da Europa – anunciou a entrada da RFA no acordo, os soviéticos reagiram. Poucos dias depois, estabeleceram com Polônia, Tchecoslováquia, Hungria, Romênia, Bulgária, Albânia e RDA o Tratado de Amizade, Cooperação e Assistência Mútua, também conhecido como Pacto de Varsóvia.

* * *

O processo de sovietização da Europa Central, incluindo a partir de 1949 a RDA, acelerou-se. O movimento, no entanto, não foi simples, sobretudo em função da diversidade do território, mas também em razão das resistências enfrentadas em alguns países.

De modo geral, é possível estabelecer para a Europa Central dois tipos diferentes de dominação soviética: aqueles países que haviam pertencido ao velho Império czarista foram incorporados à União Soviética como Repúblicas Soviéticas Federadas; foi o caso de Ucrânia, Bielo-Rússia, Moldávia, Estônia, Letônia e Lituânia. Os demais, que se tornaram Democracias Populares entre 1945 e 1948-49, preservaram as independências formais e relativa autonomia. Tais países incluíam a Polônia, a Tchecoslováquia, a RDA, a Hungria, a Bulgária, a Romênia e a Albânia (até a ruptura no início dos anos 1960). Em um primeiro momento, é possível considerar a Iugoslávia entre as Democracias Populares, mas o país representou sempre um caso específico. Em virtude do forte papel desempenhado pelos comunistas locais na luta e na vitória contra o nazismo, durante a Segunda Guerra, bem como da forte liderança exercida pelo marechal Tito, muito rápido o país passou a defender uma via própria para a construção do socialismo.

Nas Repúblicas Federadas, a repressão contra os colaboradores nazistas foi severa, ao mesmo tempo que ocorreu uma intensificação do processo de coletivização do campo. Perseguições religiosas e fortes medidas de russificação – ou seja, de imposição da língua e de outras expressões culturais russas – nas regiões (re)incorporadas também tiveram lugar.

Os países bálticos constituem, sob esse aspecto, um caso à parte. Estudos apontam que Estônia, Letônia e Lituânia foram objetos de um processo de "sovietização prudente", que obedeceu a critérios que os aproximavam mais das Democracias Populares da Europa Central – em alguns casos, muito similares ao que houve durante o período de políticas de frente – do que de regiões como Bielo-Rússia, Ucrânia Ocidental e Moldávia. A relativa moderação, todavia, não excluía a execução de políticas autoritárias e não durou além de 1947, quando a ordem passou a ser de sovietização total e reforço da centralização política e econômica. Nas mais diversas instâncias do partido e do Estado, os chamados "burgueses nacionalistas" foram perseguidos e/ou expulsos. Apenas na Estônia, entre 1949 e 1952, mais de 500 membros do Partido Comunista foram expurgados. Naquele país, a KGB (Comitê de Segurança do Estado da URSS) chegou a contar com 4 mil agentes e cerca de 15 mil informantes.

Nos três países bálticos, a presença soviética se intensificou com transferências em massa de "especialistas", em diversos setores, de origem russa, e a coletivização forçada tornou-se um dos principais meios de submeter a população local. Em menos de 2 anos, as taxas de coletivização subiram para 76% na Estônia, 84% na Lituânia e 90,8% na Letônia. Todas as cooperativas agrícolas preexistentes foram abolidas e os camponeses obrigados a aderirem às fazendas cooperativas de tipo soviético, os *kolkhozes*, sob pena de serem banidos. Entre 1949 e 1951, quase 100 mil lituanos, 41.445 letões e 13.480 estonianos foram enviados para campos de trabalho forçado soviéticos, denominados *gulag*. A deportação se tornou um dos meios mais importantes para viabilizar a sovietização da região.

Nas chamadas Democracias Populares, elementos formais de soberania nacional foram mantidos, mas, de fato, a imposição do modelo soviético tornava-se cada vez mais incontornável. Falava-se, no Ocidente, em um processo de "satelitização" da região, termo rejeitado pela União Soviética e pelas Democracias Populares, mas que, em certa medida, ajudava a compreender a extensão do domínio soviético.

Do ponto de vista político, todos os oito países – inclusive a Iugoslávia, em um momento inicial – adotaram constituições muito similares à Carta soviética de 1936. Em termos econômicos e sociais, o alinhamento também era intenso: a propriedade privada foi abolida e a economia passou a se basear na propriedade socialista dos meios de produção, na forma de propriedade estatal ou cooperativa. Do ponto de vista social, todos os regimes determinaram o estabelecimento de um sistema "igualitário, protetor e emancipatório".

A preponderância dos Partidos Comunistas também era evidente. Alguns países tornaram-se ditaduras de partido único, como foi o caso da Romênia. Já em outros, como RDA, Polônia e Tchecoslováquia, existiram alguns poucos partidos, menores, que orbitavam em torno do comunista. De uma forma ou de outra, em toda a parte e da mesma maneira que na União Soviética, o núcleo do poder encontrava-se nas mãos das lideranças do Bureau Político e do Secretariado-Geral. Eram esses pequenos grupos que controlavam a crescente burocracia dos Estados, apoderando-se de cargos e do aparato político.

Assim como aconteceu nas Repúblicas Soviéticas, nas Democracias Populares a coletivização forçada tornou-se uma forma importante de controle social. A ordem para avançar o mais rápido possível para a coletivização veio diretamente da União Soviética, por meio do Cominform, já em 1948. A União Soviética, argumentavam os comunistas, havia mostrado o caminho na década de 1930, agora, bastava segui-lo. Ainda assim, houve diferenças importantes com relação ao sistema soviético: nos países da Europa Central, a terra ainda pertencia aos camponeses, pois a adesão ao programa era, em tese, voluntária. A princípio, os trabalhadores recebiam créditos na forma de "unidades de trabalho" ou "dias de trabalho", mas depois, como modo de fixá-los no campo, os trabalhadores passaram a receber salários.

Nos primeiros anos, o novo sistema representou grandes desafios e dificuldades para os trabalhadores rurais, sobretudo porque a implementação de um modelo pronto desconsiderava, em grande medida, as especificidades de cada país. O resultado foi a queda – em alguns casos muito expressiva – na produção agrícola, para a qual contribuíram também a fuga de trabalhadores rurais para a indústria e a extensa degradação do solo e do meio ambiente, de modo geral.

Na Tchecoslováquia, a mudança foi particularmente radical: em 1950, 45% das terras agrícolas já eram administradas de forma coletiva, houve quedas drásticas na produção e foi preciso retomar medidas de racionamento de produtos, muito comuns nos primeiros anos após o fim da guerra e bastante impopulares. Algo similar se passou na Hungria, cuja agricultura experimentou grave crise na década de 1950. Em diversos países da Europa Central foi possível, durante o processo de coletivização, a manutenção de pequenos lotes privados. A Hungria foi um dos países onde esse sistema mais se disseminou e, durante a crise dos anos 1950, estima-se que 70% da produção agrícola do país era proveniente justamente dessas pequenas propriedades privadas.

A propaganda dos Partidos Comunistas era muito hábil em divulgar informações sobre a adesão massiva e voluntária dos agricultores às fazendas coletivas. Não obstante, a pressão política e a repressão eram enormes, de forma a garantir a participação camponesa. A orientação dos Partidos Comunistas era a de que a transformação socialista exigia a coletivização. Esta, por sua vez, aumentaria o bem-estar de todos, consolidaria o controle popular sobre o campo e destruiria a "reação". Aqueles que se recusavam a participar eram acusados de *kulaks*, ou seja, supostos remanescentes da classe capitalista rural que queriam explorar o trabalho de seus vizinhos.

A repressão, entretanto, não se restringiu ao campo. Ao contrário, também nas cidades, nas instituições diversas da sociedade civil – a começar pelo próprio Partido –, o terror foi o caminho utilizado para a consolidação dos novos regimes. Estima-se que, no início da década de 1950, a construção do aparato coercitivo mobilizou cerca de 1% da população total de cada Democracia Popular. A Securitate romena, agência de polícia secreta – criada em agosto de 1948 com base no modelo da KGB – possuiu, a depender do período, entre 38 e 55 mil funcionários, entre tropas, unidades especiais e burocracia. A Stasi, organização de polícia secreta e inteligência da RDA, chegou a mobilizar meio milhão de "colaboradores não oficiais" encarregados de espionar seus ambientes cotidianos imediatos, como locais de trabalho, vizinhanças, associações e, em alguns casos, a própria família. Em 1952, a Bezpieka, polícia política polonesa, contava com 34 mil funcionários públicos e 74 mil informantes. Nessa época, mais de 5 milhões de poloneses, um terço da população adulta do país, haviam sido fichados, e o número de presos políticos chegava a quase 50 mil.

As Igrejas, muito atuantes em uma região profundamente religiosa, foram bastante atingidas, à exceção, talvez, da Polônia, onde o processo encontrou maior resistência. Eventualmente, sobretudo após o início da desestalinização, em 1956, as políticas de ataque às Igrejas e às religiões foram atenuadas, exceto na Albânia, onde houve proibição completa das práticas religiosas a partir de 1967. Nos primeiros tempos, no entanto, as investidas contra a Igreja constituíram a base de um esforço mais amplo contra o que era considerado parte da "cultura burguesa". Esta deveria ser destruída e substituída pela "cultura socialista".

As escolas, nesse sentido, desempenharam papel fundamental: colocadas sob controle estatal, elas deveriam ser responsáveis pelo ensino e pela disseminação da nova cultura e de práticas sociais. Em 1954, o Ministério da Educação da Bulgária divulgou um documento no qual afirmava que o "objetivo do ensino de História nas escolas secundárias é criar um ponto de vista entre os alunos sobre a evolução social e a convicção de que a vitória do comunismo no mundo é inevitável". Processos similares podiam ser observados em todos os países da região, que passaram a orientar a escrita de livros e manuais didáticos de acordo com os preceitos do marxismo-leninismo. Autores e literatura considerados "de inspiração burguesa" foram banidos, e a censura à imprensa se intensificou. Em toda parte, intelectuais eram vistos como suspeitos e transformaram-se em alvos primordiais das campanhas repressivas.

As elites políticas, econômicas e sociais foram removidas e substituídas por novos grupos, geralmente quadros advindos da classe trabalhadora, que eram considerados mais afinados com o novo regime.

Assim como havia ocorrido na União Soviética durante os anos 1930, a ideia de que os Partidos Comunistas em cada país abrigavam elementos suspeitos ou traidores passou a circular com muita frequência. A partir de 1948, as pressões para que expurgos fossem desencadeados aumentaram. Nesses processos, na maior parte das Democracias Populares, em média um em cada quatro membros dos Partidos Comunistas foi atingido. De forma geral, os militantes mais afetados pelos expurgos eram aqueles que haviam se filiado no período das políticas de frente. De fato, a adesão aos partidos identificados com o modelo soviético crescera de maneira exponencial nesse período. Na Hungria, por exemplo, o número de filiados saltou de 3 mil, em 1945, para 1 milhão e 200 mil, em 1949; enquanto na Polônia, o número subiu de 20 mil, em 1939, para 1 milhão e 300 mil, em 1948. Após os expurgos, na Tchecoslováquia, o número de membros do Partido Comunista, que havia chegado a 2 milhões após o Golpe de Praga, em 1948, caiu para 900 mil em três anos.

As prisões, os julgamentos e as condenações começaram no início de 1948 e continuaram até 1954, atingindo o ápice em 1949 e, mais uma vez, entre 1951 e 1952. As mais altas lideranças dos partidos também foram alcançadas, como foi o caso na Polônia, onde, em fins de 1948, teve início uma grande campanha contra o que chamavam de "desvios de direita", que buscava atingir o secretário-geral do Partido Comunista, Władysław Gomułka, destituído da Secretaria-Geral e expulso do partido e do governo.

Na Iugoslávia, as exigências com relação aos expurgos atingiram a autoridade máxima do partido e do país: o Cominform exigiu, em 1948, que "elementos saudáveis" do Partido Comunista atuassem para derrubar Tito. Ao marechal eram atribuídas responsabilidades por criar um "regime burocrático" e tentar esmagar a "democracia" no país, além de reprimir com severidade os críticos do regime. Os soviéticos ainda acusavam Tito de "desvios de classe" e "aproximação com o capitalismo burguês".

Uma série de fatores ajuda a explicar a relativamente rápida ruptura entre Iugoslávia e União Soviética. Dentre eles, é preciso considerar que o tipo de liderança exercido por Tito, bem como sua popularidade, foi sempre observado com certo incômodo por Stalin. Além disso, Moscou via com apreensão os planos iugoslavos de formar uma federação balcânica envolvendo a Bulgária e a Albânia: Stalin temia – e considerava a hipótese intolerável – que Tito pudesse liderar um bloco de poder independente no sudeste da Europa. As tensões com a União Soviética se intensificavam, à medida que as críticas ao que os iugoslavos consideravam "hegemonismo" soviético aumentavam e culminaram na expulsão da Iugoslávia do Cominform em junho de 1948. Quando, no ano seguinte, Tito decidiu recorrer aos financiamentos do Plano Marshall para tentar reerguer a economia iugoslava, o rompimento entre os dois países consolidou-se definitivamente.

A Iugoslávia se tornou um modelo alternativo para a construção do socialismo, não apenas na região, mas também em outras partes do mundo. Em 1961, com base nos princípios acordados na Conferência de Bandung de 1955, o Movimento dos Não Alinhados foi formalmente estabelecido em Belgrado, sob a liderança de Tito e de outros líderes internacionais, como o primeiro-ministro indiano Jawaharlal Nehru e o presidente egípcio Gamal Abdel Nasser.

O rompimento iugoslavo-soviético teve consequências também para os demais países da região. Desde então, a acusação de "titoísmo" ou de seguir o modelo iugoslavo de "comunismo nacional" tornou-se uma das mais graves atribuídas a comunistas suspeitos e passou a circular de forma mais ou menos constante na região.

Foi o que ocorreu na Hungria, em meados de 1949, por ocasião do julgamento de László Rajk, uma das figuras mais importantes do Partido dos Trabalhadores da Hungria (MDP), que ocupava o cargo de ministro das Relações Exteriores quando foi acusado de conspirar contra o Estado e de conluio com a Iugoslávia. Preso com outros 94 acusados, foi condenado à morte e executado em outubro daquele ano. Um pouco mais tarde, acusações semelhantes tiveram lugar na Bulgária e na Romênia, onde muitas figuras importantes dos Partidos Comunistas locais foram levadas a julgamento.

Na Tchecoslováquia, Rudolf Slánský, membro do Comitê Central do Partido desde 1928 e Secretário-Geral a partir de 1945, foi preso em novembro de 1951. Julgado um ano depois, junto a outros 13 acusados, foi condenado à morte e executado. O julgamento de Slánský e de seus companheiros enfatizou as origens judaicas dos réus e suas ligações com o "sionismo internacional". Mas não foi o único do tipo que ocorreu na Tchecoslováquia, ao contrário. Até 1954, outros julgamentos públicos, cercados de campanhas midiáticas promovidas pelos comunistas, se sucederam.

O JULGAMENTO DE MILADA HORÁKOVÁ

Milada Horáková foi uma advogada e importante representante do movimento feminista tcheco, tendo exercido papel de destaque na luta por direitos das mulheres nos anos 1930. Em 1929, ingressou no Partido Nacional Social Tcheco, de tendência liberal. Durante os anos da ocupação nazista, Horáková integrou-se à resistência tcheca, foi presa em 1940 e enviada ao campo de concentração de Terezín e, mais tarde, a outras prisões alemãs. Após o fim da guerra, Horáková retornou à Tchecoslováquia e se reintegrou ao Partido Nacional Tcheco, tornando-se parlamentar em 1946. Após o Golpe de Praga, de 1948, renunciou ao seu assento no Parlamento; em protesto, porém, continuou suas atividades políticas e optou por não deixar o país. Em 27 de setembro de 1949, foi presa e acusada de ser a líder de uma suposta conspiração para derrubar o regime comunista.

O julgamento político de Milada Horáková e de outros 12 réus, ocorrido em 1950, foi o primeiro grande julgamento na Tchecoslováquia em que consultores soviéticos estiveram pessoalmente envolvidos. Seguindo o modelo soviético, os vereditos foram estabelecidos com antecedência e o julgamento acompanhado por intensa campanha de propaganda. Nesse contexto, rádio, cinema e imprensa foram amplamente mobilizados. Cerca de 6.300 petições foram enviadas ao Tribunal Estadual de Praga, nas quais os cidadãos exigiam punição severa para os réus. Nas escolas, professores instruíam as crianças a escreverem ao Tribunal, e reuniões populares foram organizadas, nas quais os participantes podiam votar em resoluções que exigiam a pena de morte.

Milada Horáková foi a única mulher condenada à morte por suposta espionagem e alta traição. Em junho de 1950, foi executada por enforcamento na Prisão de Pankrác, em Praga. Suas condenações foram anuladas em 1968 e seu nome foi reabilitado nos anos 1990.

Fotos de Milada Horáková tiradas na prisão.

AS PRIMEIRAS BRECHAS NA CORTINA DE FERRO

Berlim Oriental, 9 de março de 1953. Poucos dias após o anúncio da morte de Josef Stalin, em Moscou, no dia 5, uma fila de militantes comunistas se formava na avenida Stalinalle – renomeada, desde 1961, como Karl-Marx-Allee – em frente à enorme estátua de bronze do líder soviético, para lhe prestar homenagens. Em silêncio, delegações do partido, trabalhadores, personalidades do governo se dirigiam à estátua carregando flores, a fim de prestarem as últimas honras.

A morte de Stalin provocou consternação entre os comunistas de todo o mundo. A cena observada em Berlim se repetiu incontáveis vezes na União Soviética e nas Democracias Populares da Europa Central, por vezes, arrastando multidões.

Homenagens póstumas a Stalin em Dresden,
na República Democrática da Alemanha.

Não obstante, o evento também suscitou expectativas distintas na região, sobretudo entre aqueles que não eram simpatizantes do regime. Esperanças de transformação, reformas e abertura política vieram à tona, e inspiraram projetos e manifestações diversas.

Aos poucos, os anseios por reformas e mudanças ou as expressões de insatisfação e oposição começaram a se manifestar em episódios diversos. O primeiro deles ocorreu ainda em 1953. Na mesma avenida de Berlim em que, meses antes, as pessoas lamentavam a morte de Stalin, uma grande passeata desencadeou manifestações mais amplas.

Com o passar do tempo, especialmente a partir do momento em que os efeitos das denúncias dos crimes do stalinismo, a partir de 1956, começaram a ser sentidos, ocorreram movimentos de maior envergadura. Foi o caso da Revolução Húngara, em 1956, e da Primavera de Praga, em 1968.

Não obstante, seria um equívoco imaginar que as manifestações de insatisfação ou discordância com relação à ordem comunista apenas ocorreram após a morte de Stalin ou depois da desestalinização. Ao contrário, é importante enfatizar que formas de oposição ou dissidência existiram, em maior ou menor grau, desde os primeiros momentos. O próprio processo de sovietização não se deu sem resistências – fossem de tipo armada, nos territórios ocupados pelos soviéticos ainda durante a guerra; fossem entre camponeses, atingidos pelo processo de coletivização forçada; fossem entre políticos, operários e intelectuais. Ainda assim, não é possível desconsiderar o impacto da morte de Stalin e, sobretudo, das denúncias de seus crimes divulgadas por Nikita Kruschev, em 1956, no XX Congresso do Partido Comunista da União Soviética.

Nas décadas de 1950 e 1960, a maior parte das manifestações de descontentamento não visavam, necessariamente, ao fim do comunismo. Ao contrário, eram reivindicativas – reclamando melhores condições de trabalho, por exemplo –, apontavam caminhos e buscavam estruturar propostas de reformas.

Na RDA, os primeiros anos da década de 1950 foram marcados por uma grave crise econômica. Quando, em março de 1953, o país foi surpreendido pela notícia da morte de Stalin, o otimismo e o entusiasmo que marcaram a fundação do país já davam lugar a descontentamentos generalizados com a situação econômica. A propaganda oficial alardeava, de forma incessante, a superioridade da RDA com relação à RFA, mas, na prática, o novo Estado tinha dificuldades em oferecer itens básicos à população, enquanto subsídios estatais eram cortados e a repressão tornava-se cada vez mais firme. O país lidava também com o crescente fluxo de habitantes em direção à Alemanha Federal: desde a fundação do país, mais de 120 mil pessoas já haviam deixado a RDA em busca de uma vida melhor na RFA. A RFA havia se transformado numa espécie de vitrine do Plano Marshall, e nela estavam as regiões mais progressistas e desenvolvidas da Alemanha.

Em maio de 1953, o secretário-geral do SED, Walter Ulbricht, anunciou um novo aumento de 10% nas jornadas de trabalho. Em protesto, no dia 16 de junho, uma greve foi convocada por trabalhadores da construção civil que atuavam nas obras da Stalinallee. Os operários começaram a avançar em passeata pela enorme avenida, exigindo a redução das jornadas de trabalho. Dirigiam-se à Casa dos Ministérios, demandando falar com Ulbricht. Ao longo do trajeto, novos trabalhadores se juntavam à manifestação, cujas reivindicações se ampliavam. Conclamações à greve geral e palavras de ordens, como "Queremos eleições livres!", começaram a circular entre a crescente multidão.

Através do sistema de rádios do setor americano de Berlim, a notícia se espalhou por toda a RDA. No dia 17, as manifestações ganharam o país e, em muitos lugares, resultaram em grande violência: manifestantes libertaram prisioneiros, atacaram as forças de segurança, queimaram bandeiras soviéticas e invadiram escritórios do Partido. Estima-se que mais de 100 mil pessoas tenham participado das manifestações em Berlim, enquanto em Halle e Leipzig os números ficaram, respectivamente, em torno de 60 e 40 mil pessoas. No total, 1 milhão de pessoas participaram em todo o país. Os distúrbios apenas se dispersaram no dia 18, com a ajuda soviética. Cerca de 15 mil pessoas foram presas, já quanto ao número de mortos, existem controvérsias, porém, atualmente, os historiadores tendem a concordar que pelo menos 55 manifestantes perderam a vida em confronto e outros 20 foram executados.

As manifestações de 1953 contribuíram para que o governo da RDA consolidasse uma política de endurecimento repressivo que já vinha sendo construída, pelo menos, desde 1952 e que tenderia a se aprofundar ao longo da década. Sobre os acontecimentos e a repressão que se abateu na região, Bertolt Brecht escreveu o poema intitulado "A solução" (na tradução de Andre Valias), no qual narrava os desdobramentos do evento com ironia:

Após o levante do 17 de junho
O Secretário da União dos Escritores
Mandou distribuir panfletos na alameda Stálin
Nos quais se lia que o povo
Abusara da confiança do governo
E que só com trabalho dobrado esta
Poderia ser reconquistada. Ora
Não seria mais simples o governo
Dissolver o povo
E eleger um novo?

Com o passar dos anos, em alguns países, alternativas reformistas dentro dos próprios partidos governantes amadureceram. Tais alternativas fortaleceram-se a partir de fevereiro de 1956, quando se realizou o XX Congresso do Partido Comunista da União Soviética. Então, Nikita Kruschev, primeiro-secretário do Partido, denunciara os crimes cometidos por Stalin, apresentando-o como um tirano "arbitrário, incapaz, sem escrúpulos". O impacto nos meios políticos e sociais soviéticos da denúncia foi enorme e um ambicioso projeto de reformas, que incluía amplas medidas de desestalinização, teve início.

Nas Democracias Populares, os efeitos da desestalinização seriam sentidos de formas distintas. Em alguns países, lideranças stalinistas permaneceram no poder, reduzindo eventuais expectativas de transformações em curto e médio prazo. Esse foi o caso da Tchecoslováquia, até meados da década de 1960, e também o da Bulgária e o da Romênia, que mantiveram importantes aspectos do controle stalinista nas mãos de ditadores autoritários e em aparatos de segurança centralizados. A Romênia, no entanto, construiu, sobretudo após a ascensão de Nicolae Ceauşescu, em 1965, um modelo mais autônomo com relação à União Soviética. Na Albânia, as hostilidades para com os soviéticos aumentaram após 1956. Enver Hoxha, principal liderança do país, percebia as políticas de Kruschev como contrárias ao marxismo-leninismo e as denúncias contra Stalin como um ato oportunista, destinado a legitimar o "revisionismo" dentro do movimento comunista internacional. A resistência albanesa no que concerne às ordens de desestalinização, somadas às críticas elaboradas por esse país à postura soviética com relação à China, resultou no progressivo afastamento entre os dois países, consolidando o rompimento em 1961.

Em outros países, contudo, a desestalinização produziu impactos imediatos, resultando em projetos alternativos de construção do socialismo. Em 1956, Polônia e Hungria experimentaram tentativas de "reforma pelo alto" e, 12 anos mais tarde, em 1968, foi a vez da Tchecoslováquia.

Na Polônia, os efeitos da desestalinização começaram a aparecer ainda na primavera de 1956, quando um processo de transição, com a deposição de lideranças stalinistas, teve início. Nesse contexto, milhares de prisioneiros políticos foram libertados, dentre eles, Władysław Gomułka, homem forte do Partido entre 1945 e 1948, preso durante os expurgos de 1951. A partir do segundo semestre de 1956, pequenas mudanças começavam a ser experimentadas: parte da imprensa adotou posturas mais incisivas, denunciando as práticas stalinistas e aqueles que as toleravam. Em junho, uma série de manifestações operárias ocorreram na cidade de Poznań. Exigindo melhores condições de trabalho, cerca de 100 mil operários foram recebidos nas ruas da cidade com grande violência policial, deixando dezenas de mortos e centenas de feridos.

A dura repressão em Poznań acabou fortalecendo a posição dos progressistas dentro do governo, que se tornou mais sensível aos descontentamentos generalizados e aos riscos de conflagração política e social. A partir de então, buscou-se adotar uma política de compromisso que resultou na reintegração de Gomułka ao Partido, mas não ao Bureau Político, ao menos em um primeiro momento.

Em outubro, uma nova onda de protestos atingiu o país, ao mesmo tempo que a liderança de Gomułka tornava-se cada vez mais popular: suas falas enfatizavam as possibilidades de mudanças e, diferentemente do discurso oficial de Moscou, admitia que os erros do período anterior não se deviam de modo exclusivo a Stalin, mas a um "sistema que governou na União Soviética e foi transplantado para quase todos os Partidos Comunistas", cuja essência era uma hierarquia "unificada de cultos", no topo da qual estava um homem.

Gomułka despontava como um nome de consenso no cenário político polonês. Para os segmentos progressistas, aparecia como um símbolo das perseguições do período stalinista; os ortodoxos, por sua vez, imaginavam que suas tendências nacionalistas e reformistas seriam controladas por seu entorno. Assim, em 18 de outubro de 1956, Gomułka foi indicado primeiro-secretário do Partido Operário Unificado Polonês (PZPR), com promessas de abertura e de avançar na desestalinização.

Os ímpetos reformistas do novo primeiro-secretário não duraram muito mais que um ano. Porém, é possível supor que a solução conciliatória que prevaleceu na Polônia tenha poupado o país de maiores derramamentos de sangue, como ocorreria, em seguida, na Hungria.

As notícias sobre os acontecimentos da Polônia começaram a chegar a Budapeste a partir do dia 19 de outubro, através da rádio Free Europe. No dia 23, uma manifestação estudantil em solidariedade à Polônia e exigindo que as mesmas reformas previstas naquele país fossem implementadas na Hungria ganhou as ruas da capital. Os rumos e o desfecho dos acontecimentos, no entanto, foram muito distintos do que a solução negociada do Outubro Polonês.

Vale destacar, todavia, que pouco tempo depois da morte de Stalin, a Hungria já vinha passando por processos de reformas políticas, quando Imre Nagy assumiu como chefe do Conselho de Ministros da República Popular da Hungria, em desfavor de Mátyás Rákosi. Conhecido no país como o "melhor aluno de Stalin", Rákosi continuou exercendo o cargo de primeiro-secretário, mas a escolha de Nagy, que se opôs abertamente ao processo de coletivização forçada, para o Conselho de Ministros, colocou a Hungria no rumo de reformas importantes. O país conheceu, então, certa liberalização em alguns aspectos da vida: milhares de prisioneiros políticos foram colocados em liberdade, enquanto círculos de intelectuais se formavam, e associações de escritores, jornalistas e artistas tornavam-se cada vez mais críticas do regime.

As lutas internas no MDP se intensificaram, opondo stalinistas – encabeçados por Rakósi – e reformistas – sob a liderança de Nagy. Em

1954, o chefe do Conselho de Ministros anunciou políticas que prometiam a retomada das relações econômicas com o Ocidente, a revisão do código de trabalho, o restabelecimento dos cultos religiosos, dentre outras medidas que, se implementadas, levariam a uma considerável democratização da Hungria.

Porém, embora a popularidade de Nagy crescesse de forma expressiva, na prática, as reformas ganhavam pouca concretude. No fim do ano, Nagy lançou uma ofensiva contra os opositores políticos no jornal do partido, acusando Rakósi e seu grupo de dogmatismo, incoerência na política econômica e de ter elaborado uma falsa interpretação do socialismo. A situação política dentro do MDP tornava-se, a cada dia, mais polarizada e culminou com a deposição de Nagy, em 1955. Contudo, as denúncias dos crimes do stalinismo, ainda no começo de 1956, tiveram forte repercussão na Hungria. A partir de então, apareceram denúncias contra políticas adotadas pelo partido depois de 1947, vindas de grupos diversos.

O curso dos acontecimentos se acelerou: Rákosi foi deposto em julho, por pressão dos soviéticos, pegando de surpresa o aparato partidário, mas também a sociedade. Seguiram-se outras expulsões e a reincorporação de antigos membros, dentre eles, o próprio Nagy, readmitido em 13 de outubro.

Em outubro, os estudantes de Budapeste elaboraram um programa no qual pediam liberdade de imprensa, liberdade de associação e, principalmente, o fim da tutela soviética. No dia 23, quando realizaram a primeira manifestação pública, cerca de 300 mil estudantes – repetindo o trajeto feito pelos revolucionários de 1848 – gritavam "Imre Nagy no poder!". A passeata seguiu em direção à margem direita do Danúbio e, mais adiante, na entrada do parque Városliget, os manifestantes colocaram abaixo a enorme estátua de Stalin, símbolo maior do poder e da presença soviética.

A cabeça da estátua de Stalin, atacada pelos manifestantes, em 23 de outubro de 1956.

Os opositores do regime esperavam uma espécie de solução "polonesa" para a questão húngara, mas o governo, então sob a liderança de Ernő Gerő, limitava-se a repetir discursos ortodoxos. Durante a noite, os confrontos começaram e, no dia seguinte, o governo pediu aos soviéticos que cercassem a capital com tanques e solicitou a Imre Nagy que voltasse a chefiar o Conselho de Ministros. Nagy personificava, sem dúvidas, as expectativas dos revoltosos e de parte importante da sociedade húngara, mas era, ao mesmo tempo, visto pelos comunistas como o único caminho possível de restauração da ordem.

Quando a ocupação soviética teve início, o movimento, que começou como uma manifestação dos estudantes de Budapeste, ganhou contornos de revolta nacional, ao mesmo tempo que se diversificou. Havia tendências reformistas, de esquerda, que se manifestavam na crítica ao stalinismo e à submissão aos soviéticos, e na formação de órgãos de autogestão, como os comitês nacionais e os conselhos operários. Porém, tendências reacionárias e anticomunistas também apareceram, encarnadas, por exemplo, pelo cardeal József Mindszenty, recém-saído da prisão.

Em seu discurso na noite de 24 de outubro, Nagy pediu calma e anunciou o retorno do seu plano de reformas de 1953. Prometeu ainda a retirada das tropas soviéticas do país e procurou fornecer garantias de que os revoltosos não seriam punidos. Poucos dias depois, formaria um governo de coalizão nos moldes daqueles que existiram na época das políticas de Frente Nacional e que haviam sido, como referido, muito efêmeros.

No dia 1º de novembro, János Kádár, que compunha o governo de coalizão, anunciou em cadeia nacional de rádio a dissolução do MDP e a formação do Partido Socialista dos Trabalhadores Húngaros (MSzMP). Poucos dias depois, Kádár foi sequestrado pelos soviéticos. Ao retornar à Hungria, sob proteção do Exército Vermelho, na manhã de 4 de novembro, Kádár anunciou a formação de seu governo e o rompimento com Nagy. As tropas soviéticas estacionadas nos arredores de Budapeste avançaram em direção à capital e agiram com extrema violência contra os húngaros: cerca de 2 mil pessoas foram mortas e 13 mil ficaram feridas em Budapeste. No interior do país, foram 700 mortos e 1.500 feridos. Cerca de 200 mil húngaros deixaram o país, buscando asilo principalmente na Áustria, na Polônia e na Iugoslávia. Nagy foi preso e executado dois anos depois, em 1958.

Segundo a pesquisadora Catherine Horel, para os húngaros, "a revolução de 1956 marcou um novo estágio, comparável em escala a 1848, na construção de um inconsciente coletivo alimentado pelo mito da vitimização e do martírio". Na memória nacional, os eventos – recalcados por décadas pela versão comunista de uma "contrarrevolução" ou de uma "conspiração criminosa" levada a cabo por Nagy e seus amigos – afirmaram a crença na traição e no abandono internacional, ao mesmo tempo que afetaram amplos segmentos da sociedade, tocados por mortes, prisões ou exílio de pessoas próximas.

Nos anos seguintes, Kádár dedicou-se a consolidar seu poder – que ele exerceria até 1988 –, eliminando inimigos à direita e à esquerda. Em 1961, porém, o governo promulgou uma anistia que visava abrir espaço na vida pública para certos apoiadores da revolução, ao mesmo tempo que começou a adotar políticas econômicas e culturais destinadas a tornar a vida mais agradável para o conjunto da população. No chamado "socialismo goulash" húngaro, pequenos negócios privados foram permitidos e o planejamento econômico centralizado foi aplicado apenas à indústria. A partir da década de 1970, com lojas cheias, cafés bem abastecidos e maior abertura ideológica, a Hungria se tornou algo como uma vitrine para o mundo de uma espécie de socialismo de mercado.

A década de 1960, em toda a Europa Central, constituiu-se em um período de readaptação: tratava-se de lidar com a União Soviética e as políticas de desestalinização em um momento em que cresciam as demandas nacionais. Os soviéticos tendiam a não incentivar o *nacionalismo*, colocando em primeiro lugar a construção do *socialismo*. Porém, cada vez mais, as duas questões – nacionalismo e socialismo – passaram a se combinar na região de diferentes formas, articulando projetos e expectativas específicas.

Na RDA, as perspectivas nacional e socialista estavam particularmente imbricadas, na medida em que a identidade alemã-oriental – se não a sua própria razão de ser – estava baseada no fato de ser socialista. Assim, em um momento em que a Guerra Fria se caracterizava por movimentos pendulares, alterando relaxamento e tensão, na RDA as coisas se passavam de modo distinto. Em outras partes do bloco, foi possível observar movimentos de afrouxamento ou distanciamento relativo com relação à União Soviética. Contudo, na Alemanha Oriental, as práticas do "realismo socialista" se intensificavam e os nós se apertavam.

Assim, no início da década de 1960, o governo da RDA estava voltado para e muito atento à necessidade de resolver o "problema de Berlim": desde a fundação do Estado até o início de 1961, 3 milhões de alemães orientais haviam deixado o país, 80% dos quais através de Berlim. Até então, a RDA havia perdido 7.500 médicos, 1.200 dentistas, um terço de seus acadêmicos e centenas de milhares de trabalhadores qualificados.

No verão daquele ano, o SED deu início à construção de um "muro de proteção antifascista" entre os setores ocidentais de Berlim e o seu próprio setor oriental. Da noite para o dia, um processo coordenado começou a fechar a fronteira de 170 quilômetros de extensão entre Berlim Ocidental e o restante da RDA, e uma construção de concreto e arame farpado começou a ser erguida. A polícia de fronteira recebeu ordens para aumentar e fortalecer as barreiras de veículos existentes entre o setor soviético e os demais. Noite após noite, incidentes se sucederam, pois cidadãos assustados e furiosos, em ambos os lados, exigiam saber o que estava acontecendo.

Ao longo do processo de construção e durante os primeiros anos após o fim da obra, foram inúmeras as tentativas de fuga. Não obstante, de acordo com a historiadora Katja Hoyer, por mais cruel que tenha parecido, do ponto de vista político, o muro serviu para acalmar a situação em Berlim e no país. Enquanto a situação na cidade dividida permaneceu tensa ainda por um bom tempo, no restante da Alemanha Oriental a situação se acalmou quase de forma imediata. O muro de Berlim não permitia mais que as pessoas se mudassem para o Ocidente. A classe média e os trabalhadores qualificados tiveram, a partir daí, de encontrar formas de conviver com a situação, enquanto o restante da sociedade deixava de se preocupar com a falta de médicos, dentistas, cientistas e construtores. Aos poucos, sobretudo em Berlim, o muro foi se tornando um fato da vida cotidiana, em torno do qual e com o qual as pessoas aprenderam, duramente, a conviver.

Assim como na RDA, na Tchecoslováquia, os laços com o stalinismo pareciam bem apertados e difíceis de desatar. As denúncias de 1956 tiveram pouco impacto no país, e as pressões sociais no sentido da desestalinização – diferentemente do que houve na Polônia e na Hungria – foram muito baixas. Foi apenas em 1962, quando Kruschev enviou ordens expressas para que medidas concretas de desestalinização fossem tomadas, que um movimento para reabilitar as vítimas do stalinismo teve início. Criou-se, então, uma comissão para investigar o terror, e vieram à tona detalhes desconhecidos sobre prisões e assassinatos de figuras importantes ocorridos apenas uma década antes.

Em 1963, medidas de desestalinização atingiram a seção eslovaca do Partido Comunista. Políticos ortodoxos ligados ao primeiro-secretário do KSČ e ao presidente da Tchecoslováquia, Antonín Novotný, foram afastados. Uma nova geração de comunistas assumiu o controle dos órgãos do Partido e do Estado na Eslováquia, liderada por Alexander Dubček, que se tornou primeiro-secretário da filial eslovaca do partido e membro do Presidium do Comitê Central do KSČ.

Ao longo da década de 1960, grupos da sociedade civil também se articulavam, animados pelos ventos da desestalinização. Em especial no campo da cultura, movimentos interessantes apareceram: na dramaturgia, nomes como o de Václav Havel tornavam-se conhecidos, ao mesmo tempo em que novos teatros eram abertos. Na literatura, autores ocidentais eram (re)descobertos e, em 1967, o romancista tcheco Milan Kundera lançava seu romance de estreia. Intitulado *A brincadeira*, o livro contava a história de um homem enviado ao *gulag* em função de uma piada que afrontava o otimismo obrigatório do regime, e foi adaptado para o cinema em 1969 por Jaromil Jireš, um dos nomes mais importantes do Cinema Novo tchecoslovaco, que também contava com figuras como Vojtěch Jasný e Miloš Forman.

No Partido, uma onda reformista ganhou força com a indicação, em janeiro de 1968, de Dubček para o cargo de primeiro-secretário do KSČ. As propostas de Dubček eram, em grande medida, similares às de Władysław Gomułka e Imre Nagy 12 anos antes na Polônia e na Hungria, respectivamente. Sem questionar o papel de liderança do Partido Comunista e a participação no bloco socialista, o objetivo era passar da "ditadura do proletariado" para um regime baseado no estado de direito, que respeitasse as liberdades e as necessidades de todos, um "socialismo de face humana", como chamaram na época.

Em abril de 1968, o KSČ adotou o Plano de Ação que previa uma ampla reforma do sistema político, com o estabelecimento de um sistema federal – com direitos iguais para as nações tcheca e eslovaca –, a divisão de poderes entre Estado e Partido, a concessão de ampla autonomia às empresas e a abolição da censura. As medidas adotadas deram origem a um audacioso e pacífico experimento social que logo atraiu atenção internacional, em um contexto de muita agitação política, como foi o do ano de 1968 em quase todo o mundo. O objetivo central era resolver os problemas que afetavam a sociedade, a política, a economia e a cultura tchecoslovaca desde a década de 1950 a partir do desenvolvimento da noção de um socialismo democrático e "humano", uma "terceira via" entre o socialismo de Estado soviético e o capitalismo liberal ocidental.

O processo ficou conhecido em todo o mundo e entraria para a História como Primavera de Praga. O termo, no entanto, possui conotações "tchecocêntricas" e pode induzir a equívocos, ao supor a concentração dos eventos e de seus desdobramentos nas terras tchecas. Ao contrário, as reformas afetaram eslovacos tanto quanto tchecos. Da mesma forma, protestos contra a invasão do país em 1968 tomariam não só cidades tchecas, como também eslovacas. Nesse sentido, certos historiadores têm preferido utilizar o termo *Primavera Tchecoslovaca*, mais amplo e mais acurado, para se referir aos eventos de 1968.

O Plano de Ação, que entrou em vigor em abril, foi considerado muito ousado pelos setores mais conservadores do Partido e pelos líderes dos "países irmãos", que passaram a temer o processo de abertura tchecoslovaco e os impactos que poderiam ter na região. Na RDA, as notícias veiculadas sobre a Primavera Tchecoslovaca afirmavam que os "portões haviam sido abertos para os fascistas que queriam restaurar o capitalismo".

Na imprensa, nos meios culturais e na sociedade tchecoslovaca, questões consideradas perigosas pelos soviéticos e pelos demais países do bloco apareciam com frequência cada vez maior. Davam conta das relações soviéticas com a Europa Central, incluindo o esmagamento dos partidos democráticos depois de 1945, a exploração econômica e o papel soviético na elaboração do terror stalinista.

Foi nesse contexto que, em 21 de agosto de 1968, as forças do Pacto de Varsóvia puseram fim à Primavera Tchecoslovaca. Enquanto tanques tomavam as ruas da capital, Dubček foi sequestrado e levado a Moscou. Em Praga, Bratislava e outras cidades do país, manifestantes protestavam de forma não violenta contra os invasores.

Jovens erguem a bandeira tchecoslovaca em frente aos tanques soviéticos durante a repressão das tropas do Pacto de Varsóvia à Primavera Tchecoslovaca. Praga, 1968.

Em 26 de agosto, os soviéticos conseguiram impor às lideranças tchecoslovacas a assinatura de um protocolo, no qual se comprometiam a "normalizar" a situação do país. O documento exigia o expurgo de todos os dirigentes que "não correspondiam às necessidades de fortalecer o papel de liderança da classe trabalhadora e do Partido Comunista" e o restabelecimento do controle da imprensa para que ela "servisse à causa do socialismo". Houve também um acordo verbal de que os principais reformistas seriam demitidos. Dubček permaneceu no governo, embora sem poderes, até o início de 1969, quando praticamente todas as medidas tomadas durante a Primavera Tchecoslovaca já haviam sido revogadas.

A partir de então, estreitaram-se os caminhos alternativos: o exílio foi cogitado por muitas pessoas. Outras tantas, a grande maioria, precisou se adaptar à "normalização" imposta pelos soviéticos. Restava ainda a opção pela dissidência, perigosa, arriscada, muitas vezes humilhante, que podia levar seus adeptos à clandestinidade, à prisão e, no limite, à morte.

Adeus, Lenin!
Das dissidências
ao socialismo
à integração europeia

Normalizar a situação no país. Essa foi a ordem soviética para os dirigentes da Tchecoslováquia após a derrota da Primavera Tchecoslovaca. Ainda em setembro de 1968, entrara em vigor, para toda a região, a chamada Doutrina Brejnev, que restringia a soberania das Democracias Populares ao afirmar o dever da União Soviética de intervir nos países socialistas em caso de eventos que ameaçassem a ordem ou o interesse comum do bloco soviético.

O processo de *normalização* se deu, portanto, sob as condições de soberania limitada impostas pela Doutrina Brejnev. As pressões internacionais – sobretudo da União Soviética, mas igualmente dos demais países do Pacto de Varsóvia – foram fundamentais para que as políticas de normalização pudessem ser colocadas em prática de forma rápida e eficiente. Porém, é preciso destacar que o sucesso da normalização se deveu também a pressões e condições domésticas, bem como a rivalidades políticas internas ao Partido.

Na Tchecoslováquia, portanto, o período que se estende desde a derrota das reformas de 1968 até a Revolução de Veludo em 1989 é chamado de Normalização. Compreende a época em que Gustáv Husák esteve à frente do Partido Comunista da Tchecoslováquia (KSČ) como secretário-geral, tendo se caracterizado pelas tentativas de restabelecer o *status quo* anterior à Primavera Tchecoslovaca. Para isso, era preciso expulsar os reformistas do Partido, do Estado e dos aparatos econômicos e culturais.

A princípio, as novas lideranças não tiveram grandes dificuldades em realizar os expurgos, todavia, após o vendaval de 1968, em grande medida, os tchecoslovacos perderam o entusiasmo pelo regime. Parte expressiva da população, especialmente os mais jovens, rejeitava as premissas da normalização e, principalmente, a submissão ao poder soviético. Nem mesmo algumas conquistas econômicas da década de 1970 foram capazes de minorar o sentimento de desagrado e desânimo diante das novas condições do país.

A indiferença também se tornou um sentimento bastante disseminado. Muitas pessoas trataram de continuar vivendo suas vidas suportando, evitando ou ignorando as restrições e as imposições do regime. Alguns historiadores caracterizam o período de Normalização como um momento em que a vida privada tendeu a prevalecer sobre o espaço público. Nessa circunstância, em vez de lidar com as questões políticas mais amplas que afetavam a sociedade, os cidadãos tchecoslovacos optaram pela construção de um pacto social que tendia a privilegiar a estabilidade, evitando os embates e voltando suas energias para a vida privada.

Em 2023, o fotógrafo tcheco Jaroslav Kučera publicou um livro de fotografias de sua autoria feitas entre as décadas de 1970 e 1980. Intitulado *Calm before the Storm: how We Lived at Normalization* (*Calmaria antes da tempestade: como vivemos a Normalização*, em tradução livre), a obra documenta a vida cotidiana – banal, mundana, comum e ao mesmo tempo complexa, tensionada – em uma Tchecoslováquia que se modernizava sob o silêncio pesado da Normalização. Por trás da superficial banalidade da vida cotidiana, as imagens feitas por Kučera ao longo de duas décadas captavam a tensão e a complicada lógica da existência sob a Normalização.

No fim da década de 1970, o dramaturgo Václav Havel escreveu o ensaio *O poder dos sem poder*, um libelo sobre a "tirania da apatia", e alertava: "Um espectro ronda a Europa do Leste: o espectro do que no Ocidente é chamado de 'dissidência'".

Nesse período, formas distintas de dissidência surgiram. Diversos movimentos contraculturais se espalhavam, clandestinos, entre a jovem intelectualidade das Democracias Populares, constituindo redes – em alguns casos transnacionais – que trocavam textos e experiências, em uma Europa cada vez mais preocupada com o debate sobre direitos humanos.

De modo geral, as décadas de 1970 e 1980, não apenas na Tchecoslováquia, mas também em toda a Europa Central, caracterizaram-se por esse complexo emaranhado entre a "normalização do socialismo" e a incorporação de suas práticas na vida cotidiana e, ao mesmo tempo, o crescimento expressivo de formas plurais de dissidência.

Após a desestalinização e depois das revoltas e dos protestos que se desencadearam na região, as Democracias Populares seguiram caminhos mais ou menos distintos. Alguns países, como a Hungria e a Polônia, adotaram modelos mais flexíveis, concentrados na modernização e na abertura da economia. É importante demarcar o caso iugoslavo, no qual importantes reformas econômicas também foram implementadas, mas, nesse caso, desde 1948, quando da ruptura com a União Soviética. Em outros países, como na Tchecoslováquia e na RDA, prevaleceram a ortodoxia socialista e a opção por um modelo mais próximo ao soviético. Além de Iugoslávia, Albânia e Romênia – conquanto permanecessem ditaduras ferozes – afirmaram uma condição autônoma com relação à União Soviética.

Na Polônia e na Hungria, além de importantes reformas econômicas, os regimes tornaram-se também relativamente mais tolerantes dos pontos de vista político, social e cultural. O socialismo goulash da Hungria adotou como *leitmotiv* a frase: "Se você não está contra nós, você está conosco". Os rumos eram bem diferentes na Romênia, na RDA e na Tchecoslováquia. Neste país, após 1968, o regime adotou uma postura que poderia ser resumida no oposto do que se dizia na Hungria: "Ou você está conosco ou está contra nós".

Do ponto de vista dos regimes, as décadas de 1970 e 1980 foram, também, um momento de reativação das narrativas relativas às identidades nacionais, em alguns casos, articuladas ao culto à personalidade dos ditadores. Tratava-se de demonstrar que o socialismo não era visto como uma ruptura com o passado, ao contrário, inscrevia-se perfeitamente na história do país. Longe, portanto, de ser um corpo estranho, introduzido por forças estrangeiras, o socialismo era considerado o elo final, a culminância de uma série de acontecimentos que conformavam a história da nação. Era o que acontecia na Romênia, na Albânia, na Bulgária e mesmo na Polônia e na Hungria, que mantiveram o culto à personalidade de seus líderes.

Na RDA, as condições muito particulares do surgimento do Estado tornavam a reivindicação do passado um pouco mais complicada. Ainda assim, o Partido investiu na recuperação de uma narrativa que exaltava elementos da cultura política alemã, como os "ideais comunitários", a fé indestrutível na onipotência do Estado e o alto valor das Forças Armadas. Por fim, a reativação de valores, como a disciplina e o respeito à autoridade, facilitou o culto ao líder.

Em pouco tempo, contudo, todos esses países passariam por profundas transformações, iniciadas por revoluções pacíficas – em quase todos os casos – e simultâneas, que levariam à queda dos regimes socialistas na Europa Central e na União Soviética. Ao mesmo tempo, desencadearam processos de transição política, econômica e social complexos. Ao observador do século XXI, pode parecer que o que ocorreu na Europa Central, bem como na União Soviética entre 1989 e 1991, estava fadado a acontecer. Leituras retrospectivas da história, muitas vezes, tendem a ver os regimes socialistas da região como decadentes, carcomidos, irreformáveis, logo, fadados ao declínio e ao desaparecimento.

Para os atores sociais da época, no entanto, nada estava dado. Era difícil pensar que o socialismo ou a União Soviética simplesmente poderiam deixar de existir e, em particular, era complicado imaginar as vidas, quase 40 anos depois, em outros termos a não ser aqueles do socialismo. Ainda assim, da noite para o dia, quase inadvertidamente, o muro de Berlim caiu, as enormes e pesadas estátuas de Lenin, espalhadas por todo o bloco soviético, foram derrubadas num adeus das populações a regimes que pareciam destinados a uma longa e indeterminada permanência.

Como esses acontecimentos foram possíveis?

"O PODER DOS SEM PODER": AS FORMAS DE RESISTÊNCIA E DISSIDÊNCIA

A cultura popular tcheca possui referências constantes à figura do que chama de "pequenos tchecos": homens e mulheres comuns, sem grandes características heroicas, medianos, os "pequenos tchecos" não possuem objetivos elevados e vivem no acanhado mundo de suas famílias, trabalho e vizinhança. Seus esforços e dedicação estão voltados para garantir vidas minimamente confortáveis para si e seus entes próximos. Ao mesmo tempo, são considerados espertos, dotados de talentos, como engenhosidade e capacidade de improvisação.

Nos tempos da Normalização, tchecos e eslovacos adotaram comportamentos que remetiam, para muitos, ao estereótipo dos "pequenos tchecos" – evasivos, de "sobrevivência sem heroísmos" –, adaptando-se ao sistema, vivendo de acordo com seus preceitos e se beneficiando das políticas de pleno emprego, do acesso a determinados bens e da estabilidade econômica promovida pelo regime. Para alguns analistas, esse tipo de comportamento teria permitido a sobrevivência do socialismo de tipo soviético por tantos anos no país. Outros, no entanto, tendem a compreender os "pequenos tchecos" como pessoas prudentes, cuja percepção concreta da realidade permitiu que a nação sobrevivesse a períodos frequentes, e às vezes prolongados, de opressão e dominação estrangeira, incluindo o Império Habsburgo, a Alemanha nazista e a União Soviética.

Aqui, reencontramos o bravo soldado Švejk, personagem da literatura tchecoslovaca que conhecemos no capítulo "Europa Central *fin-de-siècle*: da *Belle Époque* à eclosão da Grande Guerra". Alguns analistas compreendem a perene popularidade do personagem criado por

Jaroslav Hašek nos anos 1920 justamente em função da possibilidade de ampla identificação social com ele. Švejk transformou-se em símbolo da capacidade de resistência pacífica do povo tcheco/tchecoslovaco – e dos povos de toda a Europa Central, de maneira geral, o que explica as homenagens que recebe em forma de estátuas nos mais diversos países da região. Zombando da autoridade, mas, por vezes, incapaz de derrotá-la, o "bom soldado", personificação do "pequeno tcheco", é, ao mesmo tempo, elogiado como defensor de valores fundamentais e menosprezado como expressão do pensamento e do comportamento mediano.

Em fins da década de 1970, em *O poder dos sem poder*, Václav Havel utilizava um verdureiro – um "pequeno tcheco" – como metáfora do comportamento social e dos processos de adaptação à ordem na Tchecoslováquia e, de modo mais amplo, em toda a Europa Central:

> O gerente de uma loja de frutas e verduras coloca em sua vitrine, entre as cebolas e as cenouras, o *slogan*: 'Trabalhadores do Mundo, Uni-vos!' Por que ele faz isso? O que ele está tentando comunicar ao mundo? Ele está genuinamente entusiasmado com a ideia de unidade entre os trabalhadores do mundo? Será que seu entusiasmo é tão grande que ele sente um impulso irrefreável de familiarizar o público com seus ideais?

O verdureiro de Havel era um homem comum, adaptado aos *slogans* e às palavras de ordem da Normalização, que ele repetia para proteger a si próprio, sua família e seu trabalho. Fazia o que todos faziam desde sempre e assim deveria ser. É nesse sentido que Havel toma o comerciante como símbolo da Normalização, mas faz a ele uma conclamação: é preciso "viver na verdade". O dramaturgo, porém, não pensa a *verdade* como uma nova ideologia ou como uma grande narrativa nacional. A verdade nem sequer significa, aqui, uma elaboração científica, objetiva. Ao contrário, *viver na verdade*, para Havel, significa tomar decisões que estejam de acordo com um senso pessoal do que é importante. Ao agir dessa maneira, o verdureiro, antes de colocar o letreiro em sua vitrine, deveria refletir sobre sua atitude. De fato, ele acreditava na importância da união dos trabalhadores do mundo? Se não, em que ele acreditava? Ele vivia de acordo com suas crenças? *Viver na verdade* implicaria, dessa forma, a possibilidade de não compactuar com as narrativas e os pressupostos da Normalização e, por consequência, do socialismo soviético. Nesse ponto, viver individualmente na verdade teria o potencial de revigorar a ação coletiva, contribuindo para o fortalecimento da sociedade civil.

O ensaio de Havel teve certo impacto entre as oposições da Europa Central quando foi escrito, entre 1978 e 1979, e circulou também no Ocidente. O texto, segundo o próprio autor, foi redigido às pressas, em 1978, como parte de um projeto tchecoslovaco-polonês que reuniria ensaios sobre poder e liberdade. Poucos meses depois, Havel e outros intelectuais tchecoslovacos envolvidos no projeto foram presos.

Nesse período, a circulação de textos clandestinos, como *O poder dos sem poder*, tornou-se muito comum em grande parte da Europa Central. Eram chamados de *samizdat*, termo de origem russa que significava "feito por si mesmo", surgido em Moscou, na década de 1950, para se referir à prática de determinados autores de publicarem a si próprios em circuitos alternativos e ilegais. Posteriormente, a definição foi ampliada e passou a abranger todos os aspectos da produção e distribuição de material "não oficial". Tal prática possuiu papel central na circulação de ideias, na constituição e na articulação de novas redes políticas e de laços de amizade entre intelectuais da região, apesar dos riscos que envolvia. Não obstante as dificuldades, a produção, a circulação e o consumo dos *samizdats*, que envolveram sempre um número significativo de pessoas, ajudaram a moldar e constituir o que se pode compreender como uma complexa "cultura de dissidência" na região.

Ao analisarmos o volume de textos *samizdats* que passaram a circular nas décadas de 1970 e 1980, observamos sua pluralidade, que incluía ensaios escritos por intelectuais, manifestos religiosos, imprensa operária e uma enorme diversidade de expressões da chamada cultura *underground*, que poderia incluir música, poesia, teatro etc.

Embora tenha se tornado particularmente importante na Tchecoslováquia desde o esmagamento da revolta de 1968, a circulação de *samizdat* teve impacto na maior parte dos países do bloco soviético. Na Hungria, alguns autores explicam que, a partir de 1976, é possível falar de *samizdat húngaro*, ou seja, da constituição de uma rede de comunicação escrita com amplitude e periodicidade bem demarcados. Na Polônia, assim como na Hungria, os *samizdats* tomaram forma apenas a partir da segunda metade da década de 1970. Ali, no entanto, os textos clandestinos adquiriram grande importância, culminando na circulação de cerca de 40 publicações na década de 1980, algumas com tiragens de vários milhares de exemplares. Mesmo nos países bálticos, como na Lituânia e na Estônia, os *samizdats* começaram a circular de forma muito ativa, sendo comum também a divulgação de textos religiosos feita dessa maneira.

Os *samizdats* tornaram-se uma das mais importantes formas de expressão da dissidência na Europa Central e compunham um aspecto fundamental de uma cultura de resistência mais ampla. A *resistência*, no contexto específico das Democracias Populares da Europa Central, abarcava manifestações políticas, culturais e religiosas que atuavam nos limites da legislação vigente, embora possuíssem claro viés de oposição, podendo inclusive se manifestar nos comportamentos cotidianos. A *dissidência*, por sua vez, pode ser compreendida como uma expressão mais radical da resistência, necessariamente ilegal e clandestina. Na prática, em diversas circunstâncias, resistência e dissidência se misturaram e se combinaram, compondo formas de comportamentos e de oposição complexos.

Em fins da década de 1970, a Europa Central conheceu importantes movimentos de resistência e de dissidência, que ganhavam impulso de modo mais ou menos disseminado, a depender da força da repressão, mas também das especificidades de cada país, e envolveram intelectuais, estudantes, artistas, religiosos, operários, mulheres, ambientalistas etc.

Em um primeiro momento, ações de dissidência, ou seja, manifestações de discordância com relação ao poder dominante, não significaram confronto aberto ou formas violentas de oposição. Também não falavam no fim do socialismo. Ao contrário, em 1976, o historiador e dissidente polonês Adam Michnik conclamava a sociedade a desafiar o poder, afirmando que "todo ato de rebeldia nos ajuda a construir a estrutura do socialismo democrático".

Não obstante, demonstravam importante poder de resistência e uma rica dinâmica social que vai de encontro a narrativas consolidadas, as quais tendem a imaginar as sociedades da Europa Central como imóveis, imunes à mudança e à transformação social.

Muitos discursos e ações dissidentes ancoravam-se na defesa de direitos humanos, debate que vinha se disseminando após o esmagamento da Primavera Tchecoslovaca. Assim, em Praga, a prisão dos integrantes do grupo de rock *The Plastic People of the Universe*, em 1976, desencadeou manifestações de solidariedade que levaram à fundação do movimento cívico-social conhecido como Carta 77. Foi assim chamado em função do documento publicado pelo grupo em janeiro de 1977, que reunia nomes como Václav Havel, o filósofo Jan Patočka e Jiří Hájek, ministro das Relações Exteriores em 1968. Os fundadores do movimento declaravam-se unidos pela "vontade de lutar individual e coletivamente pelo respeito aos direitos civis e humanos em nosso próprio país e em todo o mundo".

Nesse momento, a União Soviética buscava consolidar sua posição internacional, em um contexto em que a Guerra Fria se encaminhava para um período de distensão. É dessa época a assinatura de uma série de tratados, que incluíam temas sensíveis, como a questão do desarmamento. No entanto, o ápice desse processo ocorreu em 1975, quando líderes da Otan e dos países do Pacto de Varsóvia se reuniram em Helsinque para uma conferência sobre Segurança e Cooperação na Europa.

Na capital da Finlândia, a União Soviética firmou acordos em que se comprometia com a defesa dos direitos humanos, o respeito à soberania e à inviolabilidade das fronteiras, à garantia da integridade territorial dos Estados, além do respeito às liberdades fundamentais. Para os dissidentes, os Tratados de Helsinque de 1975 serviram como um instrumento concreto, ajudando na luta que já vinham travando em defesa dos direitos humanos. Isso porque foram assinados não apenas pelos soviéticos, mas também por todos os países do Pacto de Varsóvia, e poderiam ser evocados a favor da luta em defesa do respeito aos direitos humanos, civis e políticos.

* * *

O fim da década de 1960 e o início dos anos 1970 marcam um período de crescimento econômico – ainda que em escalas distintas – e prosperidade em todo o bloco socialista, incluída aí a Iugoslávia. A estabilidade e a garantia de acesso a certos padrões de vida foram fatores importantes para a popularidade dos regimes socialistas. A situação, porém, começaria a se transformar no fim da década de 1970 e, sobretudo, a partir de 1980.

Então, a RDA e outros países socialistas, inclusive a União Soviética, acumulavam dívidas significativas. A economia da Hungria, uma das mais abertas do bloco, apresentou crescimento em todos os setores no final da década de 1970; após a derrota da Revolução Húngara de 1956 e até 1983, a renda nacional quintuplicou e o nível de consumo triplicou. Porém, na segunda metade dos anos 1980, os salários reais dos trabalhadores desvalorizaram cerca de 6% em 4 anos.

De maneira geral, em toda a região havia dificuldades em implementar reformas econômicas, embora algumas tentativas nesse sentido tenham sido feitas e inovações introduzidas. As crises do petróleo de 1973 e 1979 contribuíram para agravar a situação, uma vez que, à exceção da Romênia, os países da região não eram produtores de petróleo.

Nesse momento, tornou-se inevitável recorrer a empréstimos no Ocidente. Foi o que fizeram húngaros e poloneses, contando com a hipótese de que seus próprios setores de exportação se tornariam competitivos nos mercados mundiais e permitiriam o pagamento da dívida. Na década de 1980, a crise parecia se aprofundar e as economias socialistas evidenciavam níveis mais baixos de produção e, principalmente, de produtividade em comparação com as capitalistas. Isso se traduziu não só em padrões de vida mais baixos, na escassez crônica de determinados produtos, mas também em um crescente déficit tecnológico e de inovação.

Na Polônia, protestos operários contra a deterioração dos padrões de vida começaram a aparecer ainda muito cedo. Em dezembro de 1970, greves e manifestações operárias contra o aumento nos preços de alimentos e outros produtos básicos foram deflagradas em cidades na costa do mar Báltico, como Gdynia, Gdańsk e Szczecin. O governo polonês, sob a liderança de Władysław Gomułka, reagiu com extrema violência. Mais de 40 trabalhadores dos estaleiros em greve foram mortos, enquanto cerca de mil ficaram feridos.

A violenta repressão aos trabalhadores em greve levaria à queda de Gomułka em dezembro de 1970. Mas a crise econômica continuou se aprofundando com o decorrer dos anos e agravou-se com os empréstimos tomados depois de 1973, levando ao aumento expressivo nos preços de gêneros alimentícios básicos e mesmo à escassez de determinados produtos. Em 1976, novas greves e protestos aconteceram, dessa vez iniciados pelos trabalhadores da metalúrgica General Walter em Radom, cidade de médio porte na região central da Polônia. Logo o movimento grevista se espalhou por outras 24 fábricas próximas e, no início da manhã do dia 24 de junho, entre 20 e 25 mil trabalhadores encontravam-se reunidos em frente à sede do Partido em Radom. A manifestação atingiu ainda outros locais, resultando na paralisação de cerca de 90 empresas em 24 distritos. O número de grevistas e manifestantes foi estimado em torno de 70 mil e o regime não teve alternativa, senão retirar os aumentos dos preços. Porém, mais uma vez, a repressão foi violenta: dois manifestantes perderam a vida e, apenas em Radom, mil trabalhadores foram demitidos e centenas de outros foram presos.

Durante as greves de 1976, artistas, acadêmicos de áreas diversas e religiosos formaram o Comitê de Defesa dos Trabalhadores (KOR). O grupo, inicialmente composto por 14 pessoas, providenciou ajuda médica, financeira e jurídica aos trabalhadores atingidos pela repressão às greves. Também publicou algumas dezenas de textos *samizdats*, nos quais buscava informar a população sobre o que se passava com os operários. Ao longo dos anos 1980, o KOR ampliou suas reivindicações, voltando-se para a defesa dos direitos humanos. Em 1978, uma série de encontros entre intelectuais do KOR e da Carta 77 ocorreram na fronteira entre Polônia e Tchecoslováquia.

Enquanto a degradação das condições materiais resultava em um crescente desencantamento pelo regime comunista, em 1978, o

Vaticano elegia, pela primeira vez, um papa polonês, o cardeal Karol Wojtyła, posteriormente chamado de João Paulo II. O governo preocupou-se com a enorme comoção que a escolha do novo papa gerou na Polônia e enviou relatório a Moscou, no qual alertava para o fato de que Wojtyła era um "anticomunista virulento". Em 1979, João Paulo II fez a primeira visita à sua terra natal, quando arrastou multidões ao longo de oito dias, orando para que o Senhor transformasse "esta terra polonesa" ou conclamando aos seus compatriotas: "não tenham medo". Em um país de forte tradição católica e onde a religião desempenhava papel fundamental nos meios dissidentes, a visita do papa ajudou a canalizar insatisfações cada vez mais crescentes.

Em 1980, novas manifestações ocorreram em diversas cidades operárias do país. No início de agosto, já havia mais de 150 fábricas em greve na Polônia. No estaleiro naval Vladimir Lenin, em Gdańsk, os operários deram início a uma greve de ocupação sob a liderança do operário Lech Wałęsa. Um comitê de greve foi criado, exigindo liberdade sindical, direito à greve, aumentos salariais, reintegração de trabalhadores demitidos por motivos políticos e a construção de um monumento às vítimas da repressão à greve de 1970.

Poucos dias depois que o governo aceitou a reivindicação de liberdade de organização sindical, cerca de mil delegados, representando 600 empresas, se reuniram e fundaram um sindicato independente, o Solidarność (Solidariedade), sob a liderança de Wałęsa. Um misto de partido político e sindicato, o Solidarność registrou, em poucas semanas, 10 milhões de inscrições. O governo socialista mostrava-se cada vez mais preocupado, desorientado pelo rumo dos acontecimentos. Em fevereiro de 1981, o general Wojciech Jaruzelski assumiu o cargo de primeiro-ministro e, no fim do ano, tornou-se também primeiro-secretário do Partido Operário Unificado Polonês (PZPR), o Partido Comunista polonês. Concentrando todos os poderes, Jaruzelski decretou a lei marcial ainda em 1981. Inúmeros sindicalistas e dirigentes foram presos, o Solidarność e outros sindicatos foram colocados na ilegalidade, embora continuassem atuando na clandestinidade, até a decretação da anistia em 1984.

Greve no estaleiro Vladimir Lenin, em Gdańsk, 1980.

* * *

De modo geral, a narrativa histórica sobre a queda do comunismo na Europa é vista como o longo e inevitável colapso de um sistema que, fechado em seu suposto imobilismo, não conseguia mais se sustentar.

Não obstante, quando observamos os processos históricos que marcaram a União Soviética e a Europa Central na segunda metade do século XX, o que se depreende é o seu caráter complexo. Longe da letargia a partir da qual o Ocidente costumava caracterizar a região, é possível notar intrincadas dinâmicas sociais, processos de modernização, adaptações e resistências que perpassavam aquelas sociedades. Mesmo os partidos e suas pesadas burocracias não eram imunes a mudanças e, a depender do país e do contexto, com maior ou menor alcance, reformas foram introduzidas em aspectos diversos da política, da economia e da sociedade.

Assim, em meados da década de 1980, quando os ventos de renovação passaram a soprar forte na União Soviética, é possível dizer que eles se vinculavam a uma tradição reformista soviética relativamente longa e, ao mesmo tempo, traziam elementos novos, fruto dos desejos e dos anseios de transformação de novas gerações. O secretário-geral do Partido Comunista da União Soviética (PCUS), Mikhail Gorbachev, eleito em 1985, era expressão desse processo: tendo chegado ao poder aos 54 anos, Gorbachev parecia trazer um suspiro de juventude e dinâmica diante da gerontocracia russa que o precedeu. Ao mesmo tempo, como explicou o historiador Moshe Lewin, aquilo que era percebido – não apenas no Ocidente, mas também na própria União Soviética – como o "fenômeno Gorbachev", dado o seu carisma, vigor, disposição reformista e ar de novidade, era também produto da dinâmica e da evolução do próprio sistema soviético.

Em outubro de 1985, foi publicado um texto de autoria de Gorbachev em que fazia críticas contundentes a problemas considerados estruturais do sistema soviético, como o excesso de centralismo, de metas quantitativas e a pouca atenção à qualidade e à eficiência. Intitulado *Perestroika* (Reestruturação), o livro rapidamente ganhou notoriedade internacional e tornou-se um *best-seller*. As propostas da *Perestroika* falavam diretamente da necessidade de fazer do socialismo um sistema mais agradável e participativo. Segundo o próprio Gorbachev, tratava-se de "ganhar a alma dos soviéticos para o socialismo".

O impacto das propostas do secretário-geral foi imenso. Em abril de 1986, no entanto, o desastre na usina nuclear de Chernobyl deixou claro que era preciso avançar ainda mais. O superaquecimento de um reator levou a uma explosão catastrófica nessa usina. A precipitação radioativa, muito pior do que a ocorrida por ocasião da explosão das bombas atômicas em Hiroshima e Nagasaki em 1945, foi levada por ventos fortes para amplas áreas do leste, centro e norte da Europa. Milhões de pessoas em todo o continente foram expostas aos efeitos da radiação. A usina localizava-se na cidade ucraniana de Pripyat, perto da fronteira com a Bielo-Rússia. Para os habitantes dessa região, o acidente foi uma calamidade sem limites: cerca de 30 pessoas morreram pelo trauma inicial da explosão ou síndrome de radiação aguda. O número de indivíduos que perderam a vida após o acidente em decorrência da radioatividade, porém, pode chegar a dezenas de milhares. Com água e solos contaminados, a vida em Pripyat se tornou impossível: cerca de 135 mil pessoas foram deslocadas e reassentadas à força e o lugar tornou-se uma cidade-fantasma.

A reação dos dirigentes soviéticos, em um primeiro momento, foi de tentar esconder o desastre nuclear. Gorbachev, porém, rapidamente determinou que todas as informações fossem disponibilizadas. O desastre parecia revelar não apenas a obsolescência tecnológica soviética, mas também o fracasso do sistema em um sentido mais amplo, inclusive em termos do tratamento da informação. Mais tarde, o próprio Gorbachev teria afirmado que "Chernobyl revelou muitas das doenças de nosso sistema como um todo".

Foi então que uma segunda palavra russa ganhou o mundo: *glasnost* ou "transparência", "ver através". Com essa política, Gorbachev estimulava o debate público e propunha maior transparência administrativa. Os efeitos da *glasnost* também foram significativos, incentivando a discussão, a proposta de novas ideias e sinalizando para uma vaga promessa de democratização. Em seguida, uma série de reformas foi implementada, conferindo maior autonomia a cooperativas e empresas, além da regulamentação do trabalho individual e familiar privado.

> ## CHERNOBYL E O PROBLEMA AMBIENTAL
> ## NO BLOCO SOVIÉTICO
>
> A ambientalismo como movimento social e o aparecimento de políticas voltadas para o meio ambiente, no âmbito estatal, coincidem com o surgimento da Guerra Fria em fins da década de 1940. Em âmbito europeu, ao contrário do que se pode imaginar, não se tratou de um movimento restrito à parte ocidental da Cortina de Ferro. De fato, desde cedo, tais questões preocuparam diversos países do chamado bloco socialista e diziam respeito tanto a assuntos relativos às armas nucleares e à bomba atômica quanto à poluição industrial. Preocupações e reivindicações ambientalistas apareceram nos países bálticos, na Tchecoslováquia e na Polônia já desde fins da década de 1960 e ganharam espaço, de forma lenta e progressiva, nas décadas seguintes. Não obstante, o acidente nuclear de Chernobyl em 1986, na Ucrânia, representou, definitivamente, um divisor de águas para a questão ambiental na região, inspirando movimentos nas repúblicas soviéticas e em outros países do bloco. No contexto da *glasnost* e da *perestroika*, os debates que se seguiram ao acidente foram fundamentais para a transformação da sociedade soviética na segunda metade da década de 1980, e derrubaram o mito de que não havia desperdícios e má gestão ambiental na URSS. Principalmente, Chernobyl oferece uma interessante oportunidade para refletirmos em 2025 sobre os efeitos, para o meio ambiente, da falta de democracia e de diálogo com a sociedade civil.

Enquanto isso, a popularidade internacional do líder soviético, sobretudo no Ocidente, crescia. Internamente, porém, a questão parecia mais delicada. Na União Soviética, as propostas de Gorbachev suscitavam grandes expectativas em amplos setores sociais, em particular entre os jovens, ao mesmo tempo que deixavam a ortodoxia do Partido alarmada.

Nos chamados "países satélites" da União Soviética, as reformas de Gorbachev tiveram efeito similar: entre os partidos mais alinhados com Moscou, como era o caso, por exemplo, na RDA e na

Tchecoslováquia, houve temor e desconfiança com relação às reformas que vinham sendo implementadas. Ao mesmo tempo, entre os meios mais progressistas e reformistas, além dos dissidentes, havia grandes expectativas de que as brechas que vinham sendo abertas na União Soviética tivessem, necessariamente, efeitos em todo o bloco.

Todavia, é preciso estar atento para a autonomia de movimentos e processos que levaram a reformas e, no limite, ao fim do socialismo na região. O historiador britânico Ian Kershaw afirma ser difícil presumir que, na Europa Central, o colapso do comunismo tivesse ocorrido quando e como ocorreu sem as reformas que Mikhail Gorbachev empreendeu na União Soviética. Porém, conquanto não se possa negar o impacto de tais reformas para o que viria a acontecer na região, é principalmente a partir dos processos internos e das dinâmicas próprias que podemos compreender melhor como, ao longo da década de 1980 – e em alguns países, por exemplo, a Polônia, antes mesmo de Gorbachev ascender na União Soviética –, as possibilidades apresentavam-se em aberto. As diversas formas de resistência, as dissidências, o papel ativo dos intelectuais, a circulação de ideias e pessoas entre as fronteiras dos países que compunham o bloco socialista, a organização de movimentos operários e estudantis, a formação dos fóruns cívicos: tudo isso ajuda a entender os eventos que levaram à queda do comunismo na região a partir de dinâmicas próprias.

AS REVOLUÇÕES DE 1989

Entre 1989 e 1991, um vendaval pareceu varrer a Europa Central e a União Soviética. Como da noite para o dia, os regimes socialistas construídos após o fim da Segunda Guerra Mundial foram colocados abaixo por revoluções breves e, na maior parte dos casos, pacíficas. Em Praga, estudantes escreveram em um cartaz: "Polônia, 10 anos; Hungria, 10 meses; RDA, 10 semanas; Tchecoslováquia, 10 dias". O *slogan* parecia resumir bem os complexos – porém rápidos – processos sociais que levaram à queda do socialismo na Europa Central em um ano de "começos e fins dramáticos". Alguns historiadores lembram que ainda seria possível acrescentar: "Bulgária 1 dia; Romênia, 10 horas", embora o caso romeno destoe dos demais processos em função da violência que o caracterizou.

Os três países bálticos, que eram repúblicas soviéticas federadas, conquistaram suas independências entre 1989 e 1991. Já os regimes socialistas do sul da Europa, Iugoslávia e Albânia, experimentaram processos diferentes das demais Democracias Populares. Rompidos com a União Soviética, o fim do socialismo nesses dois países aconteceu de formas distintas e, no caso da Iugoslávia, culminou em uma terrível guerra civil que levou à dissolução do país. Tanto ali como na Albânia, os regimes não sobreviveram muito tempo após a morte dos seus respectivos líderes, Josip Tito e Enver Hoxha. Os dois casos serão analisados separadamente, na seção "O fim do socialismo no sul da Europa: Iugoslávia e Albânia".

Os acontecimentos de 1989-91 marcaram também o fim da Guerra Fria, que definira aspectos tão cruciais da vida em sociedade, da política, da cultura e da economia na segunda metade do século XX, e que teve como palco primeiro e fundamental a Europa. Muitas interpretações assinalam também a importância de 1989 como marco da contemporaneidade e, particularmente, para os processos de construção da identidade europeia. Assim, o século XXI, pelo menos em âmbito europeu, teria nascido em 1989, justamente em função do fim do socialismo soviético e das Democracias Populares. Nessa perspectiva, os eventos daquele ano emblemático tornaram-se elementos-chave que demarcariam o nascimento de uma nova Europa, na qual triunfaram os valores liberais e democráticos – autodenominados "verdadeiramente europeus" – contra o totalitarismo e a opressão; da sociedade civil organizada contra a ditadura. Tais narrativas, como veremos, constituem um processo de mitificação dos acontecimentos de 1989 a partir de uma leitura ocidental, que os transformou em uma das bases unificadoras de uma identidade europeia positiva.

★ ★ ★

Mas, de fato, em 1989, a Europa Central parecia especialmente agitada. Os acontecimentos se multiplicavam de forma acelerada em toda a parte: na Polônia, ainda em janeiro, o Solidarność recobrou a legalidade; na Hungria, em maio, o governo removeu as barreiras na fronteira com a Áustria; na RDA, ocorreu o êxodo de alemães orientais em direção à Tchecoslováquia e à Hungria – de onde pretendiam atravessar para a RFA; na Bulgária, o êxodo das minorias turcas; nos países bálticos, em agosto, a formação de uma imensa corrente humana abrangendo todos eles; na Tchecoslováquia, em novembro, as manifestações nas ruas.

Da Queda do Muro de Berlim à execução do ditador romeno Nicolae Ceaușescu, os protestos se multiplicavam em Varsóvia, Budapeste, Leipzig, Berlim, Sófia, Praga, Bratislava, Timișoara, Bucareste, não podendo mais ser contidos.

Os processos históricos que culminaram nesses eventos foram bastante plurais, respeitando tradições, conjunturas e experiências nacionais específicas. Por certo, havia aspectos em comum que os aproximavam. Em particular, os casos de Polônia, Hungria, RDA e Tchecoslováquia possuem características em comum, por exemplo, a pluralidade de atores e movimentos sociais e a opção pela não violência, que permite ampliar a expressão Revolução de Veludo, cunhada para o caso tchecoslovaco, para os demais países. A Romênia, no entanto, conheceu um processo de mudança de regime marcado pela violência, muito distante das Revoluções de Veludo. Nesse sentido, é importante não perder de vista a diversidade dos processos revolucionários. Até porque, nesse momento, a questão nacional emergiu com força na região, contribuindo para singularizar ainda mais as experiências.

No início dos anos 1990, um dos principais aspectos do debate sobre 1989 residia no caráter revolucionário dos eventos. Afinal, tratou-se de revoluções? Em caso positivo, de que tipo? Nesse contexto, tornou-se famosa a expressão *refolution*, cunhada pelo historiador britânico Timothy Garton Ash para se referir aos acontecimentos na Polônia, Hungria, RDA e Tchecoslováquia. Especialista na região, Ash acompanhou *in loco* os eventos que levaram à desagregação do socialismo.

Para ele, o que acontecera nesses países ao longo do ano de 1989 não era propriamente um processo revolucionário no sentido mais estrito do termo, mas uma combinação entre reforma e revolução. Daí o emprego do neologismo *refolution*, uma fusão das palavras "reforma" e "revolução" em inglês. Sob esse aspecto, 1989 poderia ser definido como o registro simultâneo de negociações entre as elites políticas e a concomitante eclosão das vontades populares; a combinação entre mudanças lentas, processuais e moleculares e o impacto de acontecimentos transformadores.

O peso dos acontecimentos, todavia, muitas vezes tendeu a ofuscar a complexidade dos processos históricos, o que é, em certa medida, compreensível em virtude não apenas do caráter massivo e espetacular de alguns eventos. Isso explica, por exemplo, a centralidade que a Queda do Muro de Berlim possui nas narrativas sobre 1989, por vezes resumindo e sintetizando um processo histórico plural que antecede e ultrapassa esse acontecimento.

Mas, para além da espetacularidade dos eventos ou do debate em torno de seu potencial caráter revolucionário, outros aspectos merecem atenção. Em primeiro lugar, talvez seja importante destacar a imensa pluralidade dos movimentos: às tendências nacionalistas, socialistas e liberais presentes nas manifestações populares há décadas, juntaram-se anarquistas, ambientalistas, *hippies*, artistas performáticos e pacifistas. É bom lembrar que tendências conservadoras e reacionárias – que adquiririam grande importância em alguns desses países no século XXI – estavam também presentes, embora a narrativa triunfalista sobre 1989 não reserve lugar para esses segmentos.

Além disso, em 1989, diferentemente do que ocorria com os movimentos de contestação anteriores, o fim do socialismo era, para muitos, um objetivo a ser alcançado, embora fosse igualmente importante articular um novo estilo de vida que pudesse transformar as relações políticas e sociais.

Merece destaque, da mesma forma, o caráter transnacional ou regional das revoluções de 1989, favorecido pela quase simultaneidade dos eventos. Os diálogos entre os movimentos sociais, as trocas de experiências, os apoios enviados, a solidariedade entre os povos dos diversos países envolvidos, tudo isso fortaleceu as reivindicações e o debate democrático na região. Assim, uma História transnacional ou global das revoluções de 1989 vem, em nosso século, se afirmando. Não deixa, evidentemente, de considerar o que é específico de cada país, o que os aproxima e o que os distancia. Assim, se na Polônia e na Hungria havia maiores brechas de atuação e os partidos socialistas conduziram o quanto puderam os processos de transição, mais difíceis, nesse sentido, eram as condições na Tchecoslováquia e na Alemanha Oriental.

Muitos autores demarcam a "alegria" que dominou as manifestações na Polônia, na Hungria, na RDA e na Tchecoslováquia, uma clara diferença com relação ao medo e à tensão que caracterizaram as revoltas, revoluções e greves em 1953, 1956, 1968 e 1976, por exemplo. Porém, entre os "carnavais revolucionários" de Varsóvia, Budapeste, Berlim e Praga, por um lado, e os dramáticos e sangrentos acontecimentos de Bucareste e Sófia, por outro; entre o engajamento intelectual, estudantil e operário das grandes cidades e a indiferença e a passividade dos pequenos lugarejos, há uma infinidade de possibilidades, de comportamentos, de formas de olhar para o passado e de projetar o futuro que ajuda a compreender melhor o que houve em 1989 em sua complexidade.

Os ventos revolucionários começaram a soprar cedo naquele ano. A rigor, na Hungria, iniciaram ainda em 1988: em junho, quando completava 30 anos da execução de Imre Nagy, um grande evento foi previsto para lhe conceder – e também a outras vítimas da repressão de 1956 – um sepultamento público digno. Cerca de 250 mil pessoas compareceram à praça dos Heróis, em Budapeste, e outros tantos acompanharam os eventos pela televisão. Em janeiro de 1989, a Assembleia Nacional aprovou leis que garantiam o direito de associação, possibilitando a emergência de novas entidades e partidos políticos.

Na Polônia, poucos dias depois, o Comitê Central do Partido Operário Unificado Polonês (PZPR), que governou a Polônia entre 1948 e 1989, autorizou o retorno do Solidarność à legalidade. Nesses dois países, na Polônia em especial, os eventos se desencadeariam com grande velocidade. Entre fevereiro e abril, ocorreram as primeiras mesas-redondas entre os Partidos Comunistas no poder e as oposições. Em maio, na cidade de Sopron, a Hungria deu início a um processo de remoção das barreiras na fronteira com a Áustria, abrindo grandes possibilidades de emigração para as populações de todo o bloco em direção ao Ocidente.

No mês seguinte, os poloneses participaram das primeiras eleições livres para o Senado e parte da Câmara de Deputados. Os resultados foram impressionantes: quando as urnas foram abertas em 4 de junho, os comunistas haviam perdido todas as cadeiras disputadas e não eram capazes de formar um novo governo. Depois de semanas de negociações, concordou-se com um governo formado pelo Solidarność, que indicaria o novo primeiro-ministro, enquanto os comunistas manteriam Jaruzelski no cargo de presidente da República. Assim, em 24 de agosto de 1989, o intelectual católico Tadeusz Mazowiecki tomou posse. Era o primeiro chefe de Estado não comunista da Europa Central desde os fins dos anos 1940.

Aos poucos, os eventos ganharam outras regiões da Europa Central, sobretudo a partir do segundo semestre. Na Tchecoslováquia, grandes manifestações aconteceram em agosto por ocasião do aniversário da ocupação soviética do país, em 1968, e foram acompanhadas de intensa repressão policial. Mais tarde, entre agosto e outubro, milhares de cidadãos da RDA chegaram a Praga, de onde pretendiam seguir para o Ocidente a partir da Embaixada da RFA. Desde maio, com a abertura das fronteiras entre a Hungria e a Áustria, o mesmo tipo de deslocamento de alemães orientais ocorria também em direção à Hungria e se ampliou em agosto, quando os húngaros anunciaram a realização de um "Piquenique Pan-Europeu" em Sopron, na fronteira com a Áustria.

Em maio de 1989, a Hungria começou a remover as barreiras ao longo de sua fronteira com a Áustria. No mês seguinte, os ministros das relações exteriores dos dois países cortaram, simbolicamente, a cerca de arame na fronteira entre os dois países, na cidade de Sopron, na Hungria. Neste mesmo local, em 19 agosto, realizou-se o Piquenique Pan-Europeu. A fronteira entre a Hungria e a Áustria permaneceu aberta durante três horas, viabilizando a passagem de cerca de 600 alemães orientais, em fuga. (As imagens menores são do Parque Memorial do Piquenique Pan-Europeu, Sopron, Hungria.)

As imagens do êxodo alemão, as filas de Trabants – o popular carro produzido na RDA – que se formavam nas fronteiras ou das pessoas acampadas nas embaixadas da RFA em Praga e Budapeste são impressionantes e ajudam a compreender a gravidade dos problemas que atingiam a RDA. Nesse país, apesar do crescimento das insatisfações com o regime, a ditadura não dava sinais de que poderia negociar, como ocorria na Polônia ou na Hungria. Ao contrário, a Stasi, polícia política da RDA, continuava atuando de maneira rigorosa. Em outubro, os comunistas preparavam grandes celebrações para comemorar os 40 anos da fundação do país. Pouco antes, o secretário-geral do SED, Erich Honecker, havia declarado que podia imaginar o muro de Berlim de pé ainda por cem anos.

Apesar disso, as manifestações contra o regime aumentavam. Em Leipzig, desde o início de setembro, todas as noites de segunda-feira, um número crescente de fiéis se reunia na igreja de São Nicolau, em oração pela paz. Em 9 de outubro, dois dias depois das comemorações oficiais pelos 40 anos de fundação da RDA, o número de manifestantes chegou a 70 mil. Exatos 30 dias depois, de forma quase inadvertida, o muro de Berlim vinha abaixo.

A derrubada do muro, em 9 de novembro, transformou-se no símbolo maior da derrocada dos regimes socialistas na região e da divisão da Europa. Mas os acontecimentos continuaram se desenrolando na Bulgária, na Tchecoslováquia e na Romênia.

Na Bulgária, o ano de 1989 viu as insatisfações populares crescerem contra o regime ditatorial de Todor Jivkov. Desde meados da década, a situação política do país vinha se complicando, e medidas tomadas por Jivkov levaram o país ao completo isolamento com relação ao Ocidente e a um progressivo distanciamento no que tange à União Soviética, sobretudo após a ascensão de Gorbachev. A perseguição às vastas minorias turcas que habitavam o país tornou-se também um fator de desgaste, resultando, em maio de 1989, no êxodo de mais de 300 mil pessoas de origem turca que viviam na Bulgária. Desde o começo do ano, intelectuais e trabalhadores começaram a se organizar, formando associações civis de oposição ao regime. Em 10 de novembro, um dia após a Queda do Muro de Berlim, Jivkov foi derrubado por uma conspiração entre membros do próprio partido, que o acusavam de ter jogado o país em uma enorme crise econômica, financeira e política.

Na Tchecoslováquia, no dia 17 de novembro, uma manifestação estudantil havia sido convocada em Praga, para lembrar os 50 anos da ocupação do país pelos nazistas, em 1939. Foi então que as forças policiais entraram em confronto com os manifestantes e rumores de que um estudante havia sido morto começaram a circular. O público reagiu e outras manifestações tiveram início em diversas cidades do país. Dois dias depois, foram criados o Fórum Cívico em Praga e o Público contra a Violência, em Bratislava; além de movimentos sociais que reuniam intelectuais, trabalhadores e estudantes, os quais desempenharam importante papel no curso dos acontecimentos. Os eventos se precipitaram de forma muito rápida e a liderança de Václav Havel despontava, com as multidões nas ruas gritando *"Havel na Hrad"*, ou seja, "Havel no Castelo", em referência ao Castelo de Praga, sede do poder no país. Antes do fim de novembro, com os protestos se disseminando, a liderança do KSČ renunciou, uma anistia foi promulgada e a primazia constitucional do Partido foi abolida. Em 29 de dezembro de 1989, Havel foi eleito presidente do país.

As demandas relativas ao passado nacional exerceram papel fundamental nos eventos de 1989. Se na Hungria a Revolução de 1956 reemergiu como reivindicação no presente; e na Tchecoslováquia as ocupações nazista de 1938-39 e soviética de 1968 levaram as sociedades às ruas, nos três países bálticos – Estônia, Letônia e Lituânia –, o Pacto Molotov-Ribbentrop de 1939 e as deportações comandadas pelos soviéticos a partir de 1944 constituíram elementos essenciais das reivindicações. Estas, por sua vez, emergiram nas sociedades bálticas pelo menos desde 1979, mas ganharam grande força a partir do fim da década de 1980.

Ao combate pelo passado somava-se aquele pelas línguas nacionais, uma vez que nos três países os idiomas e as culturas nacionais haviam sido objeto de forte russificação. Além disso, o afluxo massivo e coordenado de populações russas, tanto para a Estônia como para a Letônia e a Lituânia, era visto com preocupação pelas comunidades nacionais. Quando se adiciona a esse elemento o problema das deportações em massa das populações locais no fim da Segunda Guerra, o

Europa Central

que se observava nos anos 1980 era uma transformação demográfica expressiva e preocupante: por volta de 1989, os lituanos compunham pouco mais de 79% da população do país. Porém, na Estônia, o número ficava em torno de 61,5% e na Letônia não passava de 52%.

As manifestações nos três países bálticos começaram ainda em 1987, no contexto da *glasnost*. Nesse momento, as causas ambientalista e memorialística – exigindo o reconhecimento dos crimes do stalinismo – tiveram grande importância, levando multidões às ruas. Em 1988, grupos organizados da sociedade civil ampliaram sua atuação e formaram partidos e movimentos de frente unificada contra os comunistas locais nos três países. As reivindicações de independência se adensavam e os soviéticos passaram a temer que os acontecimentos nos Estados bálticos contagiassem outras Repúblicas Federadas, como, de fato, foi o caso na Moldávia e na Bielo-Rússia. Em 1989, partidos e movimentos de frente tiveram vitórias relevantes nas eleições tanto na Estônia como na Letônia e na Lituânia. Em maio, os três países, em conjunto, publicaram a Declaração de Direitos das Nações Bálticas, na qual reivindicavam o "direito à autodeterminação e à livre escolha de seus estatutos políticos", autonomia cultural, linguística e econômica.

As independências dos três países bálticos apenas seriam concluídas em 1991, no contexto da desagregação da União Soviética. As conquistas e as manifestações de 1989, no entanto, foram determinantes para os eventos posteriores. Em 23 de outubro, quando a assinatura do Pacto Germano-Soviético completava exatos 50 anos, estonianos, letões e lituanos organizaram uma das mais impressionantes manifestações que marcaram o ano de 1989, conhecida como "Corrente Humana do Báltico": cerca de 2 milhões de pessoas deram-se as mãos em uma longa corrente que atravessou os três países, passando pelas capitais Tallinn, Riga e Vilnius. Em diversos momentos e locais, manifestantes lembraram a aliança de Stalin e Hitler em 1939, que selara o destino dos três países, alijando-os de sua autonomia.

"Corrente Humana do Báltico".
Os participantes seguram velas e bandeiras da Lituânia com fitas pretas, em protesto contra a opressão soviética.

A Romênia, uma das mais ferozes ditaduras da região, parecia não tomar conhecimento dos eventos que ocorriam nos países do bloco socialista. Entre 20 e 24 de novembro, o XIV Congresso do Partido Comunista aconteceu seguindo os ritos habituais, liderado por Nicolae Ceaușescu. Em 16 de dezembro, no entanto, a minoria húngara em Timișoara realizou um protesto público em resposta a uma tentativa do governo de expulsar o pastor da Igreja Reformada Húngara, László Tőkés. A repressão contra os manifestantes foi dura e deu origem a protestos que se alastraram por dois dias e se estenderam para outras cidades, como Arad, Brasov e Bucareste, onde também seriam reprimidos com violência brutal. Em 21 de dezembro, uma tentativa de discurso de Ceaușescu foi interrompida em Bucareste por manifestantes. Quatro dias depois, no Natal, o ditador e sua esposa, Elena Ceaușescu, foram sentenciados à morte em um julgamento sumário que durou poucas horas, após serem presos durante uma fracassada tentativa de fuga.

As imagens da execução do casal correram o mundo, e a Revolução Romena aparecia como uma exceção entre os processos pacíficos que marcaram o fim dos regimes comunistas na região.

O FIM DO SOCIALISMO NO SUL DA EUROPA: IUGOSLÁVIA E ALBÂNIA

Nada mais distante, no entanto, das Revoluções de Veludo que marcaram a Polônia, a Hungria, a RDA, a Tchecoslováquia e os países bálticos do que o que houve na Iugoslávia.

Desde o fim da Segunda Guerra Mundial, a Europa construiu esforços efetivos, no sentido de garantir e manter a paz no continente. Nessa perspectiva, a Comunidade Econômica Europeia (CEE) e, depois, a União Europeia foram agentes importantes. A criação de uma aliança de cooperação internacional reunindo vencedores e vencidos, ainda na década de 1950, contribuiu para a reconstrução conjunta da Europa Ocidental e para o fortalecimento de uma narrativa, de acordo com a qual o continente havia aprendido com os erros do passado e conseguira se reerguer, tendo como um dos critérios norteadores desse processo a garantia da paz. Esta se tornou uma das narrativas fundacionais da identidade europeia na segunda metade do século XX e seria reforçada, mais tarde, pela ideia sobre 1989 como um processo pacífico.

Sob esse aspecto, a concepção de 1989 como um *annus mirabilis*, amplamente divulgada, ou a ênfase na ideia de Revoluções de Veludo ocupou um lugar central nesse processo: além de simbolizar a reunificação do continente a partir do que eram considerados os "valores ocidentais vitoriosos", representava também o triunfo da paz, ao conduzir de forma não violenta as mudanças de regime. Muitas memórias sobre o período enfatizam a euforia que pairava nas ruas da Europa Central em 1989, como a de Timothy Ash, que caracterizou os acontecimentos da Polônia, da Hungria, da RDA e da Tchecoslováquia como "absurdamente esperançosos e terrivelmente leves".

Trata-se de uma percepção parcial dos eventos, mesmo quando pensamos nos quatro países aos quais Ash se refere. Isso porque, se a alegria e a empolgação foram imensas nas manifestações que tomaram, principalmente, as grandes cidades, tal visão não considera a indiferença que reinou fora dos grandes centros e em segmentos sociais desconfiados dos rumos das manifestações. Além disso, trata-se de uma narrativa que considera a Romênia um ponto fora da curva – como se a violência na história da Europa fosse um desvio –, uma exceção que confirma a ideia da reunificação do continente a partir de valores como a paz e a democracia.

Contudo, no caso da Iugoslávia, nem sequer é possível considerá-la, como a Romênia, uma exceção. As narrativas europeias, nesse sentido, constroem um processo de "balcanização" da guerra, isolando aqueles acontecimentos da história europeia, analisando-os sob o viés da "especificidade balcânica" e, portanto, "não europeia". Ora, as guerras de desintegração da Iugoslávia possuem, por certo, especificidades. Mas não devem ser compreendidas apartadas de uma história europeia e ocidental mais ampla que remete aos processos intensos de violência que marcaram o século XX no Velho Continente, dos quais, em certo sentido, a experiência do Estado iugoslavo é fruto, desde sua invenção até a sangrenta desaparição.

O processo de transição do socialismo nesse país resultou na eclosão de movimentos e conflitos nacionalistas agressivos e em violentas guerras civis que trouxeram de volta o fantasma da guerra para o continente, após quase cinco décadas de paz. Os horrores da Guerra da Iugoslávia colocaram novamente para a Europa o horror do genocídio, das limpezas étnicas e da violência, que muitos imaginavam ter ficado no passado.

* * *

228   *Europa Central*

Quando foi criado, em 1918, o Estado iugoslavo reconhecia, inicialmente, apenas três repúblicas autônomas que formavam o novo país: a Sérvia, a Croácia e a Eslovênia. Após 1945, no entanto, Tito passou a se preocupar com as tensões e as rivalidades entre as três e procurou contrabalançar o peso que ocupavam na federação. Assim, a Constituição de 1946 reconheceu também Macedônia, Montenegro e Bósnia-Herzegovina como repúblicas autônomas.

Agindo dessa forma, Tito imaginava ter encontrado uma solução para o problema nacional na Iugoslávia, que havia, como vimos, eclodido com grande violência durante os anos da guerra. Após o rompimento com a União Soviética, em 1948, o caminho iugoslavo para o socialismo resultou em certa tranquilidade para o país, que se tornou uma das repúblicas socialistas mais estáveis da região, progressista e aberta para o mundo. Mas foi justamente esse Estado que viria a ser um campo de batalhas para o que pareciam ser formas ancestrais de luta política, com equipes de artilharia mirando em áreas urbanas e franco-atiradores abatendo civis de "etnia estrangeira".

As causas da violenta desagregação da Iugoslávia são muitas e distintas. De maneira similar às demais Democracias Populares, fatores econômicos e dificuldades de reformar o sistema também desempenharam importante papel. As tentativas de reforma política que vinham se processando, desde os anos 1960 e 1970, também fornecem indicativos das dificuldades políticas que o regime encontrava, mas de modo algum semelhantes ao que se passava em algumas outras Democracias Populares.

Em 1971, protestos ocorreram em Zagreb, culminando na chamada Primavera Croata. Nesse momento, tomaram corpo algumas reivindicações – que já vinham se processando desde fins dos anos 1960 –, relativas ao *status* da língua croata na federação, vinculada ao idioma sérvio. Os protestos rapidamente se ampliaram e externavam preocupações sobre a centralidade econômica da Croácia e, ao mesmo tempo, sua subordinação financeira à Sérvia, centro do poder na Iugoslávia.

A Primavera Croata resultou na intervenção de Tito na Liga dos Comunistas Croatas, ramo local da Liga dos Comunistas da Iugoslávia, ao mesmo tempo que demonstrava que a questão nacional estava longe de ser apaziguada no país. Em 1974, quando uma nova Constituição reconheceu Voivodina e Kosovo como repúblicas autônomas, os sérvios entenderam a medida como uma afronta contundente à sua autoridade nessas províncias.

A morte de Tito, em 1980, após longa enfermidade, comoveu todo o país. No poder desde 1945, o marechal liderara a guerrilha vitoriosa durante a Segunda Guerra e tornou-se a figura central de sustentação do Estado iugoslavo. Sua ausência foi ainda mais sentida em virtude das condições da transição de poder: no lugar do marechal, o qual construiu, ao longo de quase quatro décadas, o culto à própria personalidade, assumiu o poder uma "presidência colegiada", formada por um representante de cada república e de cada região autônoma.

A ausência de um homem forte, herdeiro político de Tito, resultou em uma transição impessoal que desencadeou verdadeira corrida pelo poder, ao mesmo tempo que criava uma sensação de fim de regime.

Foi nesse contexto que, em meados da década de 1980, em toda a federação, um clima de questionamentos surgiu. Não se pode dizer que a Iugoslávia tenha ficado imune nem à crise econômica que caracterizou boa parte do período, nem ao ambiente de contestação que se estendia por toda a Europa Central e União Soviética. Assim, não só a crise econômica, o desemprego e a inflação, mas também a memória de Tito, a Liga Comunista e os princípios do federalismo, tudo se tornou objeto de críticas e protestos. A Sérvia foi o epicentro de tais insatisfações. Foi igualmente ali, embora não apenas, que apareceram as propostas de soluções nacionalistas mais extremadas. Ao mesmo tempo que se alegava a existência de um "genocídio" das minorias sérvias no Kosovo, cuja maioria da população era de origem albanesa, os projetos de uma "Grande Sérvia", que unificasse as populações sérvias espalhadas pela região, voltaram a ganhar força.

Nesse momento, a figura de Slobodan Milošević emergiu. Vindo da burocracia socialista, Milošević tornou-se presidente da Liga dos Comunistas da Sérvia em 1986, cargo que exerceu até 1989, quando foi eleito presidente da Sérvia. Não era propriamente conhecido como

230 *Europa Central*

um político nacionalista, porém, soube capitalizar muito bem tal sentimento em benefício de seu próprio poder.

Em 1987, um conflito teve início do lado de fora do salão em que estava Milošević em visita oficial a Kosovo. A responsabilidade foi atribuída aos kosovares. Hoje, no entanto, sabe-se que a confusão foi provocada por nacionalistas sérvios. Ao tomar conhecimento do ocorrido, Milošević deixou o salão e teria dito à comunidade de origem sérvia ali presente: "ninguém deveria ousar bater em vocês". A frase faria dele um herói nacional na Sérvia e abriu caminho para sua ascensão à presidência.

Milošević era, portanto, presidente da Sérvia quando, em junho de 1991, a Eslovênia declarou sua independência da Federação iugoslava. Foi então que a autoridade federal iugoslava, apoiada pelo exército federal e pela Sérvia, invadiu o país. A guerra foi curta, e, em apenas um mês, os eslovenos conseguiram garantir sua independência.

Em julho, no entanto, o conflito se estendeu à Croácia. Milošević considerava fundamental resolver o problema das minorias sérvias que viviam na Croácia e, em aliança militar com Montenegro, atacou a Croácia. Os confrontos foram cruéis, marcados por pilhagens, violações de todo tipo, deportações e execuções coletivas. Apenas em fevereiro de 1992, a Organização das Nações Unidas (ONU) criou uma força militar para intervir no conflito.

Mas foi na Bósnia-Herzegovina que a guerra durou mais tempo, entre março de 1992 e dezembro de 1995. Logo após a Declaração de Independência do governo bósnio com relação à Federação iugoslava, milícias sérvias começaram a cercar a capital Sarajevo e ações violentas de limpezas étnicas foram imediatamente desencadeadas. A Sérvia justificava as investidas contra a Bósnia-Herzegovina sob alegações de que a influência do fundamentalismo islâmico crescia na área e, por isso, havia necessidade de proteger as minorias sérvias no país, que representavam um terço de sua população.

Em grande medida, o prolongamento do conflito na Iugoslávia indicava não apenas o enraizamento das questões étnico-nacionais na região, mas também as falhas dos organismos internacionais, como

Otan, ONU e União Europeia, em manter a paz. Sobretudo porque, apesar do embargo decretado pela ONU, os Estados Unidos continuaram fornecendo armas para os bósnios, utilizando a Croácia como intermediária. Em julho de 1995, o assassinato em massa de mais de 8 mil homens bósnios muçulmanos em Srebrenica por forças sérvias chamou a atenção do mundo para os horrores dessa guerra. No mês seguinte, um grande ataque croata em áreas dominadas pelos sérvios na Eslavônia e em Krajina resultou em grave crise humanitária e levou ao deslocamento forçado de cerca de 200 mil sérvios.

As terríveis imagens do Cerco de Sarajevo – que durou aproximadamente mil dias –, do Massacre de Srebrenica e dos deslocamentos sérvios correram o mundo. Três anos depois do fim dos conflitos na Bósnia, em 1998, a Sérvia invadiria Kosovo na tentativa de recuperar a região e "salvar" as minorias sérvias que ali viviam.

As Guerras da Iugoslávia só terminaram com o bombardeio da Sérvia pela Otan em 1999, a remoção de Milošević do poder e o desenvolvimento de um regime sérvio reformado. Deixariam marcas terríveis e consequências ainda visíveis na região.

★ ★ ★

O fim do socialismo na Albânia difere bastante do processo ocorrido na Iugoslávia. O pequenino país no sul da Europa construiu uma via muito específica para o socialismo e, ao longo das décadas, foi se tornando uma ditadura cada vez mais isolada. Em 1948, por ocasião da ruptura entre a União Soviética e a Iugoslávia, os albaneses também cortaram relações com os iugoslavos. Na década de 1960, no entanto, afastaram-se dos soviéticos, acusando-os de "revisionismo" e, no contexto da ruptura sino-soviética, aproximaram-se bastante do modelo chinês, do qual se afastariam progressivamente na década de 1970, até o rompimento em 1978. Os albaneses tinham críticas contundentes ao que consideravam aproximações da China com relação ao imperialismo americano e ao abandono do "internacionalismo proletário".

Liderando a Albânia desde a vitória contra os fascistas em 1944, o ditador Enver Hoxha constituía o pilar central de sustentação de um país cada vez mais isolado internacionalmente. Hoxha se manteria no poder até sua morte, em 1985, quando faleceu após longa enfermidade. Até então, contudo, a ditadura não dava sinais de abertura. Um relatório da Anistia Internacional de 1984 afirmava que a prisão política ainda era uma prática comum e o *gulag* albanês era tão temível quanto o soviético. Alguns historiadores indicam que um em cada quatro albaneses colaborava com a polícia política do país, o Sigurimi.

Após sua morte, o sucessor, Ramiz Alia, jurou fidelidade ao ditador e um culto à memória de Hoxha passou a ter lugar, com a inauguração de estátuas e museus em sua homenagem. Não obstante, tornava-se cada vez mais difícil manter o isolamento da Albânia. Embora Alia tivesse declarado que a *perestroika* "serve à eliminação do socialismo" e que os acontecimentos de 1989 na Europa Central "não nos dizem respeito", o que se observava era a progressiva retomada das relações diplomáticas do país com a Europa e mesmo com a União Soviética. Em 1990, o governo introduziu algumas reformas, agitando os meios intelectuais e estudantis, que mantiveram uma postura reivindicativa.

Uma das medidas mais importantes foi adotada em junho de 1990: concedia aos albaneses permissão para viajar. Diante da possibilidade de deixar o país, pela primeira vez após décadas de ditadura, muitos albaneses dirigiram-se às embaixadas de Alemanha, França e Itália. Mais de 5 mil pessoas deixaram o país em um primeiro momento. Outras ondas migratórias aconteceriam no fim do ano e depois, em 1991. Mas foi apenas em dezembro de 1990 que o governo decretou a desestalinização da Albânia, desencadeando manifestações estudantis contra o governo e exigindo reformas democráticas, em Tirana, capital do país, e em diversas cidades. Seguiu-se uma reforma partidária, estabelecendo o multipartidarismo e uma lenta transição que apenas chegou ao fim em 1992, colocando fim a quase 50 anos de ditadura socialista.

TRANSIÇÕES E POLÍTICAS DE INTEGRAÇÃO EUROPEIA

Entre 1989 e 1991, quando os regimes socialistas vieram abaixo, a Europa não era mais a mesma. Segundo Tony Judt, o que se viu no Velho Continente naquele momento só era comparável ao que houve após o fim da Grande Guerra. O surgimento e o desaparecimento de nações, os deslocamentos populacionais e, em alguns casos, os violentos processos de limpezas étnicas e guerras civis transformaram profundamente o mapa e as vidas das sociedades, mais uma vez. Ao mesmo tempo, as transições políticas e econômicas confrontaram as sociedades da Europa Central com expectativas, frustrações e dificuldades de tipos específicos.

Assim, no início da década de 1990, é possível observar o desaparecimento de quatro Estados – Tchecoslováquia, Iugoslávia, RDA e a própria União Soviética. Ao mesmo tempo, 14 países nasceram ou ressurgiram. Assim, os países bálticos – Estônia, Letônia e Lituânia –, além de Ucrânia, Bielo-Rússia, Moldávia e a própria Rússia tornaram-se independentes. O mesmo ocorreu com as repúblicas que formavam a Iugoslávia – Croácia, Eslovênia, Sérvia-Montenegro, Bósnia-Herzegovina e Macedônia –, que se tornaram independentes ao longo das sucessivas guerras que marcaram a região. Kosovo se autodeclarou uma nação independente apenas em 2008, embora uma série de países – que, além da Sérvia, incluem Brasil, Rússia e China –, não reconheça a sua independência. A Tchecoslováquia encarou pacificamente a separação que, em 1º de janeiro de 1993, deu origem à República Tcheca e à Eslováquia. Em um momento marcado por desagregações e divórcios, nem sempre pacíficos, a Alemanha constituiu o único caso de reunificação que se completou em 1990.

De formas diferentes, esses países realizaram, ao longo da década de 1990, radicais mudanças de regime. Tratava-se de redefinir a política, de reconfigurar os arranjos de poder e democratizar as instituições e as estruturas da sociedade. Ao mesmo tempo, era preciso uma profunda transformação do sistema econômico. As difíceis transições entre economias planificadas para as de livre mercado, na maior parte das vezes, ocorreram de modo muito rápido, sacrificando amplos setores da sociedade.

As transições significaram também um amplo processo de reordenamento das relações sociais e de reformulação ou reafirmação de identidades coletivas, bem como das relações com o passado recente e traumático do século XX. Sob muitos aspectos, o Ocidente aparecia para os europeus do Leste como destino, um caminho a ser trilhado e um objetivo a ser atingido.

Em um sentido mais amplo – e como seria exaustivamente repetido dos dois lados da antiga Cortina de Ferro –, tratava-se de trazer tais países "de volta à Europa". Tal retorno possuía um sentido amplo, um "retorno cultural", ou, como expressou Milan Kundera, era preciso reincorporar essa porção do continente às tradições e aos valores ocidentais que, afinal, eram também os seus, mas que haviam sido "sequestrados" pela ocupação e pela presença soviéticas. A própria expressão "Europa Central" recobrou relevância no debate político e intelectual, e voltou, ao longo dos anos 1980 e 1990, a fazer parte da linguagem cotidiana nos dois lados da Cortina de Ferro como sinônimo dos valores humanistas, de democracia, liberalismo e liberdade, identificados ao Ocidente, em detrimento da noção de "Leste Europeu", ligada à herança – cada vez mais rejeitada – do socialismo soviético, seus valores e instituições.

Mas o "retorno à Europa" possuía também um sentido político mais estrito e dizia respeito não apenas às expectativas de adoção de um modelo de modernidade europeu/ocidental, mas também às esperanças de adesão às instituições ocidentais, como a Otan e a União Europeia.

Do ponto de vista das transições econômicas, pode-se afirmar que, de maneira geral, as sociedades da Europa Central, quando buscavam inspiração no modelo ocidental, tendiam mais ao modelo liberal keynesiano e não necessariamente ao neoliberalismo radical, tão em voga em países como Estados Unidos e Grã-Bretanha. Não foi, no entanto, o que determinadas elites políticas da região, à frente dos processos de transição econômica, compreenderam e encaminharam.

Porém, a implementação de reformas neoliberais nas antigas Democracias Populares demandaria transformações profundas, uma vez que o processo de transição de economias planificadas para economias de mercado constituía evento histórico até então desconhecido.

Importante ainda destacar que, conquanto o modelo socialista de economias planificadas tivesse problemas crônicos, como a escassez de alguns produtos, sobretudo bens de consumo e produtos de luxo, em contrapartida, o desemprego era inexistente. De fato, as políticas de pleno emprego constituíram um dos principais fatores de estabilidade dos regimes socialistas na região. Se a produtividade era baixa nesses países, o pleno emprego, somado às políticas de segurança social e às constantes evocações à ideia de uma sociedade justa e solidária, ajudou a criar uma sensação de amparo que moldou, em parte, as relações entre Estado e sociedades por cerca de 40 anos.

Assim, nos anos 1990, quando em diversos países eclodiram protestos contra as reformas neoliberais, eram exatamente esses valores ameaçados que os manifestantes invocavam. Não se tratava de nostalgia do regime socialista propriamente, mas da defesa de determinados aspectos, como segurança alimentar, serviços públicos e gratuitos de saúde e de educação, estabilidade e pleno emprego, aos quais tais sociedades estavam habituadas.

Não obstante, é fundamental considerar que algumas medidas de liberalização da economia começaram a ser implementadas ainda antes do fim dos regimes socialistas, em 1989. O caso húngaro é um dos mais expressivos, nesse sentido: nesse país, uma série de reformas, conhecidas como Novo Mecanismo Econômico (NME), foram implementadas desde fins dos anos 1960, introduzindo elementos de mercado na economia planificada da Hungria. E, embora o NME tenha precisado recuar na década de 1970 para se adaptar a determinadas diretrizes soviéticas, possibilitou que, de fato, a economia do país chegasse aos anos 1980 como uma das mais abertas da região, assemelhando-se mais a uma experiência de socialismo de mercado do que propriamente a uma economia planificada. O sucesso do NME permitiu que as reformas neoliberais na Hungria fossem realizadas de forma lenta e gradual. Isso, todavia, reduziu apenas em parte os impactos do processo de transição, e não evitou que o país passasse por expressiva crise econômica nos anos 1990 e visse o desemprego crescer consideravelmente.

O caso húngaro contrastava bastante com o que houve em países como Polônia e República Tcheca. Nesses países, adotou-se o que se convencionou chamar de "terapia de choque". A compreensão das elites econômicas nacionais e internacionais, nesses casos, era a de que a transição seria relativamente simples e, portanto, deveria ser realizada de uma só vez. Além disso, qualquer caminho que levasse a um modelo transitório de "socialismo de mercado" deveria ser evitado, passando-se direto ao modelo capitalista. Era previsto que a terapia de choque levasse a certo declínio econômico e ao aumento do desemprego, os quais deveriam durar um ou dois anos e, em seguida, teria início o processo de recuperação. Não foi o que ocorreu. Na Polônia, por exemplo, a crise duraria cerca de quatro ou cinco anos, até que a economia voltasse a crescer.

Os adeptos da terapia de choque seguiam a cartilha do Fundo Monetário Internacional (FMI) e do Banco Mundial através do que ficou conhecido como Consenso de Washington. Norteado pela crença na eficiência dos mercados e na racionalidade de seus participantes, o Consenso de Washington atuava por meio de políticas rígidas de austeridade e foi originalmente pensado para os países da América Latina. Nos anos 1990, no entanto, foi amplamente aplicado às antigas Democracias Populares e baseava-se na tríade liberalização, desregulamentação e privatização.

Nesse contexto, os processos de privatização ocorreram também de forma bastante acelerada e não se limitaram à privatização de grandes empresas estatais, ao contrário: pequenas empresas, como de construção civil, hotéis, pequenos lotes de terra, também foram afetadas. A ausência de uma estrutura legal tornou os processos muito rápidos, ao mesmo tempo que facilitava fraudes e corrupção.

A radical transformação das economias planificadas em economias de mercado neoliberais foi sentida de maneira intensa na vida cotidiana das sociedades da Europa Central. Quarenta anos de regime socialista haviam ajudado a formar determinados hábitos e modos de pensar, difíceis de serem transformados de forma tão rápida. As pessoas não estavam mais acostumadas, por exemplo, a pensar em termos de lucro ou em como conseguir clientes, como melhorar produtos etc. Nesse sentido, talvez não seja exagero afirmar que em nenhuma outra parte do mundo as políticas neoliberais tenham tido efeitos tão devastadores como na Europa Central, resultando em profunda decepção com as promessas de 1989 e com os rumos das novas democracias.

Não obstante, entre a metade e o fim da década de 1990, países como Polônia, Hungria, República Tcheca, Eslováquia e os três países bálticos experimentaram lentos processos de recuperação e estabilização econômica, e puderam voltar a sonhar com o Ocidente e "a Europa", agora personificados na Otan e na União Europeia.

É bem verdade que a integração à Otan parecia ser o objetivo principal dos novos governos. Embora o fim da Guerra Fria e a vitória do Ocidente fossem constantemente proclamados, as jovens democracias da Europa Central, após 40 anos de domínio soviético, ainda temiam a Rússia, e a Otan parecia ser o melhor caminho para sua segurança. Os primeiros países a entrarem na Organização foram Hungria, Polônia e República Tcheca, ainda em 1999. Em 2004, foi a vez de Bulgária, Eslováquia, Eslovênia, Estônia, Letônia, Lituânia e Romênia. A Otan continuou estendendo seus tentáculos, com a adesão da Albânia e da Croácia, em 2009; Montenegro, em 2017; Macedônia do Norte, em 2020; Finlândia, em 2023; e Suécia, em 2024.

Para o caso específico da Europa – e da União Europeia –, é importante considerar que o fim da Guerra Fria, bem como o processo de redemocratização e de transição econômica na Europa Central, resultou em certa euforia em todo o continente. Muito dessa euforia estava relacionada à ideia da vitória do liberalismo e da democracia sobre o comunismo – o que o filósofo Francis Fukuyama chamou, então, de "o fim da história". Assim, no início da década de 1990, eram grandes as expectativas de que o continente seria, finalmente, reunificado sob os valores da democracia, do liberalismo e do mercado.

Uma das preocupações centrais, desde a Queda do Muro de Berlim, dizia respeito ao futuro da Alemanha. É bom lembrar que, se em 2025 pode parecer óbvia, a reunificação da RFA e da RDA não era algo dado como certo em 1989. No auge da Guerra Fria, o escritor francês François Mauriac teria dito: "Eu amo tanto a Alemanha que fico contente por haver duas delas". A frase, atribuída ao escritor, é muito reveladora de um sentimento bastante disseminado no século XX, não apenas entre os franceses, mas também entre segmentos expressivos de gerações de europeus que viveram duas guerras mundiais e que, de alguma forma, associavam a paz conquistada na segunda metade do século à divisão da Alemanha. Mas havia, da mesma forma, desconfianças entre lideranças políticas internacionais, vindas da França e da Grã-Bretanha, por exemplo, que viam o surgimento de uma Alemanha forte e unificada como uma ameaça para a Europa.

Apesar das oscilações iniciais, o processo de reunificação concretizou-se a partir da incorporação da RDA pela RFA e concluiu-se de forma relativamente rápida no dia 3 de outubro de 1990. Não se tratou, no entanto, de um processo simples. Do ponto de vista econômico, foi extremamente custoso, mas também sob aspectos políticos, sociais, culturais e simbólicos, tratou-se de transformações delicadas. Pesquisas realizadas na primeira década pós-reunificação mostravam que a maioria dos alemães orientais sentia-se tratada como "cidadãos de segunda classe" no país reunificado. Muitos sofreram pressão explícita ou implícita para esquecerem o passado e as experiências da RDA, e se adaptarem a uma cultura que era nova para eles. De todo modo, apesar das dificuldades e das incertezas, sobretudo para a população da RDA, a integração do país pareceu fortalecer os desejos de ver a reunificação como o final feliz para o tumultuado século XX alemão.

A possibilidade de deixar para trás o traumático século XX não animava somente alemães. De modo geral, pode-se dizer que a Europa Central se dividiu entre os desejos de virar a página do passado – de encontrar também seu final feliz – e as reivindicações de reconhecimento dos crimes perpetrados na região durante as ocupações nazista e soviética.

Muitas dessas questões e a incerta euforia que assolou o Velho Continente entre os anos 1980 e 1990 podem ser observadas nos processos que caracterizaram as políticas de ampliação da Comunidade Econômica Europeia (CEE), transformada, ainda em 1992, em União Europeia (UE).

No século XX, a ideia de uma integração europeia nasceu com o fim da catástrofe da Segunda Guerra Mundial e teria sido fundamental para a pacificação do continente. O projeto, lançado ainda em 1950 com a criação da Comunidade Europeia do Carvão e do Aço (Ceca), reuniu França, RFA, Itália, Bélgica, Holanda e Luxemburgo, e significou o primeiro passo de um longo processo de integração do continente. Em 1957, com a assinatura do Tratado de Roma, foi criada a CEE e, a partir de então, o processo de integração europeia foi se aperfeiçoando, com a ampliação progressiva dos países-membros, o estabelecimento de uma série de instituições complexas e o aumento dos processos participativos.

Tendo passado por alargamentos importantes nas décadas de 1970 e 1980, foi a partir da década de 1990, com o fim da Guerra Fria e com a assinatura do Tratado de Maastricht (1992) – que estabeleceu a criação da União Europeia – e de Amsterdã (1997) – cujo objetivo era reforçar as competências da União e do Parlamento Europeu –, que as possibilidades de alargamento do bloco atingiram outro patamar. A partir de então, temas como identidade e cidadania sem fronteiras, justiça, moeda única e mercado comum foram aprofundados.

No decorrer da década de 1990, o estabelecimento de novos e amplos pilares de atuação da União Europeia não gerou euforia apenas na porção ocidental do continente. Ao contrário, na Europa Central, Maastricht foi visto como a abertura de caminhos para que o bloco se estendesse também em direção aos países da antiga Cortina de Ferro.

Quando os processos de transição política e econômica tiveram início na Europa Central, para as elites políticas da região, a integração europeia já era vista como um horizonte a ser alcançado. Do ponto de vista social, no entanto, o entusiasmo pela União Europeia era bem mais brando e as desconfianças aumentaram a partir de 1999, quando da implantação da moeda comum, o euro. Ainda assim, as negociações entre o bloco e algumas das antigas Democracias Populares começaram já durante a década de 1990. Como no caso da Otan, Hungria, Polônia e República Tcheca pareciam os países mais aptos a cumprirem os requisitos políticos e econômicos.

Em 1993, o Conselho Europeu reunido em Copenhague estabeleceu critérios para a adesão à União. Do ponto de vista econômico, impunha-se a necessidade da existência de uma "economia de mercado que funcione efetivamente". Ao mesmo tempo, politicamente, instituiu-se como critério fundamental de adesão o compromisso com "a estabilidade das instituições que garantem a democracia, o Estado de direito, os direitos humanos e o respeito pelas minorias e a sua proteção". A Cláusula Democrática, como ficou conhecida, tornou-se condição prévia incontornável para a admissão de novos países ao bloco e, pode-se dizer, parecia dirigir-se diretamente aos países da antiga Cortina de Ferro que desejassem, eventualmente, integrar a União Europeia. Em certo sentido, os critérios de adesão de Copenhague, suas cláusulas econômicas, mas principalmente políticas, indicavam um norte aos países da Europa Central, ao mesmo tempo que confirmavam uma crença comum à época: a de que o estabelecimento de mercados livres e a democracia caminhavam juntos.

Em janeiro de 1990, a Polônia pediu ingresso no Conselho Europeu. O primeiro-ministro Tadeusz Mazowiecki proferiu discurso diante da Assembleia Parlamentar, no qual defendia o ingresso da Polônia a partir do desejo do país de "compartilhar a promoção dos direitos humanos e das liberdades fundamentais". Mazowiecki foi além e afirmou que o "povo polonês tem plena consciência de pertencer à Europa e à herança europeia"; e que a "ideia de ser a 'muralha da cristandade', e da própria Europa, permaneceu viva na Polônia durante três séculos. Portanto, a Europa está presente na consciência polonesa como um valor pelo qual vale a pena viver e, às vezes, até mesmo morrer".

Mas foram as palavras iniciais de Mazowiecki que sintetizaram um sentimento bastante disseminado nos meios políticos e intelectuais do período: "A Europa está passando por um período excepcional.

Parte do nosso continente, arrancada de suas raízes há quase meio século, agora quer voltar. De volta à Europa! Essa expressão está ganhando força nos dias de hoje nos países da Europa Central e Oriental".

De fato, ao longo da década de 1980 e ainda com mais ímpeto nos anos 1990, a ideia de um "retorno à Europa" ganhou força na Europa Central, primeiro entre os dissidentes dos regimes comunistas, mas depois das revoluções de 1989, como parte fundamental do projeto político dos novos governos. Tratava-se, desse ponto de vista, simultaneamente de um "retorno" aos valores europeus e às instituições europeias.

No Ocidente, contudo, as coisas foram tomadas com maior cautela. A integração dos países da Europa Central à União Europeia se deu de forma lenta e apenas seria concluída em 2004, 14 anos após o discurso de Mazowiecki. Naquele ano, o bloco passou por seu maior processo de alargamento, contando com a adesão de 10 novos países: Chipre, Eslováquia, Eslovênia, Estônia, Hungria, Letônia, Lituânia, Malta, Polônia e República Tcheca. Desses, apenas Chipre e Malta não pertenceram ao antigo bloco socialista. O alargamento em direção ao Leste continuou nos anos seguintes, com a adesão da Bulgária e da Romênia, em 2007, e da Croácia, em 2013.

Assim, de maneira surpreendente, confirmando a ideia de que, como nas palavras do filósofo Edgar Morin, às vezes, é o improvável que acontece, encerrou-se a experiência socialista na Europa Central, abrindo-se caminhos complexos, difíceis e em permanente construção no sentido da reintegração da Europa.

A Europa Central no limiar do século XXI

Depois de 1989, a Europa Central não mais deixaria as grandes manchetes e os discursos das maiores lideranças europeias e mundiais com suas características, demandas e problemas.

Sobre o passado recente, prevaleceu, em grande medida, uma narrativa que se tornou relativamente comum entre a intelectualidade da região a partir de fins da década de 1970, que rejeitava a ocupação e a herança cultural da União Soviética, reivindicando o pertencimento à Europa, ao Ocidente e não à esfera de influência russo-soviética.

A ideia fundamental foi muito bem trabalhada, como vimos no capítulo "O enigma da Europa Central", pelo escritor tcheco Milan Kundera, para o qual a "tragédia" da Europa Central residia no fato de que a ocupação soviética resultara no "sequestro" de sua ocidentalidade. Nesse sentido, a presença, os valores, as instituições soviéticas apareciam na proposta de Kundera como inteiramente estranhos à

Europa Central, cuja resistência ao socialismo ao longo dos anos significava, em certo sentido, a reivindicação de seu "retorno à Europa", à sua ocidentalidade perdida ou, antes, "sequestrada" contra sua vontade.

Tal narrativa ganhou força ao longo da década de 1990 e encontrou muitos adeptos no Ocidente, que viam nas revoluções de 1989 o triunfo de valores e instituições ocidentais, como a democracia, o liberalismo e o livre mercado, em um momento em que a Guerra Fria se aproximava do fim. Mas foi também bastante popular na Europa Central, cujas elites políticas, efetivamente, reivindicavam ingresso nas instituições europeias.

A noção de pertencimento à tradição europeia constituiu um dos elementos narrativos mais importantes das transições democráticas na região após 1989 e teve como um de seus pilares fundamentais o próprio retorno da expressão *Europa Central*, que, então, seria retomada para se opor à concepção de Leste Europeu, muito marcada pela Guerra Fria e pelo legado soviético.

A concepção de Europa Central que, naquele instante, retornava ao vocabulário político e cultural era um conceito que rejeitava o "totalitarismo" e a ditadura em nome das tradições de luta pela liberdade e pela democracia, as quais, segundo tal narrativa, tinham um longo passado, arraigado naquelas sociedades. Nesse processo, o período de dominação dos Habsburgo é recuperado de forma ambivalente: ele é retomado para lembrar os tempos da opressão e das lutas travadas pela liberdade e contra a tirania; e, ao mesmo tempo, como elemento de afirmação de pertencimento ao Ocidente, atuando como referência cultural, histórica e intelectual que os separa do leste russo/soviético.

De modo geral, os processos de construção da identidade na Europa Central foram sempre fluidos, complexos e marcados por ambivalências, próprias da noção mesma de *centro*. Assim, ao longo de sua história, os diversos países da Europa Central, em maior ou menor grau, viram a si próprios estando no centro da Europa, no limite da Europa, ou formando uma ponte entre o Ocidente "civilizado" e o Oriente "bárbaro".

A rigor, aliás, o equilíbrio entre a busca por uma identidade dita europeia e a afirmação das identidades nacionais marcou os processos de construção da modernidade na região. Assim, se, como vimos, a Europa Central não é meramente uma expressão geográfica, mas uma ideia, é preciso lembrar também que as formas com base nas quais tal ideia foi definida alteraram-se ao longo dos séculos. Passaram pelas condições muito específicas de dominação e lutas por autonomia que marcaram a região; pelo debate em torno das identidades nacionais, regionais e locais, das etnias e das fronteiras; pelo "sonho europeu" em alguns momentos; e pela rejeição à Europa em outros.

As primeiras décadas do século XXI encontraram a Europa Central em condições muito singulares. É possível afirmar que o período que se estende desde as revoluções de 1989 até a crise econômica de 2008 caracteriza-se, em toda a região, por oscilações constantes entre as expectativas, no que concerne às promessas democráticas, e as incertezas e as desilusões relacionadas às dificuldades impostas por uma transição política e econômica difícil. Assim, se, por um lado, as revoluções de 1989 e a adesão à União Europeia em 2004 representam dois momentos de otimismo, como se, em 2004, se encerrasse a obra iniciada em 1989 e se completasse o ciclo da reunificação do continente após o fim da Guerra Fria, por outro, o processo de redemocratização – com base no modelo liberal –, bem como o de construção de economias de mercado, mostrou-se muitas vezes decepcionante e frustrante.

Em 2008, quando a crise financeira atingiu em cheio o Velho Continente, as sociedades da Europa Central se viram, mais uma vez, no olho do furacão e sentiram na pele os graves problemas do projeto de integração europeia. Desemprego, inflação, aumento do custo de vida: os efeitos foram sentidos de forma mais intensa nas economias mais frágeis da região, recém-recuperadas da traumática transição neoliberal.

A memória coletiva recente lembra com certo horror a crise migratória de 2015, quando mais de um milhão de refugiados vindos do Oriente Médio e da África chegaram ao continente, muitos dos quais à Europa Central ou de passagem pela região. Mas tende a esquecer a crise migratória, numericamente mais expressiva, que afetou a região em 2008. Então, muitos centro-europeus optaram por deixar seus países. Apenas a Romênia – que entrou na União Europeia somente em 2007 – perdeu 2,4 milhões de habitantes entre 2009 e 2011. Movimentos similares puderam ser observados também na Letônia, na Lituânia e na Polônia.

Nesse sentido, passado o entusiasmo provocado pela integração ao bloco europeu e recebida a conta da crise, a Europa Central assistiu ao crescimento de grupos, movimentos ou partidos de extrema direita plurais, mas que tinham em comum algumas características: o nacionalismo exacerbado, a crítica às instituições europeias e ao liberalismo, a oposição a determinadas políticas migratórias, o forte tom xenofóbico e, em particular, islamofóbico dos seus discursos. Além disso, os constantes apelos ao *povo*, entendido como composto exclusivamente por membros da nação, constitui outra característica desses grupos, os quais, não raro, recorrem a certo racismo biológico e eugênico, elaborando uma visão de mundo conspiracionista e que nega, por exemplo, a materialidade do genocídio judeu, o Holocausto.

A emergência da extrema direita – que governa a Hungria desde 2010 e governou a Polônia entre 2015 e 2023, mas que cresce em toda a parte – parece ter colocado em xeque a narrativa ocidental sobre 1989, como o triunfo dos valores ocidentais, e que afirmava a Europa Central como entidade política e conceitual que convergia naturalmente para uma forma de liberalismo ocidental.

Nesse processo, o que observamos em nosso século é justamente a apropriação pela extrema direita da ideia de Europa Central, redefinindo-a de acordo com suas próprias tradições e culturas políticas. Assim, se a ideia de uma região cercada e ameaçada não é estranha às culturas locais e nacionais, muitas vezes remetendo à ameaça otomana, austríaca, russa/soviética ou nazista, no imaginário das direitas radicais, as alusões ao cerco sofrido pela Europa Central ganham novos contornos: agora, a ameaça vem tanto do Sul, encarnada no fundamentalismo islâmico e nas "hordas" de imigrantes vindos do Oriente Médio e da África, como do Ocidente, com seu "progressismo econômico neomarxista". E, embora haja entre as direitas radicais identificações com a Rússia – sobretudo na sua rejeição à Europa e à burocracia europeia sediada em Bruxelas –, outros segmentos tendem a ver os russos também como parte desse cerco, na medida em que a política de potência do país em 2025 projeta sua influência novamente sobre a Europa Central. A Guerra da Ucrânia, a partir de 2022, inclusive, fortaleceu tal perspectiva que já existia anteriormente.

Nesse sentido, se a representação da Europa Central cercada e ameaçada por dois mundos distintos não é uma novidade, a "ameaça" da imigração – vinda da África e do Oriente Médio –, ligada ao medo do "terrorismo e do fundamentalismo islâmico", constitui traços específicos da ideia de Europa Central conforme acionada pelas direitas radicais e eurocéticas no século XXI. Adicione-se aqui uma concepção que atribui à União Europeia ou ao Ocidente a responsabilidade pela crise migratória que ameaça também a Europa Central.

Foi nesse contexto, por exemplo, que em julho de 2022, o primeiro-ministro da Hungria e um dos principais expoentes da extrema direita na região, Viktor Orbán, declarou que a Europa vem sofrendo com o que ele denominava "divisão cultural". Para o primeiro-ministro, "os valores ocidentais tradicionais, como a soberania nacional, a cultura cristã, o apoio à família e a valorização do trabalho árduo são mais característicos da Europa Central". Em razão disso, era imprescindível, segundo ele, a unidade, além da cooperação dos países da região nos próximos anos.

Orbán explicava, sobre a tese da divisão cultural, que tal processo seria resultado, dentre outros, do papel destrutivo da imigração e da consequente miscigenação dela proveniente, além de determinadas concepções sobre noções de família e papéis de gênero. Seriam expressões da crise civilizacional pela qual estaria passando o Ocidente. Nesse contexto, a Europa Central emergiria como baluarte e salvação da cultura ocidental, na medida em que se mantém fiel aos valores tradicionais do Ocidente. Nas palavras do primeiro-ministro húngaro: "o Ocidente – digamos, o Ocidente em seu sentido espiritual – mudou-se para a Europa Central: o Ocidente está aqui, e o que sobrou lá é apenas o pós-Ocidente".

Aqui, podemos observar, mais uma vez, a evocação da *Europa Central* como uma ideia. E, como toda ideia, não é construída no vazio, mas remete a tradições, a um conjunto de crenças e a um passado compartilhado. Essencialmente, pode-se dizer que a formulação geral na qual se baseia Orbán remete a uma das mais antigas e assentadas tradições europeias, a que define a Europa como sinônimo da Cristandade. Mas reivindica também importantes elementos que compõem a cultura política de direita que possui arraigadas tradições na região.

Em contrapartida, as narrativas liberais produzidas na Europa sobre os rumos da Europa Central no século XXI têm olhado para a região com profundo pessimismo, justamente em virtude da emergência da extrema direita. Em geral, partem do suposto de que o projeto liberal e democrático, gestado em 1989, vem sendo questionado pela ascensão das direitas radicais, que passaram a postular um novo conceito, o de uma "democracia iliberal".

Emerge, assim, uma perspectiva sobre a história da Europa Central no século XXI marcada pela derrota dos valores de 1989 e que a aparta, mais uma vez, do Ocidente. Mais que isso, trata-se de uma história caracterizada pela *falha* da Europa Central em se integrar e trabalhar pela unidade da Europa. O retorno dos fantasmas da guerra na região apenas confirma tal hipótese.

Não obstante, nunca é demais lembrar que a ascensão das extremas direitas não é um fenômeno exclusivamente centro-europeu. Não foi no passado nem é agora no presente. Ao contrário, se nos detivermos apenas na Europa, veremos que partidos e grupos de extrema direita vêm crescendo, ao longo do século XXI, da Suécia à Itália, passando por França, Alemanha, Áustria e Holanda.

Assim, pode-se supor que certas ideias da direita radical na região nasceram em resposta a um processo de modernização e a mudanças sociais relativamente abruptas pelos quais tais sociedades passaram. Soma-se a isso o fato de que as direitas radicais – em sua pluralidade – possuem longa tradição na área e em todo o continente. Suas raízes remetem à virada do século XIX para o XX, tendo ganhado força e amplitude nas décadas de 1920 e 1930.

O entrechoque das forças políticas, porém, continua suscitando conflitos e mudanças. Na Polônia, eleições para o Congresso Nacional realizadas em junho de 2024 derrotaram a extrema direita. Mesmo na Hungria, baluarte da chamada democracia iliberal, as grandes cidades, como a capital, Budapeste, têm elegido representantes vinculados à oposição. Por outro lado, a guerra suscitada pela invasão russa na Ucrânia, desde fevereiro de 2022, vem modificando em profundidade sentimentos, tendências e inclinações das sociedades.

Como em toda a parte, o futuro da Europa Central permanece em aberto, sujeito a opções e circunstâncias imprevisíveis. Entretanto, como dissemos na "Apresentação", sejam quais forem os rumos que a Europa Central tomar, as tradições aqui estudadas não deixarão de condicionar e de marcar com o selo de sua complexa história o futuro dessa fascinante região.

Referências

AARÃO REIS, Daniel. *União Soviética*: da Revolução ao fim do comunismo. São Paulo: Contexto, 2024.

ALY, Götz. *Europe Against the Jews, 1880-1945*. New York: Henry Holt and Co., 2020. E-book.

ASH, Timothy Garton. *The Magic Lantern*: the Revolution of '89 Witnessed in Warsaw, Budapest, Berlin, and Prague. New York: Random House, 1990.

AUDOIN-ROUZEAU, Stéphane; BECKER, Annette. *14-18. Understanding the Great War*. New York: Hill and Wang, 2002.

CLARK, Christopher. *Os sonâmbulos*: como eclodiu a Primeira Guerra Mundial. São Paulo: Companhia das Letras, 2014.

CONNELLY, John. *From People into Nations*: a History of Eastern Europe. Princeton: Princeton University Press, 2020.

DHAND, Otilia. *The Idea of Central Europe*: Geopolitics, Culture and Regional Identity. London/New York: I.B. Tauris, 2018.

DEMETZ, Peter. *Prague in Black and Gold*: Scenes from the Life of a European City. New York: Farrar, Straus and Giroux, 1998. E-book.

DJOKIĆ, Dejan (ed.). *Yugoslavism*: Histories of a Failed Idea, 1918-1992. London: C. Hurst & Co., 2003.

FRIEDLÄNDER, Saul. *A Alemanha nazista e os judeus*: os anos de extermínio, 1939-1945. São Paulo: Perspectiva, 2012.

GAY, Peter. *O século de Schnitzler*: a formação da cultura da classe média, 1815-1914. São Paulo: Companhia das Letras, 2002.

GOLDSWORTHY, Vesna. *Inventing Ruritania*: the Imperialism of the Imagination. London: C. Hurst and Co., 2013.

HOREL, Catherine. *Histoire de Budapest*. Paris: Fayard, 1999.

_____. *Cette Europe qu'on dit centrale*: des Hasbourg à l'intégration Européenne 1815-2004. Paris: Beauchesne, 2009.

HOYER, Katja. *Beyond the Wall*: a History of East Germany. New York: Basic Books, 2023. E-book.

HUDEK, Adam; KOPEČEK, Michal; MERVART, Jan (ed.). *Czechoslovakism*. New York: Routledge, 2022.

JOHNSTON, Gordon. "What is the History of Samizdat?" *Social History*, v. 24, n. 2, 1999, pp. 115-33.

JUDSON, Pieter M. *The Habsburg Empire*: a New History. Cambridge: The Belknap Press of Harvard University Press, 2016.

JUDT, Tony. *Pós-guerra*: uma história da Europa desde 1945. Rio de Janeiro: Objetiva, 2007.

KALIFA, Dominique. "'Belle Époque': invention et usages d'un chrononyme". *Revue d'Histoire du XIXᵉ Siècle*, n. 52, 2016, pp. 119-32. Disponível em: <http://journals.openedition.org/rh19/4997>. Acesso em: 5 dez. 2022.

KERSHAW, Ian. *De volta do inferno*: Europa, 1914-1949. São Paulo: Companhia das Letras, 2016.

_____. *Roller-Coaster*: Europe, 1950-2017. London: Penguin, 2018.

KUNDERA, Milan. "'Un Occident kidnappé' ou la tragédie de l'Europe Centrale. *Le Débat*, n. 27, 1983-85, pp. 3-23. DOI: 10.3917/deba.027.0003.

LIEBEL, Vinicius. *Os alemães*. São Paulo: Contexto, 2018.

LOWE, Keith. *Continente selvagem*: o caos na Europa depois da Segunda Guerra Mundial. Rio de Janeiro: Zahar, 2017.

LUKACS, John. *Budapeste 1900*: um retrato histórico de uma cidade e sua cultura. Rio de Janeiro: José Olympio, 2009.

MARGRY, Karel. "'Theresienstadt' (1944-1945): the Nazi Propaganda Film Depicting the Concentration Camp as Paradise". *Historical Journal of Film, Radio and Television*, v. 12, n. 2, 1992, pp. 145-62. DOI: 10.1080/01439689200260091.

MAYER, Arno J. *A força da tradição*: a persistência do Antigo Regime (1848-1914). São Paulo: Companhia das Letras, 1987.

MICHEL, Bernard. *Histoire de Prague*. Paris: Fayard, 1998.

RUPNIK, Jacques. *L'Autre Europe*: crise et fin du communisme. Paris: Editions Odile Jacob, 1988.

SNYDER, Timothy. *Terras de sangue*: a Europa entre Hitler e Stalin. Rio de Janeiro: Record, 2012.

SOULET, Jean-François. *Histoire de l'Europe de l'Est*: de la Seconde Guerre mondiale à nos jours. Paris: Armand Colin, 2011.

SPARKS, Mary. *The Development of Austro-Hungarian Sarajevo, 1878-1918*: an Urban History. London/New York: Bloomsbury Academic, 2014.

THER, Philipp. *Europe since 1989*: a History. Princeton: Princeton University Press, 2016.

WATSON, Aleksander. *Ring of Steel*: Germany and Austria-Hungary in Word War I. New York: Basic Books, 2014.

WINTER, Jay. 1918 e Segunda Grande Guerra. In: CORREIA, Silvia; MORELI, Alexandre (orgs.). *Tempos e espaços de violência*: a Primeira Guerra Mundial, a desconstrução dos limites e o início de uma era. Rio de Janeiro: Editora FGV, 2019.

WOLFF, Larry. *Inventing Eastern Europe*: the Map of Civilization on the Mind of Enlightenment. Stanford: Stanford University Press, 1994.

_____. *Woodrow Wilson and the Reimagining of Eastern Europe*. Stanford: Stanford University Press, 2020.

A autora

Janaina Martins Cordeiro é professora de História Contemporânea da Universidade Federal Fluminense e doutora em História pela mesma universidade. Pesquisadora do CNPq e da Faperj, é autora de diversos livros, capítulos e artigos.

CADASTRE-SE
EM NOSSO SITE,
FIQUE POR DENTRO DAS NOVIDADES
E APROVEITE OS MELHORES DESCONTOS

LIVROS NAS ÁREAS DE:

História | Língua Portuguesa
Educação | Geografia | Comunicação
Relações Internacionais | Ciências Sociais
Formação de professor | Interesse geral

ou
editoracontexto.com.br/newscontexto

Siga a Contexto
nas Redes Sociais:
@editoracontexto

GRÁFICA PAYM
Tel. [11] 4392-3344
paym@graficapaym.com.br